Ullstein

ÜBER DAS BUCH:

Frühjahr 1854, die letzten Friedenstage, ehe England und Frankreich dem Zaren den Krieg erklären: Leutnant Phillip Horatio Hazard erfüllt seinen Dienst als Erster Offizier auf Seiner Majestät Dampf-Fregatte *Trojan* und betreut zwei hochgestellte weibliche Passagiere. Es entwickelt sich eine unerfüllbare Zuneigung, nachdem Sophie Hazards Bruder vor den sadistischen Quälereien des brutalen Kapitäns errettet hat. Meuterei und Cholera an Bord fordern Hazards ganzen Einsatz, aus dem er schließlich mit einem eigenen Kommando über die *Trojan* bravourös hervorgeht ...
Während dieses Krimkriegs leisteten die tapferen Seeleute der Royal Navy wagemutig und tollkühn Ungeheures. Vivian Stuart zeichnet ein authentisches Bild dieses Krieges und erschafft dazu einen strahlenden jungen Helden, Phillip Horatio Hazard, einen verwegenen Marineoffizier voller Charisma.

Der erste Band aus der marinehistorischen Serie um den tapferen Phillip Horatio Hazard.

DER AUTOR:

V. A. Stuart veröffentlichte mehr als 60 Bücher und zahllose Zeitschriftenartikel und bewies immer wieder exakte Kenntnisse in englischer Geschichte und Marinegeschichte.

V. A. Stuart

Tapfer bis zum Untergang

Philipp Horatio Hazard
im Schwarzen Meer

Roman

Ullstein

Ullstein Buchverlage GmbH & Co KG,
Berlin
Taschenbuchnummer:
24473
Titel der Originalausgabe:
The Valiant Sailors
Aus dem Englischen von
Dieter Bromund

Deutsche Erstausgabe
November 1998

Umschlaggestaltung:
Hansbernd Lindemann
Illustration:
The Bridgeman Art Library, London

Printed in Germany 1998
Gesamtherstellung: Clausen & Bosse, Leck
ISBN 3 548 24473 4

Gedruckt auf alterungsbeständigem Papier
mit chlorfrei gebleichtem Zellstoff

Die Deutshe Bibliothek – CIP-Einheitsaufnahme

Stuart, Vivian:
Tapfer bis zum Untergang: Phillip Horatio Hazard im Schwarzen Meer;
Roman / V. A. Stuart. [Aus dem Engl. von Dieter Bromund].
– Dt. Erstausg. – Berlin: Ullstein, 1998
(Ullstein-Buch; Nr. 24473)
ISBN 3-548-24473-4

Der Krimkrieg

Er ist einer der unbekanntesten Waffengänge des 19. Jahrhunderts und hat doch Strategie und Taktik mehr verändert als mancher spätere. Nach den langen Napoleonischen Kriegen kämpften England und Frankreich zusammen mit der Türkei und später auch mit dem Königreich Sardinien von 1854 bis 1856 gegen Rußland. Die Türkei hatte dem Zarenreich den Krieg bereits 1853 erklärt.

Lakonisch heißt es in einem Geschichtsbuch zur Ursache: »Rußland will seine Einflußsphäre über die Dardanellen und den Balkan ausdehnen.« Das gelang nicht – damals nicht. Mit dem Frieden zu Paris, der am 30. März 1856 unterzeichnet wird, ist Rußland der große Verlierer, das Ansehen von Napoleon III. ist erheblich gestiegen.

Da Preußen und Österreich neutral blieben, wird der Krimkrieg in deutschen Geschichtsbüchern sehr knapp behandelt. Aber auch in Frankreich und England weiß man heute nur noch wenig über ihn.

Man erinnert sich dort vor allem an Florence Nightingale, die damals die Pflege von Verwundeten und Kranken, auch Cholerakranken, in die energischen Hände nahm. Die Zahl der Toten in britischen Hospitälern sank von zweiundvierzig auf zwei Prozent.

Bis zum Zweiten Weltkrieg gehörte ein Gedicht zum englischen Allgemeinwissen ›The Charge of the Light Brigade‹. Alfred Lord Tennyson, Hofdichter, verherrlicht darin 1855 den Angriff englischer leichter Reiter gegen russische Kanonen. Nach des Dichters Worten hatten die Reiter nicht zu räsonnieren und nach dem Grund zu fragen, sondern den Befehl auszuführen und zu sterben.

In Irland flackern Erinnerungen manchmal noch in Bierliedern auf, erhielt doch jeder überlebende Kriegsteilnehmer eine Medaille, eine lederne, wie der Kneipensänger weiß.

In der Kriegsführung gab es viel Neues.

Am 30. 10. 1853 schoß ein russisches Geschwader ein türkisches im Hafen von Sinope zusammen – zum erstenmal mit Sprenggranaten, die nur wenige der völlig überraschten Türken am Leben ließen. Und zum erstenmal schossen Vertreter einer zivilisierten Nation gezielt auch auf die im Wasser schwimmenden Schiffbrüchigen und Verletzten. Auf Schiffe, die sich ergeben wollten, feuerten die Russen gegen alle Konventionen weiter. Westeuropa war empört.

Die große Zeit der Segelkriegsschiffe ging mit dem Krimkrieg zu Ende. Zwar gab es noch große und kleinere reine Segler, aber die Maschine entschied jetzt schon den Ausgang der Gefechte, denn Raddampfer oder Schraubendampfer mit und ohne Segel schleppten bei schlappen Winden oder in Flauten die reinen Segler zum Kampfesort und holten ab, was von ihnen übrigblieb.

In den Messen der britischen Kriegsschiffe tauchte eine neue Spezies Mensch auf, die man zuerst kaum einzuordnen wußte – Ingenieure und Maschinisten. Die Herren der Maschinen galten lange als Offiziere niedrigeren Rangs.

Zu den Aufgaben der Besatzung gehörte künftig auch das Bunkern von Kohle – ewig ungebliebt. Britische Stützpunkte, in denen man sich früher nur mit Wasser, Proviant und Munition versorgt hatte, bekamen als Kohlestationen neuen Wert.

Die französische Marine brachte die ersten gepanzerten

Fahrzeuge der Welt zum Einsatz, drei plumpe schwimmende Batterien mit eigenem Dampfantrieb für kurze Fahrten und zum Manövrieren. »Sie besaßen hölzerne Rümpfe von 42 cm Stärke, die über der Wasserlinie mit 11,4 cm dicken Eisenplatten belegt waren. Als sie aus weniger als 900 m Entfernung die Forts zerschlugen, sprangen Vollgeschosse von ihren Platten ab, während Granaten beim Aufschlagen barsten und überhaupt keinen Schaden anrichteten«, heißt es bei Potter, Nimitz, Rohwer in ihrem Buch ›Seemacht‹.

Ein Zusammenwirken von Heer und Marine hatte es schon immer gegeben. Doch auf der Krim entschied diese Kooperation zum erstenmal einen Krieg. Die Royal Navy transportierte die Landtruppen nicht mehr nur an den Ort des Geschehens und versorgte sie wie früher auch. Auf der Krim griff sie mit eigenen Marinebrigaden ins Kampfgeschehen an Land ein.

Die Kommunikation war vor der Erfindung des Telegraphen in allen Kriegen ein Problem. Auf der Krim war das besonders schwierig. Zwar konnten sich das britische Herr und die britische Flotte untereinander meistens gut abstimmen, aber eben nur meistens. Eine gleichzeitige Beschießung von Land und von See aus wurde zur einseitigen Veranstaltung mit unbefriedigendem Ausgang, weil man sich zwischen Land und Meer nicht verständigen konnte.

Die Abstimmung zwischen den Verbündeten ging nicht ohne Verluste ab. Zwei verschiedene Traditionen und Führungsstile trafen aufeinander. Was schottischen Hochländern durchaus normal erschien, lehnten französische Generäle für ihre Truppen ab. So wurden Angriffe verschoben, weil der eine erst das Schlachtfeld säubern oder noch mehr Artillerie an Land schaffen wollte, der andere dem weichenden Gegner aber am liebsten sofort nachgesetzt hätte.

Wie die meisten Kriege früherer Jahrhunderte forderte auch dieser mehr Tote nach der Schlacht als in der Schlacht – bis Florence Nightingale eintraf. Den Engländern fehlte es anfangs an Lazaretten und entsprechender Ausrüstung, und der Cholera standen Franzosen und Engländer gleichermaßen hilflos gegenüber. Die Seuche kam mit heftigem Erbrechen, stark anhaltendem Durchfall und schnellem Kräfteverfall durch Austrocknen einher und führte durch Vergiftung und Versagen des Herzens meist schnell zum Tod. Erst 1883 entdeckte Robert Koch den Cholerabazillus.

Wenig vorbereitet waren die Alliierten auf den Winter auf der Krim. Man hatte erwartet, spätestens im Herbst wieder zu Hause sein zu können ... Letzte Erinnerungen an die Krim leben in Kleidungsstücken fort. Die gestrickte Balaclava-Mütze schützt Hals und Kopf vor Kälte, läßt nur Augen und Mund frei. Lord Cardigan erfand den Cardigan, indem er einen Pullover zum bequemeren An- und Ausziehen vorn aufschnitt und ihn mit Knopflöchern und Knöpfen versehen ließ – die Strickjacke war geboren. Nach dem Wetterschutz des britischen Oberbefehlshabers Lord Raglan wird heute noch ein weiter Mantel benannt mit am Schulterteil angeschnittenen Ärmeln.

Die Geschichtsbücher halten als wichtigstes Ergebnis des Krieges fest, daß es allen Nationen, auch den Russen, verwehrt war, das Schwarze Meer mit Kriegsschiffen zu befahren. Die Donau wurde auf ganzer Länge frei für den Handel. Und es gab ein gemeinsames europäisches Protektorat über die Donaufürstentümer und die türkischen Christen – eine Einrichtung, die auf dem unruhigen Balkan bis in unsere Tage nachwirkt.

Dieter Bromund

Vorwort des Verfassers

Mit Ausnahme der Offiziere und Mannschaften Ihrer Majestät Schiff *Trojan* und ihrer Passagiere existierten alle Gestalten dieses Buches wirklich, und was sie taten, ist historisch belegt. Auch ihre politischen Aussagen und Meinungen sind meistens allgemein bekannt. Wenn sie etwas besprechen oder sich unterhalten – wie zum Beispiel mit den fiktiven Gestalten des Romans –, wurde größter Wert darauf gelegt, Gedanken und Gefühle so wiederzugeben, daß sie den historisch belegten Äußerungen entsprechen.

Der Autor dankt der Navy Records Society und dem Vorstand für die Erlaubnis, Karten aus der Publikation Nr. 83 der Gesellschaft zu übernehmen: Der russische Krieg, 1854, herausgegeben von D. Bonner-Smith und Kapitän A. C. Dewar, R. N.

Dieses Buch ist Flottenadmiral Earl Mountbatten of Burma gewidmet – als Ausdruck der Bewunderung des Autors und seines Respekts vor diesem »äußerst tapferen Seemann«, unter dessen Kommando in Burma zu dienen, ein Privileg war.

Prolog

Am 30. November 1853 wurde ein kleines Geschwader türkischer Fregatten durch einen schweren Sturm gezwungen, in der Bucht von Sinop Schutz zu suchen. Die kleine Stadt Sinop, seit 1471 im türkischen Machtbereich, lag auf halber Strecke zwischen Konstantinopel und Trabzon, 150 Meilen südlich der russischen Marinebasis in Sewastopol auf der Krim.

Obwohl der Krieg zwischen der Türkei und Rußland schon vor etwas mehr als einem Monat erklärt worden war, sah der türkische Befehlshaber Vizeadmiral Osman Pascha keine Gefahr für seine kleine Flotte – trotz ihrer Nähe zu Sewastopol. Der Zar und der Sultan hatten beide die Welt wissen lassen, daß sie sich zwar zunehmend gezwungen sahen, ihre Meinungsverschiedenheiten mit Waffengewalt zu lösen, aber sich dabei auf Verteidigungsmaßnahmen beschränken würden.

So herrschte zwischen den feindlichen Flotten ein inoffizieller Waffenstillstand, den beide Seiten bis dahin auch exakt eingehalten hatten. Dann liefen im Schutz des Nebels sechs russische Linienschiffe, jedes mit 80 bis 120 Geschützen bestückt, in den Hafen ein und griffen die ankernden türkischen Schiffe an. Innerhalb einer Stunde waren alle gesunken oder brannten.

Die Russen führten Geschütze, mit denen sie Granaten abfeuern konnten. Diese Geschütze hatte der französische General Paixhans 1824 in Frankreich eingeführt. Sie waren bisher noch in keinem Seegefecht eingesetzt worden, und der russische Vizeadmiral Nachimoff schoß gnadenlos auf seine wehrlosen Opfer – zu Übungszwecken.

Nachdem sie die Fregatten zerstört hatten, lenkten die russischen Geschützführer ihr mörderisches Feuer auf die wenigen Überlebenden, die an Land zu schwimmen versuchten. Der Befehlshaber der russischen Flotte unterband dieses Schlachten erst, nachdem fast viertausend türkische Seeleute getötet worden waren, und feuerte dann auf die Stadt. Sie ging schnell in Flammen auf, die Küstenbatterien waren nur noch Schutthaufen, und die Garnison floh Hals über Kopf.

Am 12. Dezember erreichte diese Meldung England über Berlin und führte zu einem Sturm öffentlicher Entrüstung. Sie gipfelte in der wiederholten Forderung, daß die britische Mittelmeerflotte, die im Bosporus lag, ins Schwarze Meer auslaufen sollte, um die Türkei vor weiteren Angriffen zu schützen. Das geschah nicht sofort, denn der britische Premierminister, Lord Aberdeen, versuchte immer noch, einen Krieg mit Rußland zu vermeiden.

Schließlich lief am 3. Januar 1854 die britische Flotte – bestehend aus 18 Linienschiffen unter Segeln, Begleitfregatten und Dampfern – ins Schwarze Meer ein mit dem Auftrag, das osmanische Reich und seine Flagge zu schützen.

Auf HMS *Britannia*, einem Dreidecker mit 120 Kanonen, hatte Vizeadmiral James Whitley Deans Dundas seine Flagge gesetzt. Sein erst kürzlich ernannter zweiter Mann, Konteradmiral Sir Edmund Lyons, setzte seine Flagge auf HMS *Agamemnon*, einem Schrauben-Kriegsdampfer mit 91 Kanonen und Schiff der zweiten Klasse, das vor weniger als einem Jahr vom Stapel gelaufen war und auf Wunsch des Konteradmirals ins Schwarze Meer vorausgeschickt worden war. Er selbst war aus England mit der Dampffregatte *Terrible*, 21 Kanonen, eingetroffen. Außer diesen Schiffen gehörten zur Britischen Flotte: die *Trafalgar*, 120 Kanonen, die

Rodney, 92 Kanonen, die *Albion*, 90 Kanonen, die *Vengeance*, 84 Kanonen, die *Bellerophon*, 78 Kanonen – lauter Segelschiffe. Die *Sanspareil*, mit 90 Kanonen, war zum Schraubendampfer umgebaut worden. Dazu kamen acht Fregatten. Vizeadmiral Hamlin, der die französische Flotte befehligte, setzte seine Flagge auf dem 120-Kanonen-Schiff *Ville de France*, sein Stellvertreter, Konteradmiral de Tinan, tat dies auf dem Schaufelraddampfer *Gomer* mit 16 Kanonen. Ein zweites Geschwader unter Konteradmiral Bruat sollte sich später unter sein Kommando stellen.

Sewastopol als Marinebasis versorgte schätzungsweise fünfzehn russische Linienschiffe, sieben große Fregatten mit 60 und 54 Kanonen, siebzehn kleinere Fregatten und Korvetten und mehr als sechzig verschiedene Dampfer und weitere zwanzig bis dreißig Kanonenboote auf der Donau.

Die Kriegswolken wurden dunkler und drohender, als die Welt erwartungsvoll auf die Rache für das Massaker von Sinop wartete. Doch die Russen hielten sich klug nur in ihren eigenen territorialen Gewässern auf und vermieden jede Gelegenheit eines Treffens mit den britischen oder französischen Flotten, die damit praktisch das Schwarze Meer beherrschten. Gefechte fanden nur an Land zwischen Türken und Russen statt, und im Frühjahr 1854 wurde das Donaubecken zum Hauptkriegsschauplatz – abgesehen von gelegentlichen Gefechten in Kleinasien. Der türkische Oberkommandierende – ein schlachtenerprobter Kroate, der den türkischen Namen Omar Pascha angenommen hatte – hatte sein Hauptquartier in der Bergfestung Schumla aufgeschlagen und erwartete, aus dem Schwarzmeerhafen Warna versorgt, daß Prinz Gortschakoff versuchen würde, die Donau zu überqueren und nach Konstantinopel zu marschieren.

Der Schlüssel zur Verteidigungsstrategie des türkischen Armeebefehlshabers war das Fort Silistria, das wichtigste und am stärksten befestigte aller Forts, die sich wie eine Kette auf dem bulgarischen Ufer der Donau erstreckten, sechzig Meilen nördlich von Schumla. Er war entschlossen, Silistria so lange zu verteidigen, bis die versprochene Hilfe der britischen und französischen Verbündeten eintraf, vor allem die ihrer Flotten.

Königin Victoria eröffnete am 31. Januar 1854 das Parlament. In ihrer Thronrede betonte sie, daß ihrer Überzeugung nach eine weitere Verstärkung der britischen See- und Landstreitkräfte nötig sei, obwohl ihre Versuche, in herzlicher Verbundenheit mit dem Kaiser Frankreichs den Frieden zwischen Rußland und der Türkei wiederherzustellen, nicht nachgelassen hatten.

Im Februar bestiegen Garde-Bataillone und die Ersten Königlichen Füsiliere die Züge nach Portsmouth, wo Truppentransporter auf sie warteten, die sie nach Gallipoli und Konstantinopel verschiffen sollten. Die kriegslüsternen Briten applaudierten ihnen enthusiastisch, als sie mit klingendem Spiel und fliegenden Fahnen durch die Straßen paradierten. Dann wurde bekannt, daß Feldzeugmeister Lord Raglan dieses Expeditionsheer von 30000 Mann kommandieren würde, das im Falle eines Krieges in die Türkei geschickt werden sollte. Vizeadmiral Sir Charles Napier sollte den Oberbefehl über die britische Flotte übernehmen, die bei Ausbruch des Krieges in die Ostsee vorstoßen sollte. Ununterbrochen wurde in Werften und Häfen gearbeitet. Schiffe, neu in Dienst gestellt und entweder für die Flotte in der Ostsee oder im Schwarzen Meer bestimmt, wurden in Rekordzeit bemannt und auf ihren Einsatz auf See vorbereitet.

Zu diesen Schiffen gehörte auch die Schraubenfregatte *Trojan*, 31 Kanonen, 300 PS, 1851 in Sheerness gebaut und jetzt dem Kommando von Kapitän Thomas North unterstellt, einem Kapitän mit vollem Rang der Königlichen Marine. Nach einer Aufrüstung in der Werft von Devonport und nach Abschluß ihrer seemännischen und artilleristischen Übungen war die Fregatte in Plymouth bereit, jederzeit abzulegen. Da erreichte sie am 17. März ein Befehl der Admiralität.

Der erste Teil des Befehls war keine Überraschung für Kapitän North. Er sollte einen Zug Seesoldaten und Matrosen und Schiffsjungen der *Impregnable* an Bord nehmen und, so schnell er konnte, zu Vizeadmiral Dundas im Schwarzen Meer stoßen. Das hatte er erwartet, doch der letzte Abschnitt, mit dem das Befehlsschreiben endete, ließ ihn übel gelaunt laut fluchen. Man befahl ihm, zusätzlich zu den Seeleuten und Seesoldaten zwei bedeutende weibliche Passagiere an Bord zu nehmen. Zu diesem Zweck hatte er seinen Ersten Offizier sofort nach London in Marsch zu setzen, damit er die beiden weiblichen Passagiere der *Trojan* auf das Schiff begleiten konnte.

Versiegelte Befehle, die das Ziel dieser Passagiere betrafen, würden den Ersten Offizier in der Admiralität erwarten. Er habe sie sofort nach seiner Ankunft dort in Empfang zu nehmen …

Mißmutig schlug Kapitän North die Glocke neben sich an. Dem Posten, der sofort erschien, befahl er kurz angebunden: »Suchen Sie Leutnant Hazard. Er soll sich sofort bei mir melden!«

1

Phillip Horatio Hazard, dem Ersten Offizier Seiner Majestät Dampffregatte *Trojan*, kam es überhaupt nicht ungelegen, so unerwartet vor dem Ablegen des Schiffes noch einmal nach London kommandiert zu werden. Er erledigte seinen Auftrag in der Admiralität so schnell, daß er noch mit seinen Eltern in ihrem Haus in Kensington Gore zu Abend essen konnte. Er wurde herzlich begrüßt. Da er nicht vor dem Mittag des folgenden Tages die weiblichen Passagiere der *Trojan* in seine Obhut nehmen mußte – und zwar, wie man ihm erklärt hatte, am Paddington Bahnhof –, konnte er angenehme Stunden im Schoß seiner Familie verbringen. Er hatte von Anfang an darauf gehofft und war sehr glücklich darüber.

Nachdem er sich von seiner Mutter und den jüngeren Schwestern herzlich verabschiedet hatte, fuhr er mit seinem Vater zum Treffpunkt. Der pensionierte Konteradmiral hatte trotz einer schweren Erkältung darauf bestanden, ihn zu begleiten. Während sich die Kutsche ihren Weg durch die übervollen Straßen suchte, sprach der Admiral sehr engagiert über den kommenden Krieg mit Rußland.

»Ich beneide dich, Phillip. Was gäbe ich dafür, wenn ich dabeisein könnte. Ich erinnere mich an 1798 ...« In seinen blaßblauen Augen leuchtete der flüchtige Glanz der Erinnerung an die berühmten Seegefechte, an denen er in seiner langen, verdienstvollen Laufbahn teilgenommen hatte.

Phillip hörte pflichtbewußt zu. Die meisten Geschichten

kannte er bereits. Als Kind hatte er ihnen atemlos gelauscht, und sie hatten alle seine Knabenträume befeuert. Doch jetzt gehörte er selbst zur Marine, und die so oft wiederholten Erzählungen über vergangene Ruhmestaten hatten ihren Zauber längst verloren. Er war ein Mann von siebenundzwanzig Jahren und hatte bereits fast vierzehn Jahre See-Erfahrung hinter sich. Seine jugendlichen Illusionen hatte man ihm längst ausgetrieben, und obwohl er sein Leben gegen kein anderes tauschen wollte, konnte er die überschwengliche Begeisterung seines Vaters für den unmittelbar bevorstehenden Krieg nicht teilen.

Für ihn war ein Krieg nicht das, was sein Vater eine *glänzende Chance für den schnellen Aufstieg eines ehrgeizigen Offiziers* nannte. Phillip lächelte. Skeptisch. Unter dem Kommando eines Thomas North würde er ganz bestimmt seinen Ehrgeiz stutzen müssen …

Mitten im Satz hielt der Admiral inne. Als habe er die Gedanken seines Sohnes erraten, sagte er mit plötzlich veränderter Stimme: »Aber das ist alles längst Geschichte, nicht wahr? Wir sollten von deiner Zukunft reden, Phillip. Ich verlasse mich darauf, daß du dich wacker schlägst. Du trägst einen Namen, der dich zu etwas verpflichtet, vergiß das nicht. Ich habe dich nach dem größten Seehelden benannt, den dieses Land je hatte, obwohl deine Mutter, was ich immer noch bedauere, Phillip als Rufnamen wählte. Phillip, nach einem Onkel, einem Dichter …« Voller Abscheu schüttelte er den Kopf.

»Ja, Sir«, stimmte Phillip ihm tonlos zu.

Ohne darauf zu achten, fuhr sein Vater eifrig fort: »Ich wünsche mir, daß du ein eigenes Kommando bekommst, ehe dieser Krieg vorbei ist. Das würde mir viel bedeuten. Ich sehe in dir meinen einzigen Sohn, und das weißt du auch, glaube ich. Deinen Bruder Graham habe ich aus unserer Familie gestrichen, doch …«, das ernste, alte Gesicht entspannte sich plötzlich zu einem Lächeln voll herzlicher Wärme und Zuneigung, »doch du machst mich immer wieder sehr stolz.«

»Darüber freue ich mich, Sir!«

»Ein eigenes Kommando, Phillip«, fuhr der Admiral drängelnd fort, »darauf mußt du zielen, nur auf ein eigenes Kommando. Als ich so alt war wie du, hatte ich auch schon mein erstes. Also erwarte ich nicht zuviel, vor allem, weil dieser Krieg deine Chance ist, oder?«

»Nein, wahrscheinlich nicht, Vater. Ausgenommen natürlich ...« Phillip verschluckte, was er hatte sagen wollen. Er wollte mit seinem Vater über North reden, wollte seinen Rat erbitten, aber er wußte, daß er unter diesen Umständen von seinem alten Herrn kein Verständnis erwarten konnte, nicht einmal Mitgefühl. Wir gehören verschiedenen Generationen an, dachte Phillip bedauernd, und wir beurteilen deshalb alles aus unterschiedlichen Perspektiven: die Marine, den Krieg, Graham, ja sogar das Leben selbst.

Etwas trennte sie, und sie wußten beide, daß sie in den wenigen verbleibenden Minuten diese Trennung nicht überwinden würden. Und so konnte er die Bitte um Rat nicht stellen.

»Ausgenommen ...«, half ihm sein Vater weiter, »was willst du sagen, Phillip?«

»Ach nichts, Sir, überhaupt nichts«, wich Phillip aus. »Ich werde mein Bestes tun. Ich verspreche es.«

Zu seiner Erleichterung bog die Kutsche jetzt in den Eingang des Bahnhofs und hielt hinter einer Linie anderer Kutschen. Ein Gepäckträger öffnete den Schlag. Phillip zögerte und stieg aus, stand dann barhäuptig vor der Tür, starrte in das faltige Gesicht seines Vater und sah die rotgeränderten, fieberglänzenden Augen mit einem Gefühl, das er sorgfältig verbarg.

»Warten Sie nicht, Sir«, bat er, »Ihre Erkältung wird dadurch nicht besser. Bahnhöfe sind windige Orte, und mein Zug fährt frühestens in vierzig Minuten.«

»Und du mußt diese weiblichen Passagiere begleiten, nicht wahr? Die geheimnisvolle Baronesse von Mauthner und ihren Schützling.«

Phillip beugte sich vor. »Mein Befehl lautet, sie hier zu treffen, wie ich Ihnen sagte, und sie an Bord zu begleiten.«

»Ziemlich seltsam«, meinte Admiral Hazard nachdenklich. »In Kriegszeiten zwei ausländische Damen als Passagiere an Bord einer Fregatte Ihrer Majestät mitzunehmen ... Aber ich denke mir, Ihre Lordschaften wissen, was sie tun. Hast du eine Ahnung, wer die beiden sind?«

»Nein, Sir, keine Ahnung«, mußte Phillip zugeben. »Man hat mir nur wenig über die beiden berichtet. Ich kenne den Namen der Baronesse und weiß, daß sie die ältere ist. Ich hoffe nur, daß ich die Damen erkennen werde.«

»Nun, dann will ich dich nicht von deiner Pflicht abhalten«, sagte der Admiral. Er schneuzte sich unnötig heftig. »Denk dran, was ich dir gesagt habe, Phillip!«

»Ich vergesse es bestimmt nicht, Sir!«

»Und schreib mal.« Der alte Herr schüttelte sich in einem Hustenanfall. Heiser sagte er, als er wieder zu Atem gekommen war: »Deine Mutter wird auf Nachrichten warten. Frauen sehen Kriege natürlich nicht so wie wir, und sie machen sich Sorgen. Deine Mutter ist noch schlimmer als die anderen, denke ich manchmal.«

»Ich werde so oft wie möglich schreiben, Vater«, versprach Phillip. Plötzlich sah er das kleine, sanfte Gesicht seiner Mutter vor sich und mußte lächeln. »Auf Wiedersehen, Sir. Ich habe mich sehr gefreut, Sie noch einmal vor meiner Abreise gesehen zu haben.«

»Ja, ich habe mich auch gefreut. Gute Reise, Phillip. Mach's gut.«

Eine dünne Hand griff nach seiner und ließ sie plötzlich los. Phillip nickte dem Kutscher zu. Er wollte die Trennung so kurz und kühl wie immer halten, zu seinem und seines Vaters Wohl. Sie waren ja schließlich an Abschiede gewöhnt, und vor diesem hatte es viele andere gegeben.

Admiral Hazard hatte seinen Sohn als Marinekadett mit dreizehn Jahren zur See geschickt und war damit einer Familientradition gefolgt. Er selber war elf Jahre alt gewesen, als er auf sein erstes Schiff, HMS *Captain* mit 74 Kanonen, kam, gerade noch rechtzeitig genug, wie er immer wieder stolz verkündete, um unter Nelson in der Schlacht von Kap San Vincente zu kämpfen. Jetzt war er achtundsechzig Jahre alt, und das sah man ihm bei seiner schwächlichen Konstitution auch an.

Phillip hörte den Knall der Peitsche, als der Kutscher auf sein Zeichen hin das Pferd antraben ließ. Sollte der Krieg mit Rußland länger als fünf oder sechs Monate dauern, wie die Experten voraussagten, könnte dies das letzte Mal gewesen sein, daß er seinen Vater gesehen hatte. Vielleicht würde er nie wieder die dünne alte Hand in seiner spüren und die harsche Forderung hören, daß er einen Namen zu verlieren hatte. Er unterdrückte ein Seufzen.

»Soll ich den Koffer tragen, Sir?« meldete sich hinter ihm ein Gepäckträger.

Phillip schüttelte den Kopf. Er nahm seinen kleinen Koffer, betrat die Schalterhalle und sah sich neugierig um. Niemand, der auch nur entfernt wie die beiden Damen aussah, die er eskortieren sollte, war zu erblicken. Er konsultierte seine Taschenuhr und sah, daß er dank der Vorliebe seines Vater für Pünktlichkeit noch viel Zeit hatte, ehe der Zug nach Plymouth abfuhr. Um ganz sicher zu gehen, suchte er auch den auf dem Bahnsteig wartenden Zug ab, deponierte sein Gepäck in einem Abteil erster Klasse und ging zu seinem Warteposten neben dem Kartenschalter zurück.

Befehlsgemäß trug er Uniform und hoffte darauf, daß die erwarteten Damen ihn schon deswegen in der Menge erkennen und ihn ansprechen würden, sollte er sie übersehen. Er runzelte die Stirn, als zwei in Pelze gehüllte Damen an ihm vorbeigingen, ohne ihn zur Kenntnis zu nehmen. Er wünschte wirklich, man hätte ihn besser informiert. Leider hatte man nur sehr nachdrücklich die Vertraulichkeit seines Auftrags betont, und der versiegelte Umschlag, den er seinem

Kommandanten zu überbringen hatte, bestätigte das. Vermutlich betrafen die Befehle die beiden Damen, die Passage auf der *Trojan* nahmen, aber versiegelte Befehle waren nun einmal nicht für ihn bestimmt, und so konnte er keine Einzelheiten erwarten, es sei denn, Kapitän North würde ihn ins Vertauen ziehen. Doch das ... Phillip preßte die Lippen aufeinander. Das würde ihm im Moment auch nicht helfen und war außerdem mehr als unwahrscheinlich, denn Kapitän North hatte sehr deutlich gemacht, daß er seine eigenen Entscheidungen zu fällen pflegte.

Die ganze Sache ist mehr als seltsam, dachte er und sah wieder auf die Uhr. Natürlich wurden in Friedenszeiten Damen gelegentlich als Passagiere auf Kriegsschiffen mitgenommen. Viele Kommandanten ließen sich von ihren Ehefrauen begleiten. Oft luden sie auch weibliche Verwandte oder Freunde als Gäste auf kürzere Reisen ein – ein Privileg, das man als Kommandant mit Billigung der Admiralität hatte. Doch zum jetzigen Zeitpunkt war die Entscheidung Ihrer Lordschaften, zwei wichtige Damen als Passagiere mitreisen zu lassen, nur schwer zu verstehen. Stündlich war die Kriegserklärung zu erwarten, und HMS *Trojan* hatte bereits Befehl, sofort zum Kriegsschauplatz zu segeln.

Phillip verstand das Ganze in der Tat nicht. Er hatte die Nachricht ebenso mißbilligt wie Kapitän North, als dieser gestern die Befehle der Admiralität gelesen hatte. Es war das einzige Mal, daß sein Kommandant und er absolut gleicher Meinung waren. Für Phillip hatte es glücklicherweise bedeutet, sich von seiner Familie verabschieden zu können. Der Kommandant aber ärgerte sich, weil er vierundzwanzig Stunden auf die Dienste seines Ersten Offiziers verzichten mußte.

Unruhig ging Phillip auf und ab und behielt dabei den Eingang aufmerksam im Blick. Sein Vater hatte ihn bedrängt, ein eigenes Kommando anzustreben, er seufzte tief auf bei dem Gedanken. Nichts wollte er mehr, weiß der Himmel, aber dies war seine erste Kommandierung als Erster Offizier, und so hatte er vorerst nur geringe Aussichten auf ein eigenes Schiff. Er war dankbar, daß man ihn auf eine Fregatte befördert hatte, obwohl er dazu die *St. Jeanne d'Acre* hatte verlassen müssen, ein Linienschiff mit 101 Kanonen. Sie segelte in diesem Augenblick Richtung Ostsee in Admiral Napiers Flotte unter dem Kommando von Kapitän Henry Keppel, einem vielfach verehrten Kommandanten, unter dem Phillip gern gedient hatte. Und heute ... er gestattete sich ein bitteres Lächeln, denn er bedauerte seinen Wechsel bereits, obwohl er das seinem Vater nicht mitgeteilt hatte. Und er würde es mit jedem Tag mehr bedauern ...

Zwei Monate hatte er bisher unter Kapitän North gedient, aber die Beziehungen zwischen ihnen waren immer noch so gespannt und unglücklich wie am ersten Tag, als der neu ernannte Kommandant an Bord eingetroffen war und seine Bestallung der versammelten Mannschaft und den Offizieren vorgelesen hatte. Von Anfang an stießen sie sich ab, persönlich und beruflich. Das war zweifelsohne hauptsächlich sein eigener Fehler, gestand Phillip sich ein, in dem er die Situation objektiv zu betrachten suchte. Er hatte die Kommandierung von North auf die *Trojan* innerlich abgelehnt und seine Vorbehalte vielleicht nicht genügend verborgen ... Aber hatte er nicht gute Gründe für diese Haltung?

Immerhin hatte er, nicht North, die *Trojan* in Dienst gestellt. Damals lag sie in einem unüberdachten Dock ohne Masten und ohne Kupferbeschläge. Ihre Maschinen wurden überholt, das Ruder in einem Schuppen repariert, und in ihrem Rumpf stand zehn Fuß hoch das Wasser. Weil kein Kommandant ernannt worden war, war es seine Aufgabe gewesen, ihre Ausrüstung und Bemannung zu überwachen, sich mit dem Vorarbeiter der Schiffszimmerleute herumzustreiten, mit den Werftingenieuren und den Malern. Gelegentlich hatte er sich sogar mit dem Vertreter der Admiralität angelegt, damit das Nötige für das Schiff getan wurde. Er hatte die Mannschaften eingetragen, hatte den Segelmacher und den Zimmermann und ihre Gehilfen überwacht, hatte mit kritischen Blicken den Fortschritt der Arbeit beobachtet und nichts durchgehen lassen, was seine eigenen Maßstäbe höchster Perfektion nicht erfüllte.

In diesen Wochen, als die Masten gesetzt und geriggt wurden, als Waffen, Munition und Vorräte an Bord genommen wurden, war die *Trojan* sein Schiff gewesen. Und während er zusah, wie die Masten und Rahen wuchsen, das Rigg in Form kam und während er dem kräftigen Brummen der überholten Maschinen lauschte, verliebte er sich in sie, wie andere Männer in eine Frau, mit all dem Stolz und aller Leidenschaft, deren er fähig war.

Natürlich war er sich jederzeit im klaren, daß sie nicht sein Schiff war. Er hatte weder gehofft noch gar erwartet, sie zu kommandieren – eine Fregatte mit 31 Kanonen stand erst einem Kapitän mit vollem Rang zu. Aber er hatte gehofft, daß ein Kapitän sie übernehmen würde, der ihrer wert war. Ein Mann vom Kaliber Henry Keppels vielleicht. Statt dessen … Phillip preßte die Hände zu Fäusten zusammen. Ihre Lordschaften hatten die *Trojan* Thomas North gegeben.

Phillip runzelte die Stirn und versuchte, seine Gefühle für Kapitän North zu analysieren, um sie zu rechtfertigen. Er mochte den Mann nicht. Doch das hätte er verbergen können, wenn alles andere gestimmt hätte. Von Natur aus war Phillip weder ein Rebell noch ein Kritiker seiner Vorgesetzten. Doch bei North reichten seine negativen Gefühle sehr viel tiefer. Er mißtraute den beruflichen Fähigkeiten seines Vorgesetzen, seiner Seemannschaft, seinem Urteil, und er fragte sich, ob North überhaupt für ein Kommando taugte. Phillip unterbrach sein rastloses Auf- und Abgehen. Doch seine trüben Gedanken verfolgten ihn, und er konnte sie nicht einfach wegwischen.

Der bevorstehende Krieg mit Rußland zog viele Männer aus den Reserven der Royal Navy. Mehr Schiffe als sonst wurden in Dienst gestellt und Offiziere und Mannschaften in großer Zahl gebraucht. Und so wurden unweigerlich viele Männer, die jahrelang auf Halbsold an Land gesessen hatten, wieder aktiviert. Kapitän North war einer davon, obwohl er sich bereits dem fünfzigsten Geburtstag näherte. Sein letztes Kommando war eine Brigg mit sechs Kanonen vor der westafrikanischen Küste gewesen. Das Schiff war 1841 außer Dienst gestellt worden. Seither wartete North an Land und wollte oder konnte kein neues Kommando übernehmen. Doch gleichzeitig stieg er langsam auf der Offiziersliste der Marine nach oben.

Jetzt war er Kapitän mit vollem Rang, obwohl er nie zuvor ein so großes Schiff oder so viele Männer kommandiert hatte. Mit Dampfschiffen kannte er sich nicht aus, dabei verfügte die *Trojan* über einen Hilfsmotor von 300 PS mit Schraube. Außer den Seeleuten und Seesoldaten hatte sie die vorgeschriebene Anzahl von Ingenieuren und Heizern an Bord, von deren Aufgaben Kapitän North nichts verstand und wovon er, seinen eigenen Worten zufolge, auch nichts zu wissen wünschte.

»Maschinen sind Hilfsantriebe, Mr. Hazard, und werden es meiner Meinung nach immer bleiben«, hatte er gesagt, und sein dogmatischer Ton erlaubte keinen Widerspruch. »Ich wäre Ihnen dankbar, wenn Sie dies zur Kenntnis nehmen würden, selbst wenn Sie ein Diplom besitzen, das beweist, daß Sie erfolgreich einen Kurs über Dampfantrieb absolviert haben. Auf *meinem* Schiff werden die Maschinen lediglich während des Ein- und des Auslaufens eingesetzt. Sie sind und bleiben ein Hilfsantrieb. Weil wir an Bord einen voll qualifizierten Ingenieur haben«, das Wort klang aus seinem Mund verächtlich, »der für die Maschinen verantwortlich ist, überlassen Sie ihm das Ganze. Ihre Aufgabe ist es, die Seeleute zu den hervorragenden Leistungen anzutreiben, an die ich gewöhnt bin und die ich von einer guten Mannschaft und einem kompetenten Ersten Offizier erwarten kann. Ich werde keine Nachlässigkeit dulden, Mr. Hazard, keine Nachlässigkeit.«

»Es wird keine geben, Sir«, hatte Phillip ihm versichert. »Die Männer machen sich gut und ...«

Doch Kapitän North hatte ihn kühl unterbrochen: »Seien Sie sich dessen nicht zu sicher, Mr. Hazard. Wir haben viele blutige Anfänger und nur halb ausgebildete Küstenwächter an Bord, die Sie in Form bringen müssen – in kürzester Zeit. Ich erwarte von allen Offizieren, daß sie bei der Ausbildung durch persönliches Vorbild führen, und von Ihnen als Erstem Offizier erwarte ich, daß Sie allen ein Beispiel sind. Ich verlange viel, ohne jeden Zweifel mehr, als Sie bisher sicherlich gewöhnt waren. Ich sehe jetzt schon, daß die Disziplin an Bord erheblich zu wünschen übrig läßt. Weil ein erfahrener älterer Offizier fehlte, haben Sie zuviel durchgehen lassen, vor allem, was die Offiziere angeht. Das muß geändert werden, Mr. Hazard. Wir müssen die Disziplin verstärken, und darum werde ich mich selber kümmern. Wir beginnen damit, daß der Landurlaub gestrichen ist, bis ich mich überzeugt habe, daß alle Offiziere ein solches Privileg verdient haben, Sie eingeschlossen. Ist das klar?«

Es war überaus klar. Phillip knirschte selbst in der Rückschau noch mit den Zähnen. Dies waren ungefähr die ersten Worte gewesen, die der neue Kommandant an ihn gerichtet hatte. Er mäkelte an allem herum. Jeden Tag hatte er ihm eine sorgfältig ausgearbeitete Liste kleinerer Beschwerden und Mängel übergeben, die alle besagten, daß die Maßstäbe des Ersten Offiziers keineswegs zufriedenstellend waren.

Auch Kapitän Keppels Standards waren hoch gewesen, dachte Phillip ärgerlich. Es gab wenige Schiffe, die besser in Schuß waren als die *Jenny d'Acre*, wie sie ihre Seeleute liebevoll nannten. Und es gab ohne Zweifel kein Schiff mit besserer Disziplin als die schöne Fregatte *Maeander* mit ihren 44 Kanonen, die Kapitän Keppel davor kommandiert hatte und in der Phillip zunächst als Maat und nach seiner Beförderung noch als junger Leutnant drei Jahre lang gedient hatte. Mit nostalgischem Stolz erinnerte er sich, daß die *Maeander* – mit Marsrahen und Bramstengen unten – weniger als sechs Minuten gebraucht hatte, um die Royal Rahen zu riggen. Erst kürzlich hatte auch die *Acre* mit blutigen Anfängern in einem wütenden Sturm alle drei Toppsegel in weniger als drei Minuten aufgetucht. Diese beachtliche Leistung hatte ihr ein »Gut gemacht, *Acre*!« des Flaggschiffs eingebracht, dessen Männer noch immer mit den Segeln kämpften. Aber Harry Keppel hatte immer eine Gelegenheit gefunden, gute Arbeit anzuerkennen und seine Männer zu ermuntern. Ganz anders als North, der anscheinend immer nur kritisieren und verdammen konnte.

North bestand auf Formalitäten. Er verlangte, daß Offiziere und Mannschaften ihm die seinem Rang entsprechende Ehrerbietung zeigten – jederzeit und ohne Ausnahme. Er hielt sich für einen Mann mit harter Hand, strafte mit großer Strenge und kümmerte sich um Nichtigkeiten, die andere Kommandanten nicht einmal bemerkt haben würden.

Die Mannschaft seiner Barkasse war zum Beispiel unter seiner Aufsicht erbarmungslos geschliffen worden. In einer einzigen Woche hatte er vier verschiedene Fähnriche eingesetzt und war mit jedem einzelnen unzufrieden gewesen. Sein Bootssteurer und sein Steward – beide erfahrene Männer mit langen Dienstzeiten – fürchteten ihn so, daß sie um Ablösung gebeten hatten. Zwei aus der Bootsbesatzung waren desertiert, einer war ein Vollmatrose mit hervorragendem Leumund, den man wegen Tapferkeit ausgezeichnet hatte.

Dasselbe wiederholte sich auf der *Trojan*. Bald gab es keinen einzigen Offizier, dessen Urlaub nicht gestrichen worden war, weil der Kapitän glaubte, er habe sich nicht mit voller Kraft seiner Aufgabe gewidmet. Und auch den ätzenden Bemerkungen Norths konnte sich niemand entziehen. Weder die Wache gehenden Offiziere noch die Unteroffiziere und die Fähnriche und Kadetten waren davor sicher, auch nicht vor den Strafen und öffentlichen Beschimpfungen. Um der Disziplin willen wurden Matrosen wegen vergleichsweise unbedeutender Verfehlungen an die Grätings gebunden und ausgepeitscht, wurden Offiziere erniedrigt. Phillip lief bei diesen ärgerlichen Gedanken rot an. Er begann wieder vor den Schaltern auf und ab zu gehen, war tief in seine Gedanken versunken und beobachtete deshalb den Eingang nicht mehr mit der nötigen Aufmerksamkeit.

In der Royal Navy hatte immer eine feste und sehr strenge Disziplin geherrscht. Sie war nötig, weil oft genug das Leben von Hunderten von Männern und die Sicherheit ihres Schiffes davon abhingen, daß ein Befehl sofort und ohne Diskussion ausgeführt wurde. Nur wenige rebellierten dagegen, wenn sie nur alle gerecht behandelt wurden und einen Kommandanten hatten, der sein Schiff wirklich führen konnte. Ein Mann, dessen seemännisches Können den Respekt und das Vertrauen seiner Männer gewonnen hatte, konnte sie bis zur Erschöpfung treiben. Doch die Männer verschenkten ihr Vertrauen nicht so ohne weiteres ... Phillip runzelte die Stirn. North war kein erfahrener Kommandant und hatte bisher wenig Vertrauen geschaffen.

Auf dem ersten kurzen Probeschlag, nachdem die *Trojan* seeklar war, hatte North dem ältlichen Master zwei grobe Fehler durchgehen lassen, offensichtlich, weil er beide nicht erkannt hatte. North führte sein Schiff unter Segeln zögerlich und unsicher, vorsichtig ausgedrückt. Es blieb bei dieser wenig beeindruckenden Leistung, und alle erfahrenen Männer schauten sich einigermaßen entsetzt an, noch ehe die kurze Reise zu Ende gegangen war. Auch die jüngeren, die auf ihr Schiff immens stolz waren, waren enttäuscht, als sie im Wettbewerb mit den anderen Schiffen der Flotte überaus schlecht abschnitten.

Die Manöver der *Trojan* unter Dampf klappten nicht, die neuen Maschinen gaben immer wieder ihren Geist auf. North, der die Zimmerleute, die Ingenieure und den Ersten

Offizier mit gleicher Wut beschimpfte, erhielt Erlaubnis, sein Schiff in das Dock der Werft zurückzuführen, damit ihr Kiel verstärkt und die Maschinen noch einmal überholt werden konnten. Das hatte sie natürlich länger als vorgesehen im Hafen gehalten, ihre Artillerieübungen mit dem Geschwader im Englischen Kanal verschoben und die Mannschaft wieder einmal auf eine Hulk übersetzen lassen, was nicht nur viel Arbeit brachte, sondern auch zu vielen Unbequemlichkeiten führte.

Phillip seufzte frustriert. Die Männer konnte man mit diesen Ausreden für das mäßige Abschneiden ihres Schiffes nicht täuschen. Wie alle richtigen Seeleute hatten sie schnell gespürt, daß an Bord keineswegs alles in Ordnung war, und sie fühlten sich folglich nicht wohl. Als Kapitän North sein Schiff endlich wieder seeklar meldete, war es schon Mitte Februar, das Kanal-Geschwader exerzierte unter Konteradmiral Sir Armar Lowry-Corry vor der portugiesischen Küste, und die meisten Mannschaften hatten bereits einen hohen Leistungsstandard erreicht. *Trojan* erhielt den Befehl, zum Geschwader zu stoßen, und ihre Männer waren erleichtert. Doch nach einer stürmischen Passage durch die Biskaya, während der alle drei Bramstengen über Bord gingen und der Großmast einen Riß bekam, konnte sie gerade noch der Flagge des Konteradmirals Ehre erweisen, ehe sie den Befehl erhielt, wieder nach Spithead zurückzukehren.

Es gab Gerüchte, nach der Ihre Majestät, die Königin, eine Parade der Kampfgeschwader vor dem Aufbruch in die Ostsee abnehmen würde, ein Ereignis, das nach allgemeiner Überzeugung unmittelbar bevorstand. Es herrschte große Aufregung, als die Schiffe in den Spit einliefen und vor Anker gingen. Sie schossen Salut vor dem Oberkommandierenden Sir Charles Napier, dessen Flagge vom Großmast der *Princess Royal* auswehte.

Phillip erinnerte sich, daß von Kronstadt und Sweaborg die Rede gewesen war und daß alle über die Aussichten spekulierten, sich mit der russischen Flotte zu messen. Er und seine Kameraden hatten wie alle anderen begeistert darüber geredet. Doch am nächsten Tag wurde die *Trojan* aus der Baltischen Flotte abkommandiert, weil sie Konteradmiral Sir Edmund Lyons kleines Dampfergeschwader im Schwarzen Meer verstärken sollte. Sie wurde zunächst nach Cork in Marsch gesetzt und mußte irische Truppen nach Plymouth transportieren. Dann lag sie zum großen Ärger ihrer Offiziere und Mannschaften in Plymouth und wartete auf den Befehl, nach Konstantinopel ankerauf zu gehen. Die königliche Schiffsparade in Spithead fand am 10. und 11. März statt. Sofort danach ging die Flotte ankerauf nach Kopenhagen.

Wie alle anderen an Bord war auch Phillip enttäuscht, weil er einen so großen und historischen Moment, den Besuch der Königin in Spithead, verpaßt hatte. Dennoch war er insgeheim erleichtert, daß die *Trojan* nicht in die Ostsee abkommandiert worden war, wo es sicher bald zum Kampf kommen würde. Er war ganz und gar nicht zufrieden mit dem Fortschritt des Exerzierens und mit der Art und Weise, wie Kommandant North das Schiff führte. Am schlimmsten war es während des Sturms auf der Reise nach Lissabon gewesen. Das beunruhigte Phillip mehr, als er sich eingestehen wollte. Vor allem aber machte ihm Sorgen, daß sein Vorgesetzter die Disziplin weiter zu verschärfen suchte. Phillip war schmerzlich klar, daß genau das die Moral an Bord sinken lassen würde.

Doch diese Moral war entscheidend für ein Kriegsschiff. Er wußte das aus Erfahrung. Zwar mußte nach einer Indienststellung jede neue und ungeübte Mannschaft – nach den Worten von Kapitän North – erst »geschliffen« werden, aber wenn die Moral unter einen bestimmten Punkt gesunken war, konnte kein Zwang die Männer wieder zu einer guten und verläßlichen Mannschaft machen. Disziplin, die um ihrer selbst willen mit aller Strenge durchgesetzt wurde, nützte gar nichts. War der Stolz auf das eigene Schiff gebrochen, mußte man die Disziplin lockern, der menschlichen Würde und den Gefühlen der Männer einige Zugeständnisse machen und den Versuch unternehmen, das Vertrauen wiederherzustellen. Aber North war blind oder zog es vor, die Schwierigkeiten nicht zu beachten, falls er sie erkannt hatte. Er war weit davon entfernt, den Druck zurückzunehmen, schien sogar wild entschlossen, ihn noch zu erhöhen. Sein einziges Mittel waren verschärfte Strafen mit dem Ergebnis, daß ein Desaster drohte.

Aus einer frohen, schwer arbeitenden Mannschaft waren in wenigen Wochen mürrische, unzufriedene Männer geworden, die ihren Kapitän und ihr Schiff haßten. Die Männer murrten und meckerten ohne Unterlaß. Neuerdings hatten Desertationen zugenommen, vor allem seit sie sich in irischen Gewässern aufhielten. Und die Unzufriedenheit breitete sich nicht nur im Unterdeck aus. Drei Offiziere hatten erst kürzlich um Versetzung gebeten, und noch ein paar mehr, das wußte Phillip, dachten darüber nach, obwohl bisher keine einzige Versetzung akzeptiert worden war.

Ein wenig unruhig sah er auf seine Uhr. Überrascht stellte er fest, daß erst fünfzehn Minuten verstrichen waren, seit er vor den Schaltern Position bezogen hatte.

Er atmete tief unglücklich aus. Eigentlich hatte er diese Probleme mit seinem Vater besprechen wollen. Doch während er das Thema ansteuerte, hatte er gemerkt, daß ihm die Worte in der Kehle steckenblieben. Er wußte wahrscheinlich nur zu genau, welchen Rat sein Vater erteilt hätte ... Die *Trojan* war sein Schiff, die Männer waren seine Männer, denen er verpflichtet war. Er konnte sie nicht im Stich lassen.

Phillip schritt vor dem Eingang des Bahnhofs auf und ab und versuchte, die Ereignisse der letzten Woche möglichst objektiv zu sehen. Trotz der Liebe zu seinem Beruf und trotz seiner langen Ausbildung hätte er für ein anderes Kommando alles gegeben. Wie gerne hätte er North, die *Trojan* und die beiden unbekannten Passagiere hinter sich gelassen – ganz gleich, was das Schicksal ihm bieten würde. Wie die Deserteure hatte er den Stolz auf sein Schiff und das Vertrauen in seinen Kommandanten verloren. Vielleicht hatte er sogar sein Selbstvertrauen verloren – wie sein Bruder Graham.

»Entschuldigen Sie, Sir, sind Sie der Offizier von Ihrer Majestät Schiff *Trojan*, Leutnant Hazard?«

Phillip fuhr aus seinen Gedanken und drehte sich um. Vor ihm stand ein kräftiger junger Lakai in einer braungelben Livree.

»Ja«, antwortete er, »ich bin Leutnant Hazard. Ich nehme an, Sie haben, hm«, er suchte sich an den Namen zu erinnern, »Sie haben Baronesse von Mauthner und ihren Schützling hierher begleitet?«

Der Mann tippte mit der Hand an die Mütze mit der Kokarde. »Ja, Sir, das ist richtig.« Er deutete auf den Torbogen des Bahnhofs.

Dort stand eine große private Kutsche, um die sich Gepäckträger sammelten, die der Kutscher mit herrischem Ton herbeizitiert hatte. Staub bedeckte das Gefährt, die Pferde waren schmutzbefleckt und dampften, und der Lakai antwortete ungefragt: »Wir hatten's ziemlich eilig, Sir, damit wir den Zug nicht verpassen. Beide Damen sind da. Und Seine Lordschaft. Ich hole gerade die Fahrkarten.« Er zögerte. »Haben Sie Ihre schon, Sir? Oder soll ich sie Ihnen besorgen? Seine Lordschaft hat mir genügend Geld gegeben. Ich soll Sie ausdrücklich danach fragen.«

»Danke. Alles in Ordnung. Ich habe meine Karte.«

Phillip zog seine Uhr. Wir haben noch Zeit genug, dachte er, während der Lakai davoneilte. Er schritt auf die Kutsche zu, von der einige Gepäckträger unter Aufsicht eines großen, gutaussehenden grauhaarigen Mannes von ungefähr fünfzig Jahren das Gepäck abluden. Sein Gesicht schien Phillip bekannt, doch er konnte sich nicht erinnern, wo er es zuvor gesehen hatte. Er wollte sich gerade vorstellen, als der grauhaarige Mann sich umdrehte, seinen Arm ergriff und ihn außer Hörweite zog.

»Ah, Leutnant Hazard, nicht wahr, von Ihrer Majestät Schiff *Trojan*? Verzeihen Sie unsere Verspätung. Wir kommen vom Land, wissen Sie. Ich werde Sie Ihren Schutzbefohlenen vorstellen, sobald die Träger das Gepäck abgeladen haben. Die Admiralität hat Ihnen doch genaue Befehle gegeben? Sie wissen doch, was Sie zu tun haben?«

»Ja, Sir. Meine Befehle sind klar.«

»Sehr gut ... Die Navy macht das immer sehr gut. Mein Name ist übrigens Melgund, George Melgund vom Außenministerium. Ich glaube, ich kannte Ihren Vater. Er hat vor vielen Jahren die *Hogue* kommandiert, nicht wahr? Aber für solche Erinnerungen haben wir jetzt keine Zeit. Sie dürfen den Zug nicht verpassen.«

»Der Zug fährt erst in zwanzig Minuten, Sir«, erklärte Phillip, doch sein neuer Bekannter unterbrach ihn, deutete auf einen Gepäckkarren, der gerade hinter die Kutsche gerollt war, und sagte mürrisch: »Die brauchen wir auch, um das ganze Gepäck hier in den Zug zu schaffen, glauben Sie mir, Mr. Hazard. Das sind verdammt viele Schrankkoffer, kleinere Koffer, Hutschachteln, Schmuckkästen, Handgepäck«, er zog die Schultern hoch. »Ich weiß nicht, was Ihr Kommandant sagen wird, wenn er das alles sieht, aber viel Freude wird es ihm kaum bereiten, da bin ich sicher.«

Kapitän North wird mit Sicherheit nicht begeistert sein, dachte Phillip zufrieden und zynisch. Zwei kräftige Träger hoben gerade einen der Schrankkoffer vom Gepäckwagen und schwankten unter seinem Gewicht. In diesem Augenblick erinnerte sich Phillip, woher er seinen Begleiter kannte. Lord George Melgund war damals ein besonderes Mitglied des Diplomatischen Corps in Rio gewesen, als die *Maeander* auf ihrer Reise nach Ostindien dort geankert hatte. Zusammen mit seinem Botschafter, Lord Howden, hatte er die Offiziere bei ihren kurzen Landbesuchen königlich bewirtet, vor allem die Fähnriche. Phillip lächelte bei der Erinnerung.

Lord George betrachtete ihn jetzt auch eingehender, runzelte die Stirn und lächelte dann ebenfalls. »Wir sind uns schon mal begegnet, Mr. Hazard. Wissen Sie noch, wo es war?«

»Ich glaube, in Rio de Janeiro, Sir!«

»Ja, natürlich. 1848. Sie waren einer der jungen Herren, die Kapitän Keppel mit an Land genommen hat. Rio ist wunderschön, ich werde immer daran zurückdenken. Danach hat man mich nach St. Petersburg geschickt, ein ziemlicher Gegensatz, wie Sie sich denken können. Schade, daß wir für einen Plausch keine Zeit haben, Hazard, aber«, er deutete mit der Hand in Richtung auf die Kutsche, »die Pflicht ruft, und Sie dürfen den Zug auf keinen Fall verpassen, auf gar keinen Fall. John ...«, er unterbrach sich, als der Lakai zurückkam, »hast du die Fahrkarten? Gut, gib sie mir. Schaff das Gepäck in den Gepäckwagen des Zuges. Und wenn du schon dabei bist, erinnere den Bahnhofsvorsteher, daß er ein Abteil reservieren sollte. Aber schnell das Ganze, bitte. Wir haben keine Zeit, ist das klar?«

»Sehr wohl, Mylord.« Der Lakai verschwand wie befohlen, die Gepäckträger folgten ihm, und Lord George schritt auf die Kutsche zu, seine Hand immer noch auf Phillips Arm.

»Was Ihre Passagiere angeht, Mr. Hazard, was hat man Ihnen gesagt? Wissen Sie, wer sie sind?«

Phillip schüttelte den Kopf. »Nein, Sir, man hat mich nicht informiert.«

»Aber Ihr Kommandant – wie heißt er noch? Kapitän North hat doch wohl Befehle von der Admiralität, was die beiden Damen betrifft, oder?«

»Ich habe versiegelte Befehle für Kapitän North, die ich gestern in der Admiralität in Empfang nahm.« Phillip tippte auf die Brusttasche seiner Uniform. »Mein Befehl lautet, Baronesse von Mauthner und ihren Schützling auf das Schiff zu begleiten, Sir, und das so unauffällig wie möglich.«

»Hm, ja, ich verstehe. Dann werde ich Ihnen sagen, was Sie wissen müssen. Baronesse von Mauthner ist Österreicherin, die unter ihrem eigenen Namen reist. Aber ihre Begleitung«, Lord George senkte die Stimme, »ihre Begleitung reist incognito, aus Gründen, die zu enthüllen ich nicht befugt bin. Sie werden Sie mit Mademoiselle Sophie ansprechen, Hazard, und unter diesem Namen wird sie die Reise auf Ihrem Schiff machen: als Mademoiselle Sophie.«

»Also ist sie Französin, Sir?« fragte Phillip und fühlte sich erleichtert.

»Sie spricht Französisch«, wich Lord George aus. »Auch Englisch, fließend. Und dann haben die Damen noch ein Dienstmädchen, darum müssen Sie sich aber nicht kümmern. Es ist eine biedere Frau aus Bayern, Anna Hofner. Sie wird unter Ihren Männern an Bord bestimmt keine Feuer legen.« Er lächelte. »Also, mein Junge, los, ich stelle Sie vor.«

Phillip folgte ihm zur Kutsche. Als erste stieg eine schmale, ältere Frau aus, mit einem faltigen, eher traurigen Gesichtsausdruck und glänzenden dunklen Vogelaugen. Lord George bot ihr seinen Arm.

Auf deutsch sagte er: »Hier ist Leutnant Hazard von der Königlichen Marine. Er wird Sie auf Ihr Schiff begleiten und Sie beide sicher an Bord bringen. Baronesse von Mauthner, Leutnant Hazard.«

Phillip verneigte sich.

Die Baronesse unterzog ihn einer sorgfältigen Musterung, ehe sie mit einem leichten Neigen des Kopfes die Vorstellung erwiderte. »Ach ja, der Marineoffizier.« Ihr Englisch klang kehlig, ihr Akzent war deutlich. »Danke, Leutnant Hazard, wir sind froh über Ihre Begleitung.«

Sie wandte sich ab, ließ Lord Georges Arm los, beugte sich in das dunkle Innere der Kutsche zurück und sagte etwas, das Phillip nicht verstand. Dann stieg eine junge Dame aus, die so tief verschleiert war, daß man von ihrem Gesicht nur erkennen konnte, wie klein und blaß es war. Der Mode entsprechend trug sie einen eleganten pelzverbrämten Reisemantel, im übrigen war sie dunkelhaarig und schlank. Sie bedankte sich für das Vorstellungsritual und sprach Englisch ohne Akzent. Nach ihr stieg die Dienstmagd aus der Kutsche, eine dickliche Frau in nüchternem Schwarz, die komisch knickste und sich dann entfernte, eine kleinen Schmuckkoffer in den Armen. Ständig sah sie sich aufmerksam um, als fürchte sie, einer der Vorübergehenden könnte ihr das Kästchen entreißen. Phillip fühlte Mitleid und bot an, sie von ihrer Verantwortung zu befreien, doch sie errötetet tief und schüttelte ablehnend den Kopf.

»Nein, danke Herr Leutnant. Ich muß den Koffer selbst tragen, bitte.«

»Wir begleiten Sie jetzt besser zum Zug, Mademoiselle«, äußerte nun Lord George entschlossen.

Er hatte nur die junge Dame angesprochen, was Phillip besonders auffiel. Als die kleine Gesellschaft sich in Richtung Bahnsteig in Bewegung setzte, ging der Lord direkt neben ihr, hielt den Hut in der Hand und behandelte sie mit ausgesuchter Höflichkeit. Mademoiselle Sophie sprach leicht und ungezwungen und dankte ihm, als sie den Zug erreicht hatten, sehr charmant für seine Freundlichkeit. Aus dem Nichts erschien der Stationsvorsteher mit seinem Zylinderhut, verneigte sich und half den Damen in das reservierte Abteil.

Fragend sah Phillip Lord George an. »Soll ich nebenan reisen, Sir? Mein Gepäck ist weiter hinten, aber ich kann es schnell holen.«

Der Mann aus dem Außenministerium zögerte einen Augenblick. »Das wäre sicher das beste, Mr. Hazard«, begann er. »Wenn die Damen es wünschen.«

Baronesse von Mauthner nickte eifrig zustimmend, aber zu Phillips Überraschung deutete Mademoiselle Sophie einladend auf das reservierte Abteil.

»Wir haben Leutnant Hazard unseretwegen die Unbequemlichkeit einer Reise nach London zugemutet«, sagte sie. »Und da wir zusammen eine sehr viel längere Reise vorhaben, ist es doch nur richtig, wenn er auch jetzt bei uns sitzt. Bitte, Mr. Hazard, wir legen Wert auf Ihre Gesellschaft. Lassen Sie Ihr Gepäck holen und nehmen Sie bitte hier Platz. Wir haben das ganze Abteil für uns.«

Lord George sah aus, als wolle er Einspruch erheben, und änderte dann doch seine Meinung. Ein Träger holte die Koffer, und Phillip half beiden Damen auf ihre Plätze. Der Zugführer wartete mit der Trillerpfeife im Mund und sah zum Stationsvorsteher hinüber. Lord George verabschiedete sich, trat auf den Bahnsteig und winkte Phillip zu sich.

»Sie werden gleich abfahren, Hazard«, sagte er. »Also bleibt mir nur, Ihnen gute Reise zu wünschen, *bon voyage*. Vergessen Sie nicht, mein Junge, Diskretion! Es handelt sich nicht um eine gewöhnliche junge Dame, wie Sie sicher gemerkt haben werden. Wie schon gesagt, ich bin nicht befugt, Ihnen ihre Identität zu enthüllen, doch behandeln Sie sie mit aller Umsicht. Das kann ich Ihnen nur wärmstens empfehlen.« Er schüttelte kräftig Phillips Hand. »Auf Wiedersehen und viel Glück.«

Phillip kletterte ins Abteil, der Stationsvorsteher murmelte eine Entschuldigung, warf die Tür hinter ihm zu und winkte dem wartenden Zugführer. Lord George trat zurück, die Pfeife schrillte, und der Zug bewegte sich langsam vom Bahnsteig weg.

Phillip nahm leicht beunruhigt gegenüber den beiden Passagieren der *Trojan* Platz und fragte sich, warum wohl so ein Geheimnis um die Reise und Mademoiselle Sophies wahre Identität gemacht wurde. Er bemerkte, daß sie mittlerweile ihren Schleier abgenommen hatte. Sie war viel jünger, als er beim ersten Treffen angenommen hatte, siebzehn vielleicht, höchstens achtzehn. Neugierig betrachtete er sie, als er sich unbeobachtet glaubte.

Sie war nicht auf herkömmliche Weise schön, fand er, doch ihr Gesicht zeigte ungewöhnlich viel Charakter und Charme. Sie hatte zauberhafte Augen, dunkel und weit auseinanderstehend, sehr lange schwarze Wimpern, einen kleinen, gefühlvollen Mund, der sich zu einem schüchternen Lächeln verzog, als sie aufsah und seine Blicke bemerkte.

Sie errötete und fragte mit kaum hörbarer Herausforderung in ihrer leicht heiseren, einladenden Stimme: »Ich verwirre Sie, Mr. Hazard?«

»Ein bißchen schon«, gab Phillip zu, und sie lachte laut, ein fröhlich klingendes Lachen, musikalisch und wirklich amüsiert.

»Glauben Sie mir«, versicherte sie ihm, »ich habe diese ganze Geheimnistuerei nicht gewollt, Mr. Hazard, also bin ich auch nicht dafür verantwortlich. In Wahrheit hat man mich vergessen oder sogar übersehen und ...« Baronesse von Mauthner warf ihr einen warnenden Blick zu, und Mademoiselle Sophie unterbrach sich, biß sich auf die Unterlippe. »Ich rede zuviel«, gab sie, sich entschuldigend, zu. »Ich ... wie lautet die englische Redewendung? Ich habe ein zu loses Mundwerk.«

»Sie sprechen ein schönes Englisch, Mademoiselle«, antwortete Phillip mit allem Ernst. »Und Sie haben keinen Akzent.«

Die junge Dame schien beglückt. »Glauben Sie das wirklich, Mr. Hazard? Ganz ehrlich?«

»Wahrhaftig, Mademoiselle!«

»Sie sind sehr freundlich. Aber«, sie hob ihre schmalen Schultern, »ich habe fast ein Jahr in diesem Land gelebt, nur um Ihre Sprache zu lernen. Meine Mutter meint ...«, wieder sah die Baronesse sie warnend an, und sie ließ den Satz unvollendet, schnitt ihrer Wächterin eine winzige Grimasse und sagte in schnellem Französisch, »Sie sind ein Drachen, Madame. Nicht nur ein Wachhund sondern ein echter Drachen.«

Phillips Französisch stammte noch aus Schultagen und war aus mangelnder Übung eingerostet, doch diese Worte verstand er und stellte mit einigem Staunen fest, daß der Ton, in dem Mademoiselle Sophie ihre Begleiterin wenig respektvoll anfuhr, keinen Widerspruch hervorrief.

Freundlich und ebenfalls französisch antwortete die Baronesse: »Darum begleite ich Sie doch. Ich weiß, was ich zu tun habe, mein Kleines, zu Ihrem Schutz.«

Den Rest verstand Phillip nicht mehr, denn ihre Aussprache war keineswegs so gut wie die ihres Schützlings, und sie sprach sehr schnell, ließ sich kaum Zeit zum Luftholen. Doch er erriet, daß es jetzt um ihn ging, denn Mademoiselle Sophie protestierte wie beleidigt: »Aber er ist ein englischer Marineoffizier, Madame. Und auf englische Offiziere kann man sich immer ganz und gar verlassen!«

»Vielleicht«, räumte Baronesse von Mauthner ohne rechte Überzeugung ein. »Aber Lord Melgund sagte mir, ehe wir den Zug bestiegen, er sei nicht eingeweiht ...« Mißtrauisch suchten ihre dunklen Blicke Phillips Gesicht ab. »Sprechen Sie Französisch, Leutnant Hazard?«

Phillip richtete sich auf. »Nur ein wenig, Baronesse«, gab er steif zu.

»Sie haben also verstanden, was wir gesprochen haben?«

»Nur hier und da ein Wort, mehr nicht. Aber ich versichere Ihnen, daß nichts, was Sie in meiner Gegenwart besprechen, weitergegeben wird. Ich habe meine Befehle. Und wenn Sie sich vertraulich unterhalten wollen, werde ich dieses Abteil beim nächsten Halt verlassen und ...«

»Seien Sie bitte nicht gekränkt, Mr. Hazard«, Mademoiselle Sophie lehnte sich vor und legte ihre kleine, behandschuhte Hand auf seinen Arm. »Ich habe Ihnen doch gesagt, daß ich diese ganze Geheimnistuerei nicht will. Wie auch immer, es war unhöflich, in Ihrer Gegenwart eine fremde Sprache zu benutzen, und ich bitte sehr um Verzeihung. Bitte! Haben Sie uns vergeben? Dann sagen Sie es, bitte.«

»Natürlich habe ich das, Mademoiselle.« Sein momentaner Unwille war sofort verflogen. »Da ist überhaupt nichts zu vergeben. In meiner Gegenwart dürfen Sie jede Sprache benutzen, die Sie wollen.«

»Ich ziehe Englisch vor.«

»Ich bin froh darüber. Ich verstehe es besser als Französisch.«

Sie lachten jetzt beide, und die junge Dame sagte: »Berichten Sie mir bitte von Ihrem Schiff. Ich war in meinem ganzen Leben noch nie auf einem britischen Kriegsschiff und möchte gern wissen, was mich erwartet. Die *Trojan* ist ein Dampfschiff, nicht wahr?«

»Ja, sie ist eine Schrauben-Segel-Fregatte, Mademoiselle!«

»Sie? Ist das Schiff weiblich?

»Für einen Seemann immer, Mademoiselle!«

Ihre dunklen Augen funkelten. »Und sie, Ihre *Trojan*, ist sie groß? Wie viele Kanonen hat sie, und wie groß ist die Besatzung?«

Phillip lächelte dankbar für ihr Interesse. »*Trojan* gehört zur ersten Klasse mit 1570 Tonnen, Mademoiselle. Sie führt 31 Kanonen auf dem Oberdeck und den Hauptdecks, und ihre Mannschaft sind kriegsstark 300 Mann. Aber wir haben Seeleute und Marinesoldaten an Bord, die von anderen Schiffen der Flotte angefordert wurden, also sind wir mehr als 400 Mann, wenn wir ankerauf gehen.«

»So viele!« Mademoiselle Sophie klang ehrlich überrascht. »Die Matrosen schlafen unter Deck in Hängematten, nicht wahr? Ist es da nicht viel zu eng?«

»Ihre Hängematten baumeln im Unterdeck, wo es keine Kanonen gibt. Und obwohl vierzehn Zoll der vorschriftsmäßige Abstand zwischen zwei Hängematten ist, ist die Enge nicht so schlimm, wie es scheint. Es schlafen ja nie alle zur gleichen Zeit. Die Mannschaft ist in Wachen eingeteilt, und wenn die Freiwache nach unten geht, muß die Wache an Deck.«

Er verlor sich in Einzelheiten, als ihn die Baronesse brüsk unterbrach: »Aber die Offiziere haben doch Kammern, nicht wahr? Kammern mit Betten?«

»Einige, Madame«, antwortete Phillip trocken, »die jüngeren Offiziere, also die Maaten, die Fähnriche und die Kadetten hausen in der sogenannten Cockpit unten an Steuerbord auf dem Unterdeck. Dort herrscht wirklich Enge. Und eine Messe, die ihnen auf einem Linienschiff zusteht, wird auf einer Fregatte nur von den älteren Offizieren belegt.«

»Und wo ist die, ich meine, wo ist die Messe?« wollte Mademoiselle Sophie wissen.

»Im achteren Teil vom Unterdeck, Mademoiselle. Da ist es hell, dank des Niedergangs und der Lukendeckel. Bei den Fähnrichen dagegen müssen Tag und Nacht die Lichter brennen.«

»Und nimmt der Kapitän dort auch seine Mahlzeiten ein?«

»Nein, die Tageskajüte des Kommandanten und seine Schlafkajüte sind im Hauptdeck, Mademoiselle. Ich nehme an, er wird Sie auffordern, dort Ihre Mahlzeiten mit ihm gemeinsam einzunehmen.«

»Das Hauptdeck, das ist doch oben, Mr. Hazard, nicht wahr?« Mademoiselle Sophie sah ihn ziemlich verwirrt an.

Phillip durchstöberte seine Taschen und fand schließlich einen Bleistift und einen Umschlag, in dem seine Mutter einen Brief geschickt hatte. »Wenn Sie wollen, fertige ich eine Skizze von dem Schiff an«, schlug er vor, »so daß Sie sich ohne Schwierigkeiten zurechtfinden können.«

Er schob den Brief in seine Tasche zurück und machte sich an die Arbeit.

Mademoiselle Sophie sah ihm mit wachsendem Interesse zu, als sein Bleistift über das Papier fuhr. »Es, ich meine natürlich sie, sie hat mehr Decks, als ich angenommen habe«, bemerkte sie, während er zeichnete.

Phillip nickte: »Wir sprechen von einem Dreidecker. Aber die Zahl bezieht sich nur auf Kanonendecks. Außerdem haben wir unter der Wasserlinie den Laderaum und das Zwischendeck und oben noch das Achterdeck und das Poopdeck. Eine Fregatte wie die *Trojan* hat nur ein Kanonendeck, obwohl es auch Kanonen auf dem Oberdeck gibt und zwei 68-Pfünder auf dem Achterdeck.« Er reichte ihr seine Skizze, die einen Schnitt durch das Schiff zeigte. »Hier sehen Sie, daß sie in Wahrheit fünf Decks hat oder fünf Ebenen, wenn man den Laderaum und das Achterdeck mitzählt. Ein Dreidecker hat sieben!«

Sie studierte die Skizze genau mit gerunzelter Stirn, dankte ihm höflich für seine Mühe und gab sie ihrer Begleitung weiter. »Schauen Sie, Madame, das ist interessant und wirklich nicht schwer zu verstehen. Hier ist die Cockpit, wo die armen jungen Offiziere in ihren Hängematten schlafen müssen, und die Messe. O ja, und das ist die Kapitänskajüte gleich unter dem Achterdeck.«

»Ich möchte nur wissen, wo meine Kammer ist«, entgegnete Baronesse von Mauthner kühl auf französisch. Und fügte im gleichen Tonfall in Englisch hinzu: »Das heißt natürlich, Leutnant Hazard, falls man in einem so überfüllten Schiff wie diesem überhaupt eine Kammer für mich finden wird.«

»Seien Sie sicher, daß der Kommandant Ihnen eine passende Unterkunft bereits zugewiesen hat, Madame«, antwortete Phillip höflich. »Für Sie und für Mademoiselle!« Er verkniff sich zu bemerken, daß wahrscheinlich seine eigene Kammer von Kapitän North für die Aufnahme der Passagiere vorgesehen worden war.

Als Mademoiselle Sophie ihm die Skizze zurückgab und ihn bat, ihr die Kajüte zu zeigen, die wahrscheinlich ihre werden würde, deutete er ohne Zögern auf seine.

»Erzählen Sie mehr, Mr. Hazard«, bat sie, »bitte, das ist alles so aufregend. Haben Sie schon auf einem Dreidecker gedient?«

Phillip neigte den Kopf. Sie unterhielten sich dann über die

Schiffe, auf denen er gedient hatte, über die Sitten und Gebräuche in der Royal Navy und auch über seine eigene Karriere. Mademoiselle Sophie war eine kluge und interessierte Zuhörerin, stellte unendlich viele Fragen und brachte ihn dazu, alles über sich selbst zu erzählen. Gewöhnlich war er in Gegenwart fremder junger Damen zurückhaltend und fühlte sich nicht wohl, aber unter dem Zauber dieser jungen Dame entspannte er sich und unterhielt sich ungezwungen mit ihr. Er berichtete freudig von seinen Reisen und den Häfen, und sie hörte gespannt und aufmerksam zu.

»Borneo, China, Australien und auch noch Südamerika! Was für ein Glück Sie doch haben mit Ihrem Leben, Mr. Hazard. Ich beneide Sie wirklich. Hat er nicht richtig Glück, Madame?« wandte sie sich an Baronesse von Mauthner.

Die Baronesse seufzte. Sie hatte sich an der Unterhaltung nicht beteiligt und mißbilligte sie ganz sicher, das spürte Phillip. Ein- oder zweimal hatte sie sogar versucht, ihren Schützling abzulenken, aber Mademoiselle Sophie hatte ihr sanft auf die Finger geklopft und ihr in Französisch gesagt, ein solches Gespräch richte keinen Schaden an.

»Wir vertreiben uns die Zeit, Madame, mehr nicht. Sollten wir uns lieber schweigend gegenübersitzen?«

»Unter Umständen könnte das klüger sein«, antwortete die Baronesse unwirsch.

Aber sie ließ es dabei, nickte ein und schlief zu Phillips Erleichterung, bis der Zug kurz vor seinem Ziel war. Als sie erwachte, sah sie sich schuldbewußt um und starrte dann aus dem Wagenfenster. »Wir sind fast da, glaube ich. Vergessen Sie nicht, wer Sie sind, mein Kleines, und hören Sie jetzt endlich mit diesen Narreteien auf!«

»Das sind keine Narreteien, Madame«, protestierte Mademoiselle Sophie. »Und ich vergesse nie, wer ich bin.« Doch gehorsam griff sie nach ihrem Schleier und wand ihn wieder um ihr Gesicht. Dann sagte sie, sich fast bei Phillip entschuldigend: »Es war ein großes Vergnügen, mit Ihnen zu plaudern, Mr. Hazard. Ich danke Ihnen, daß Sie unsere Reise so kurzweilig und angenehm gehalten haben.«

Als sei dies seine Verabschiedung, wandte sie sich ab, beschäftigte sich mit ihrem Schleier und versank in ein Schweigen, das Phillip nicht zu unterbrechen wagte.

Hatte er sie, fragte er sich beunruhigt, mit der nötigen Umsicht behandelt, wie Lord George ihm geraten hatte? Wer war diese junge Dame mit der leicht heiseren Stimme, den schönen dunklen Augen, deren wahre Identität man so sorgfältig verbarg? Er seufzte, denn auch er hatte die Fahrt in ihrer Gesellschaft kurzweilig und angenehm gefunden.

Seine Gedanken erhellten sich. Die Reise hatte ja gerade erst begonnen, und er würde in den nächsten Wochen viele Gelegenheiten finden, mit ihr zu sprechen. Er könnte vielleicht anbieten, ihr das Schiff zu zeigen oder sie an Land zu begleiten, wenn sie vor Gibraltar oder Malta ankerten. Er schaute zu ihr hinüber, stumme und neugierige Fragen im Blick. Aber die dunklen Falten des Schleiers bildeten jetzt eine Barriere zwischen ihnen. Mademoiselle Sophie sah nicht auf, schien seine Blicke nicht mehr zu bemerken, als Baronesse von Mauthner sich erhob und ironisch sagte: »Wir sind da, Leutnant Hazard, nicht wahr?«

2

Der Zug rollte in den Bahnhof ein und kam langsam zum Halten. Phillip stieg aus und wollte nach Gepäckträgern Ausschau halten, als er einen Kapitän in großer Uniform und umgeschnalltem Degen bemerkte, der unter einer der zischenden Gaslaternen stand und erwartungsvoll um sich blickte. Am Ausgang wartete neben dem Fahrkartenkontrolleur eine Gruppe Teerjacken, von einem Fähnrich angeführt. Zwei hielten die Tampen eines Handwagens, den sie, als der Zug endlich stoppte, in Richtung auf den Gepäckwagen und den Zugführer in Bewegung setzten. Phillip erkannte als ersten den Fähnrich, dann einen der Matrosen und begriff schließlich mit Erschrecken, daß die auffällige Gestalt in der goldbesetzten Uniform sein Kommandant war, der höchstpersönlich die Passagiere zu begrüßen beabsichtigte, die er zuerst nur widerwillig an Bord der *Trojan* akzeptiert hatte.

Kapitän North kam steif den Bahnsteig entlang, während Phillip den Damen aus dem Abteil half. Ohne Gruß oder Entschuldigung drängte North ihn zur Seite, nahm seinen Zweispitz ab und beugte sich feierlich über Mademoiselle Sophies Hand.

»Guten Abend, meine Damen, Mademoiselle, Madame.«

Das klang unterwürfig. Phillip bemerkte, daß er die beiden ziemlich vergnügt anlächelte.

»Ich bin Kapitän North von Ihrer Majestät Schiff *Trojan*. Zu Ihren Diensten. Erlauben Sie mir, Sie zu meinem Schiff zu begleiten. Draußen warten eine geschlossene Kutsche und ein Boot, und meine Männer werden sich um Ihr Gepäck kümmern.«

Er bot Baronesse von Mauthner seinen Arm, und sie schaute zum erstenmal seit Beginn der Reise mit Wohlwollen um sich und legte ihre Hand auf seinen goldbesetzten Ärmel.

»Danke, Kapitän, sehr gütig von Ihnen.«

»Es ist mir ein Vergnügen, Madame. Wenn Sie dann soweit sind, Mademoiselle.« Sehr gesetzt geleitete er die Damen durch die Fahrkartenkontrolle auf die wartende Kutsche zu. Über seine Schulter warf er Phillip zu: »Übernehmen Sie hier das Kommando, Mr. Hazard, und sorgen Sie dafür, daß das Gepäck an Bord kommt und verstaut wird, bitte.«

Der Auftrag war eigentlich überflüssig, Phillip wurde rot, doch ihm gelang gerade noch ein pflichtbewußtes: »Aye, aye, Sir!« Dann erinnerte er sich an die Befehle, die er mitgebracht hatte, zog den Umschlag mit den schweren Siegeln der Admiralität aus seiner Brusttasche und trat vor, nachdem Kapitän North mit einiger Umständlichkeit den Damen in die Kutsche geholfen hatte. »Entschuldigen Sie, Sir ...«

»Worum geht es, Mr. Hazard?« North drehte sich ungeduldig um.

Sie standen an einer zugigen Stelle, und der Wind zerzauste Norths schütteres graues Haar. Das Chaos auf dem Kopf paßte gar nicht zu der Pracht seiner Gala-Uniform. North strich sich mit der Hand über die wenigen Strähnen, sah seinen Ersten Offizier mißbilligend an und drückte sich dann den Hut auf den Kopf. Phillip ließ sich nicht beeindrucken.

»Mein Auftrag lautet, Ihnen diese Befehle zu übergeben, Sir!«

Kapitän North grunzte. Er nahm den Umschlag, blickte unbeeindruckt darauf und schob ihn in seine Uniformtasche. »Ich habe heute morgen vom Hafenadmiral meine Befehle bekommen«, sagte er kurz angebunden, »ich nehme an, es sind dieselben. Wie auch immer, machen Sie weiter, Mr. Hazard, und beeilen Sie sich bitte mit dem Gepäck! Ich habe die Absicht, ankerauf zu gehen, sobald alles an Bord ist.«

»Haben Sie die Absicht, heute abend auszulaufen, Sir?« fragte Phillip etwas überrascht.

»Genau das sagte ich, Mr. Hazard. Sind Sie taub? Sie haben mich doch gehört, oder?«

»Ja, Sir, gehört habe ich Sie, aber ... die Männer für die *Impregnable*, Sir. Ich dachte, die ...«

»Die Männer für die *Impregnable* sind heute morgen an Bord gekommen«, erklärte der Kommandant. »Dabei fällt mir ein«, er sprach jetzt leiser, als falle ihm gerade etwas ein, doch seine kalten grauen Augen zogen sich zusammen, als er dem Blick des Ersten Offiziers begegnete, »Sie haben einen seltenen Namen, nicht wahr, Hazard? In Marinekreisen hat er einen guten Namen, wie ich weiß – bis auf eine leidige Ausnahme!«

Phillip richtete sich gerade auf. Er kannte diesen Blick, wußte aus schmerzlicher Erfahrung, daß North immer dann, wenn er gelassen schien, am meisten Gift verspritzte. »Ich verstehe Sie, glaube ich, nicht ganz, Sir«, antwortete er vorsichtig. »Vielleicht sind Sie so gut ...«

Der Kommandant gab ihm ein Zeichen zu schweigen. »Wirklich? Die Ausnahme kennen Sie doch ganz bestimmt? Ich werde Ihrem Gedächtnis auf die Sprünge helfen, Mr. Hazard. Sie hatten doch einen Bruder in der Navy, nicht wahr? Einen älteren Bruder, der vor ein paar Jahren vor ein Kriegsgericht gestellt und unehrenhaft aus der Navy entlassen wurde. Stimmt's? Ich kann mich an die beschämenden Einzelheiten nicht mehr erinnern«, er runzelte die Stirn, als versuche er, in seinem Gedächtnis zu wühlen, »aber es hing irgendwie mit Trunkenheit auf Wache zusammen. Demzufolge lief sein Schiff auf Grund und mußte aufgegeben werden, das war einer der Anklagepunkte gegen ihn, nicht wahr? Ach ja, jetzt fällt es mir wieder ein, es war die *Comet*, und sie strandete, als sie in den Rio de la Plata einlaufen wollte.«

Vor ohnmächtiger Wut wurde Phillip fast übel, doch weil er spürte, daß North einen unkontrollierten Wutausbruch herausfordern wollte, schwieg er lieber. Er fragte sich erbittert, wo der Kommandant diese unglückselige Geschichte aufgegabelt hatte, von wem er sie erfahren haben mochte. Warum hatte er gerade diesen Augenblick gewählt, um ihn damit zu konfrontieren? Vielleicht in der Hoffnung, ihn schutzlos zu finden und ein Eingeständnis zu erreichen? Phillip schwieg beharrlich. Die Tatsache, daß die Geschichte wenigstens zum Teil stimmte, machte ihn um so entschlossener, nichts zuzugeben. Mit ausdruckslosem Gesicht wartete er darauf, daß sein Peiniger fortfuhr.

Und Kapitän North zögerte nicht und sprach weiter: »Sie werden sich sicher fragen, warum ich die Sache gerade jetzt zur Sprache bringe. Nun, unter den Männern für die *Impregnable* ist jemand, der Hazard heißt, seltsamer Zufall, ein George Arthur Hazard, seinen Papieren nach Vollmatrose. Er behauptet, nicht mit Ihnen verwandt zu sein, aber Sie müssen zugeben, Mr. Hazard, daß das nun wirklich ein großer Zufall ist. Also hielt ich es für richtig, mit Ihnen fairerweise sofort über die Sache zu sprechen.«

Langsam wich die Farbe aus Phillips Wangen. Das darf nicht wahr sein, dachte er verzweifelt, es war einfach unmöglich, es war ein Alptraum, aus dem er sicher gleich aufwachen würde. Doch tief im Herzen wußte er, daß nicht unmöglich war, was der Kapitän andeutete. Denn entsprach das nicht einem der impulsiven, närrischen Einfälle, die seinem Bruder Graham durchaus zuzutrauen waren? Sich freiwillig zur Marine zu melden, weil Krieg war und Männer gebraucht wurden, die als Freiwillige nicht so genau gemustert wurden? Ja, das sah ganz nach Graham aus. Er würde …

Anna, die deutsche Magd, ging mit einer gemurmelten Entschuldigung an Phillip vorbei, und er trat höflich zur Seite, dankbar für die Unterbrechung. Er aktivierte die Reste seines angeschlagenen Selbstbewußtseins, öffnete ihr die Kutschentür und half ihr einzusteigen. Ihr dankbares Lächeln stärkte seinen Gleichmut wieder.

»Danke, daß Sie mich informiert haben, Sir.« Er beherrschte sich vollkommen, als er sich umdrehte und seinen Kommandanten wieder anschaute, doch es kostete ihn einige Mühe, seine Stimme unbewegt klingen zu lassen. »Doch mein Bruder heißt Graham, also ist es unwahrscheinlich, daß dieser Mann mein Bruder ist. Und wenn Sie erlauben, Sir, dann waren die Beweise des Kriegsgerichts ...«

Kapitän North unterbrach ihn sofort. »Ich wäre Ihnen dankbar, wenn Sie sofort nach Ihrer Ankunft an Bord die Identität klären würden, Mr. Hazard. Sie finden Ihren Namensvetter in der Obhut des Wachtmeisters, er hatte Schnaps bei sich, als er an Bord kam, und schien betrunken. Was zu Ihrem Bruder passen würde, nicht wahr?« Das klang lauernd, und North lächelte, weil er sich offensichtlich über das Unbehagen seines Untergebenen freute. »Um Ihretwillen hoffe ich natürlich, daß es sich nicht um Ihren Bruder handelt.«

»Um meinetwillen, Sir?«

»Natürlich. Es wäre nicht gut für die Disziplin an Bord.« Das Lächeln des Kommandanten wurde dünn und verschwand, in seinem eckigen Gesicht machte sich herbe Strenge breit. »Der Mann war betrunken. Ich mußte ihn mit sechs Dutzend Hieben bestrafen, Mr. Hazard!«

»Ja, Sir!« Phillip antwortete ohne Bewegung, aber er fühlte sich flau in der Magengrube. Sechs Dutzend Hiebe, von einem Fachmann verabreicht, konnten einen Mann für sein ganzes Leben zeichnen, und falls der Mann, den man auf diese Weise auspeitschte, nicht bei bester Gesundheit war, dann ... Phillip schluckte schwer, sein Mund war plötzlich sehr trocken.

»Schauen Sie sich den Mann an, sobald Ihre Pflichten es erlauben«, befahl Kapitän North, »und berichten Sie mir dann, was Sie herausgefunden haben.«

»Aye, aye, Sir!«

Der Kommandant drehte sich auf dem Absatz um. Ohne den Gruß seines Ersten Offiziers zu beachten und zu erwidern, rief er dem Kutscher kurz zu, er möge abfahren, und kletterte in die Kutsche.

Phillip starrte hinter dem langsam rollenden Gefährt her, bis es in der zunehmenden Dunkelheit außer Sicht gekommen war. Langsam verschwand sein Ärger. Er wußte, daß es zwecklos war, die Geduld unter Norths spitzen Angriffen und Beleidigungen zu verlieren, und er war froh, daß ihm das nicht passiert war. Doch wenn sich herausstellte, daß der Seemann sein Bruder Graham war ... Phillip seufzte und wollte sich die möglichen Konsequenzen am liebsten nicht vorstellen. Daß sie unangenehm sein würden, bezweifelte er nicht. Er hoffte innig, daß jener George Arthur Hazard wirklich nur der Vollmatrose war, für den er sich ausgab, ein Mann, der zufällig denselben Nachnamen trug. Weil Hazard ursprünglich aus Devon kam, war so etwas nicht ganz unmöglich. Wieder seufzte Phillip bedrückt und resignierend. Dann schob er die Gedanken an seinen Bruder ganz weit weg, kehrte auf den Bahnsteig zurück und suchte die Männer, deren Arbeit er überwachen sollte.

Nach einem langen kalten Pull gegen den Wind im vollbeladenen Kutter mit seinen zwölf Riemen auf die *Trojan* zurückgekehrt, fand er das Schiff bereits unter Dampf und erfuhr vom wachhabenden Offizier, daß die Vorbereitungen, ankerauf zu gehen, weit fortgeschritten waren.

»Der Kommandant möchte, daß Sie sich sofort bei ihm melden, Sir!« informierte ihn Leutnant Laidlaw und fügte mit besorgtem, jungen Gesicht hinzu: »Er hat schon dreimal fragen lassen, ob Sie an Bord sind, Sir. Ich habe den Befehl, ankerauf zu gehen, sobald wir den Kutter an Bord genommen haben.«

»Sehr gut, Mr. Laidlaw. Pfeifen Sie die Wachen auf Station zum Verlassen des Hafens, sobald Sie das Gepäck aufgehievt und den Kutter festgezurrt haben«, instruierte ihn Phillip. »Aber es ist enorm viel Gepäck, und Sie müssen sorgfältig damit umgehen. Also stellen Sie ein paar gute Leute an die Winsch.«

»Aye, aye, Sir. Soll ich Ihre Rückkehr an Bord dem Kommandanten melden?«

»Nein.« Phillip deutete auf seinen schweren Mantel, der quatschnaß geworden war, als sie durch die sogenannte Devil's Bridge zwischen Drake Island und Mount Edgcumbe ruderten, in der der Wind gegen die Tide stand. »Ich melde mich, sobald ich mich umgezogen habe. Wissen Sie, ob meine Kammer für die Passagiere geräumt wurde?«

Der junge Laidlaw nickte: »Ja, Sir, sie wurde geräumt. Ihre Sachen sind in die Kammer von Mr. Fox gebracht worden.«

Phillip ging nach unten. Es ergab sich keine Gelegenheit, den eingesperrten Seemann zu besuchen oder sich nach ihm zu erkundigen. Das muß warten, entschied Phillip. In der engen Kammer vorn, die er jetzt mit Martin Fox, dem ranghöchsten der drei wachegehenden Offiziere teilen mußte, hatte er seine Ausgehuniform kaum abgelegt, als er die Pfeifen der Maate hörte, dem Fußgetrappel an Deck folgte, als die Wache auf ihre Stationen eilte. Er zog gerade seine Seestiefel an, als ein Fähnrich der Wache erschien und ihm meldete, das Schiff sei klar zum Auslaufen.

»Sie kommen spät, Mr. Hazard«, bemerkte Kapitän North kühl, als Phillip sich bei ihm zurückmeldete. »Pünktlichkeit ist die erste Notwendigkeit bei einem guten Offizier, und es ist Ihre Pflicht, wie ich Ihnen schon häufiger sagen mußte, den jüngeren Offizieren ein gutes Beispiel zu geben. Sie hatten ein paar Gepäckstücke von Mutton Cove an Bord zu bringen und einen Fähnrich und die Kutterbesatzung zur Verfügung, die Ihnen dabei halfen. Sie wußten, daß ich es eilig hatte, so schnell als möglich ankerauf zu gehen. Aber Sie verzögerten das um mehr als eine Stunde. Das ist für einen Offizier mit Ihrer Erfahrung unmöglich!«

»Ja, Sir«, entgegnete Phillip mit zusammengekniffenem Mund. Er bot weder eine Entschuldigung noch eine Erklärung für seine Verspätung und fürchtete einen ungemütlichen Augenblick lang, daß der Kapitän auf einer Erklärung bestehen würde. Doch offenbar durch seinen Gesichtsausdruck gewarnt, zog North es vor, sich mit dem Rüffel zufriedenzugeben.

»Also nun, Mr. Hazard«, begann er nach einer deutlichen Pause, »gehen Sie ankerauf und laufen Sie unter Maschine, bis wir aus dem Sund sind. Wenn dieser Wind durchsteht, werden Sie Segel setzen können, ehe wir den Eddystone umrunden.« Es folgten einige navigatorische Befehle, die abrupt endeten. Mit anderem Tonfall sagte er dann: »Lassen Sie um drei Glasen die gesamte Mannschaft antreten. Ich werde die Mannschaft über unser Ziel informieren und darüber, was nach unserer Ankunft von jedem einzelnen erwartet wird. Hoffentlich wird es weniger Nachlässigkeiten geben, wenn den Männern erst klar ist, daß sie sehr schnell Gelegenheit zum Kampf oder eine Chance auf Prisengelder haben werden.«

»Ja, Sir.«

Phillips Stimme verriet nichts von seinen Gefühlen, doch der Kommandant musterte ihn scharf. »Ich will Mittwoch früh in Gibraltar sein, wenn irgend möglich«, fuhr er fort. »Also setzen Sie Tag und Nacht alle Segel, die das Schiff tragen kann. Doch Maschinen setzen wir nur ein, wenn ich es für nötig halte. Wir müssen mit unserer Kohle sparsam umgehen. Unter gar keinen Umständen wird Dampf gemacht, nur auf meinen ausdrücklichen Befehl, und der wachhabende Offizier muß meine Erlaubnis einholen, ehe er refft, Notfälle ausgenommen. Ist das klar genug?«

»Ganz klar, Sir.« Phillip fragte sich, ob es mit den Passagieren zusammenhing, daß Kapitän North am Mittwochmorgen schon in Gibraltar sein wollte. Ob sie dort bereits von Bord gingen? Er wartete, aber North gab keine weitere Erklärung.

Statt dessen äußerte er in scharfem Tonfall: »Ich nehme an, Sie haben den Seemann nicht vergessen, den ich unter Arrest gestellt habe? Den Mann, der sich Hazard nennt? Denn ich erwarte einen Bericht von Ihnen, nachdem Sie ihn«, hier machte der Kommandant eine Pause, »identifiziert haben.«

»Ich habe es nicht vergessen. Ich gehe zu ihm, sobald ich das Deck verlassen kann, Sir!«

»Das ist dann alles. Ich nehme an, ich brauche Sie nicht zu erinnern, nachts die besten Leute in den Ausguck und ans Ruder zu stellen? Gut. Dann setzen Sie sofort die Marssegel. Ich möchte, daß sie alles Zeug trägt, wenn wir die Schraube wieder anheben.«

»Aye, aye, Sir.« Phillip nahm Haltung an, froh darüber, gehen zu können. Knapp wandte er sich an den jungen Leutnant Laidlaw, der auf dem Achterdeck geduldig auf seine Rückkehr gewartet hatte: »Schicken Sie Männer nach vorn zum Katten der Buganker. Und schnell, wenn ich bitten darf. Wir sollen bereits am Mittwochmorgen in Gibraltar sein – ohne die Hilfe unserer Maschinen. Die Schraube wird wieder gehoben, sobald der Lotse von Bord ist.« Er schaute auf den älteren Master, der in Hörweite neben dem Lotsen stand: »Mittwoch früh, Mr. Burnaby, so lautet jedenfalls der Befehl des Kommandanten. Wären Sie bitte so freundlich, mir an die Karte zu folgen. Ich würde im Kartenhaus gern unseren Kurs mit Ihnen überprüfen.«

Beide Offiziere sahen ihren Vorgesetzten ungläubig an, kannten den Kommandanten aber schon so gut, daß sie nichts kommentierten. Burnaby lächelte dem Lotsen gequält zu und folgte Phillip ins Kartenhaus …

Die *Trojan* verließ ihren Ankerplatz und lief ruhig unter Motor den Plymouth Sund hinab. Im Licht des eben aufgegangenen Mondes sah sie fast wie ein Geist aus. Ihre hohen Masten und die schwarz-weiß karierte Bemalung, die in Höhe ihre Hauptdecks die Linie der geschlossenen Kanonenpforten bezeichnete, spiegelten sich kurz im gekräuselten Wasser, als die Brise auffrischte.

Phillip bemerkte die Reflexion, während er zusammen mit dem Master den Kartenraum verließ, und er spürte die auffrischende Brise auf seiner Wange. Er ging nach drüben, wo der Wachhabende neben dem Lotsen stand.

»Alle Mann klar zum Setzen der Marssegel und der Vorsegel, Mr. Laidlaw«, befahl er.

Die Gehilfen des Bootsmanns setzten die Pfeifen an den Mund, und das Trillern echote durch das Schiff, als Laidlaw die Befehle gab und die Toppgasten der Wache sofort und ohne zu zögern im Rigg aufenterten. Kaum einer brauchte die lauten Rufe des Bootsmanns oder die »Hilfen«, die die Tampen und Stöcke der Unteroffiziere darstellten. Hand über Hand schwärmten sie, ohne nachzudenken, die Webleinen empor, jeder bemüht, seine Aufgabe zu erfüllen.

Phillip fiel auf, daß alle Mann mit neuem Geist und neuem Eifer an ihre Arbeit gingen, als ahnten sie bereits Ziel und Zweck ihrer Reise, obwohl ihnen noch niemand etwas gesagt hatte. Die Masten wetteiferten gegeneinander, und die Achterdeckswache wurde an die Brassen gepfiffen, um die eben gesetzten Segel zu trimmen. Die Toppgasten auf dem Großmast jubelten als erste, weil sie ein paar Sekunden vor den Gasten auf Fockmast und Kreuzmast das Tuch ausgeschüttelt hatten.

Phillip runzelte die Stirn, als sie gewandt wieder nach unten auf das Deck zurückkletterten. Er hoffte, daß der Kommandant, wenn er demnächst offiziell das Ziel ihrer Reise bekanntgab, sich auf die Worte beschränkte, die nötig waren.

Wenn North nur den Patriotismus und Loyalität der Männer anspricht, dachte er, statt unmögliche Forderungen zu stellen oder die Männer zu bedrohen, dann werden der neue Geist und der Eifer erhalten bleiben und wachsen und der Stolz auf das Schiff in der Mannschaft aufblühen.

Neben ihm stand der weißhaarige Master, der offenbar

seine stummen Gedanken lesen konnte. Er sagte nachdenklich: »Das sind gute Männer, Mr. Hazard. Und sie werden die besten sein, wenn wir erst im Schwarzen Meer sind und man sie richtig behandelt. Aber wenn man's übertreibt ...«, er brach den Satz ab, zuckte die Schultern – deutlich genug. »Das habe ich schon öfter beobachtet: Ein streng geführtes Schiff ist nach meiner Erfahrung selten das beste Schiff im Kampf.« Dann schob er sich die aufgerollten Karten unter den Arm. »Ich werde jetzt am besten damit zum Kapitän gehen. Wenn ich auch nur eine winzige Gelegenheit sehe, werde ich ihn vorwarnen. Aber die Gelegenheit wird er mir nicht bieten.«

Auch Phillip hatte seine Zweifel, doch er nickte lächelnd. »Danke, Mr Burnaby. Sie werden tun, was Sie können, kein Zweifel.«

»Das wird nicht reichen, Mr. Hazard. Weder hierfür«, Burnaby tippte auf die aufgerollten Karten, »noch um Gibraltar in weniger als fünf Tagen zu erreichen. Mittwoch vormittag, sagte der Kommandant, glaube ich. Nun ja, die *Banshee* brauchte von Spithead bis Lissabon drei und einen halben Tag, unter Dampf und Segeln, nicht wahr? Wenn wir unsere Schraube benutzen würden, könnten wir's schaffen – und genau das werde ich Kapitän North sagen. Vielleicht hört er mir zu, wenn er's so eilig hat.«

»Ja, vielleicht«, stimmte Phillip ihm ohne rechte Überzeugung zu. Doch er hatte seine Zweifel, denn North nahm selten einen Rat an.

Die Schiffsglocke hatte gerade dreimal geschlagen, als Kommandant North an Deck erschien. Die Nachricht, daß sie auf dem Weg waren, um zur Schwarzmeerflotte zu stoßen, wurde von der Mannschaft mit langem und enthusiastischem Beifall aufgenommen. Doch der Beifall verklang schnell, als der Kommandant begann, lang und breit auf ihnen herumzuhacken wegen ihrer Laschheit und wegen ihres Mangels an Disziplin. Die Männer hörten aufmerksam zu, aber ein Murren folgte seiner Ankündigung, daß bis zur Ankunft in Konstantinopel von morgens bis abends exerziert werden würde. Ohne das Gemurmel zur Kenntnis zu nehmen, wandte sich North mit ausdrucksloser Stimme an Phillip.

»Sie werden die Männer um sieben Glasen in der Mittelwache nach oben schicken, damit sie das Deck waschen, Mr. Hazard. Die Mannschaft wird eine Stunde früher als sonst frühstücken. Um sechs Glasen in der Morgenwache wird die Flagge gesetzt, und unmittelbar nach dem Antreten beginnt das Exerzieren.« Er machte eine Pause und sah sich um.

Doch in den engstehenden Reihen bewegte sich niemand, obwohl man die enttäuschten Reaktionen spürte, als den Männern langsam klar wurde, daß man sie um halb vier morgens schon aus den Hängematten jagen würde.

»Das wird solange geschehen«, machte North ihnen mit fester Stimme klar, »bis ich zufrieden bin – nicht nur mit dem Standard bei Segel- und Kanonenübungen, sondern mit dem allgemeinen Standard der Disziplin der gesamten Mannschaft.«

Die Stille drückte. Schock zeigte sich auf den Gesichtern und böse Vorahnungen, als Phillip endlich die Erlaubnis erhielt, die Männer wegtreten zu lassen.

Die Wirkung seiner Worte bei Offizieren und Mannschaften schien ihm unwichtig, denn North ging nach unten, um das Abendessen mit den Passagieren einzunehmen.

Phillip hatte keinerlei Appetit mehr nach Norths Ankündigungen, und er blieb an Deck. Üblicherweise ging er als Erster Offizier keine regelmäßige Wache. Doch er hatte genug zu tun, als die *Trojan* aus dem Sund auslief und ins geschäftige Fahrwasser des Kanals einschwenkte, alles Tuch vor einem böigen Nordostwind oben – und die Schraube angehoben. Selbst als das Schiff endlich auf Kurs lief und der größte Teil des Küstenverkehrs achteraus geblieben war, verschob er immer noch sein Treffen mit diesem Seemann Hazard. Eine Zeitlang machte er sich Vorwürfe. Doch dann beruhigte er sich mit der Erkenntnis, daß ihr Zusammentreffen – falls der Mann tatsächlich sein Bruder Graham sein sollte – unter diesen Umständen ihnen beiden mehr Schmerz als Vergnügen bereiten würde.

Die Wache wechselte; Martin Fox löste den unmittelbar rangniedrigeren Anthony Cochrane ab, der die Wache von sechs bis acht gehabt hatte. Phillip blieb bei ihm an Deck, tauschte beim Auf- und Abgehen Neuigkeiten mit ihm aus und beantwortete so informativ wie möglich Fox' Fragen nach den Passagieren und nach der kurzen Reise nach London. Als hätten sie sich verabredet, vermieden sie jeden Bezug auf die Ankündigungen des Kommandanten, obwohl Phillip wußte, daß das Thema alle mehr als jedes andere beschäftigte.

Martin Fox war ein großer, kräftig gebauter junger Mann und ein erfolgreicher Athlet, der überdurchschnittlich gut aussah und ein außergewöhnlich ausgeglichenes Temperament besaß. Obwohl er etwa ein Jahr jünger als Phillip war, waren sie seit langem befreundet, schon seit den Tagen auf der *Maeander.* Ihre Freundschaft hatte große Nähe und lange Trennungen ausgehalten. Gewöhnlich unterhielten sie sich freimütig und ohne Rückhalt, wenn sich dazu Gelegenheit bot und sie allein waren. Heute abend hatte indes jeder seiner Zunge Zügel angelegt, als fürchteten sie, daß sie der Versuchung erliegen könnten, zuviel zu sagen.

Als das Gespräch über die Passagiere und die Spekulationen über ihre Identität ausgeschöpft war, sprachen sie ganz allgemein über den kommenden Krieg, ihre persönlichen Hoffnungen und über Ziele. Gelegentlich wurde ihre Unterhaltung durch die lauten Warnungen des Ausgucks im Mast unterbrochen und durch die Notwendigkeit, wegen eines anderen Schiffes den Kurs zu ändern. Um vier Glasen brachte ihnen der Fähnrich der Wache, Sean O'Hara, zwei Becher dampfenden Kakao. Phillips Gewissen meldete sich wieder, als er seinen Becher geleert hatte. Er gab seine Absicht bekannt, nach unten zu gehen.

»Ich muß mit dem Gefangenen reden, Martin, ich muß dem Kommandanten über ihn berichten, ehe ich eintörne. Aber ich denke, du weißt Bescheid.«

»Nein.« Martin Fox klang perplex. »Ich wußte nicht, daß wir einen Gefangenen an Bord haben, Phillip. Ganz offenbar habe ich mich getäuscht. Wer hat ihn denn unter Arrest gestellt? Du etwa?«

»Der Kommandant. Ich dachte, du wüßtest das, und war ein bißchen überrascht, daß du mir davon nichts gesagt hast.« Phillip lächelte gequält. »Aber dann nahm ich an, du wolltest mich mit der Angelegenheit verschonen.«

»Dich verschonen? Wie soll ich das verstehen?«

»Ich verstehe es selbst nicht. Du warst in meiner Abwesenheit Erster Offizier. Den Arrest hätte man dir melden müssen.«

Fox hob die Schultern. »Man hat mir nichts gemeldet. Aber du kennst North. Jeder andere hat sich genauestens an die Vorschriften zu halten, nur er ist das Gesetz. Außerdem ...«, er brach ab, runzelte die Stirn, »ich muß vorsichtig sein mit dem, was ich sage, oder dein Gefangener wird nicht der einzige in Eisen bleiben. Worin bestand sein Verbrechen?«

»Trunkenheit. Er kam als einer der Männer für die *Impregnable* heute morgen an Bord, und man hat ihn anscheinend mit Schnaps erwischt. Der Kommandant hat ihn zu sechs Dutzend Hieben verurteilt.«

»Augenblick mal! Ich habe die Leute für die *Impregnable* heute inspiziert. Sie waren alle nüchtern, als sie an Bord kamen.« Er sah nachdenklich aus. »Kann sein, daß der Kommandant ihn bei der Ronde erwischte. Warum zerbrichst du dir über ihn den Kopf?« Er klang plötzlich zynisch. »Weiß der Himmel, dies wird nicht das einzige Mal bleiben, daß Kapitän North jemandem sechs Dutzend Hiebe für nichts verabreichen läßt. Das sollte dich besser nicht überraschen.«

»Das tut's auch nicht«, antwortete Phillip grimmig. »Aber bei dieser Gelegenheit wird man einen Mann auspeitschen, der denselben Namen trägt wie ich.«

»Ein Verwandter, meinst du? Aber ... ?«

»Vielleicht mein Bruder. Ich weiß es nicht, ich habe den Mann noch nicht gesehen. Das wäre schon vor Stunden fällig gewesen.« Phillip hob seine Hände in einer Geste der Verzweiflung. »Aber ich hab's verschoben. Wahrscheinlich habe ich Angst vor der Wahrheit, Martin.«

»Das kann man dir nicht übelnehmen.«

»Verschieben bringt nichts. Wenn der Mann mein Bruder ist, kann ich wenig für ihn tun. Du kennst seine Vergangenheit, nicht wahr? Er wurde vor ein Kriegsgericht gestellt und aus der Navy entlassen, als er Leutnant auf der *Comet* war.«

»Ja, ich erinnere mich.« Wieder zog er die Augenbrauen zusammen. »Ich versuche, mich an die Männer für die *Impregnable* zu erinnern, aber es waren zu viele Gesichter.« Er seufzte. »Ehrlich, ich kann mich an niemand erinnern, der dir ähnlich sieht. Es tut mir leid.«

»Wir sehen uns auch nicht sehr ähnlich. Graham ist sieben Jahre älter als ich.«

»Hat er sich unter seinem eigenen Namen gemeldet?«

Phillip schüttelte den Kopf. »Nein, mit dem Namen George Arthur Hazard, sagte Kapitän North.«

»Weiß der Kommandant, daß er dein Bruder sein könnte?« wollte Martin Fox wissen.

»O ja, das weiß er.«

»Und er spielt es gegen dich aus, stimmt's?«

Phillip schwieg.

Da explodierte Fox: »So kann er nicht weitermachen, Phillip. Hast du die Männer gesehen, als er ihnen sagte, wir würden um sieben Glasen hochkommen, um das Deck zu scheuern?«

»Ich habe die Gesichter gesehen«, gab Phillip zu. Er starrte nach oben in die bretthart gespannte Leinwand über ihren

Köpfen. Der Wind hatte etwas gedreht und nahm wieder zu. Das Schiff zitterte in den Böen unter dem Druck der Segel. »Sie sollten besser beim Kommandanten Erlaubnis holen, die Segel zu kürzen, Mr. Fox«, schlug er vor, nun wieder ganz formell, »oder wir werden eine schlimme Nacht erleben, die unseren Passagieren ganz gewiß kein Vergnügen machen wird. Der Wind hat um einen Strich gedreht, während wir uns unterhielten, und er scheint aufzufrischen. An Ihrer Stelle würde ich Männer an die Brassen schicken, aber nichts unternehmen, bis Sie's dem Kommandanten gemeldet – und von ihm eine Antwort bekommen haben.«

Leutnant Fox begegnete seinem Blick und verstand sofort. Er fing ein plötzliches Rollen des Schiffs in den Knien ab. »Aye, aye, Sir«, antwortete er gleichfalls förmlich. »Gute Nacht, Sir.« Und dann setzte er sanft hinzu: »Ich hoffe bei Gott, der Mann ist nicht dein Bruder.«

Phillip dankte ihm und stieg nach unten.

Der Gefangene war tief unten mittschiffs im Rumpf eingesperrt, in einer schmalen dunklen Kammer zwischen dem Kabelgatt und dem Maschinenraum. Er trug Handschellen und schlief trotz seiner unbequemen Lage. Ein Seesoldat bewachte ihn und nahm Haltung an, als Phillip eintrat. Im schwachen Licht der einzigen Laterne, die von der Decke herabhing, konnte man kaum mehr als den schattenhaften Umriß seines Gesichts erkennen, aber das reichte. Phillip unterdrückte ein Stöhnen und befahl dem Posten, außer Hörweite zu verschwinden. Dann nahm er die Laterne ab und setzte sie auf die Planken neben den zusammengekrümmt Liegenden. Er stützte sich auf ein Knie und schüttelte seinen Bruder fest.

»Graham, Graham. Aufwachen, altes Haus, ich bin's, Phillip!«

»Da bist du also. Phillip, du Narr, ich dachte, du hättest Verstand genug, dich von mir fernzuhalten.« Graham rappelte sich hoch und versuchte fluchend zum Sitzen zu kommen. Seine Frisur war unordentlich, das Gesicht unrasiert, die Augen blutunterlaufen. Er kniff sie immer wieder zusammen, als er heiser fortfuhr: »Um Himmels willen, ich habe geleugnet, je von dir gehört zu haben, als der Kommandant mich verhörte. Und du mußt das auch tun, was anderes bleibt dir nicht übrig. Warum bist du nur hier heruntergekommen? Dir ist doch klar, daß damit keinem von uns geholfen ist.«

»Ja, das ist mir klar, aber ...«, Phillip sah ihn unglücklich an, »der Kommandant hat mir befohlen, ihm Meldung zu machen.«

»Das habe ich befürchtet. Er schöpfte gleich Verdacht, als er meinen Namen hörte. Aber beweisen kann er nichts, außer du gibst zu, daß du mein Bruder bist. Das darfst du auf keinen Fall, Phillip. Dein Leben wird zur Hölle, wenn du's tust. Und was mich angeht ...«, Graham Hazards geschwollene Lippen verzogen sich zu einem schmerzhaften Lächeln, »ich heiße jetzt George. Meine Kameraden an Bord können den Namen leichter aussprechen als den, den mein Vater für mich bestimmte. Wie geht es ihm übrigens? Du hast ihn doch sicher gesehen, als du in London warst.«

»O ja, beide, Mutter und Vater. Und die Mädchen. Gestern nacht war ich zu Hause.« Phillip ließ sich darüber aus, und seines Bruders Miene hellte sich beim Zuhören etwas auf.

»Schön, daß du den Kontakt hältst. Ich wünsche mir das manchmal auch, aber ...« Er zuckte mit den Schultern, und seine Stimme klang wieder böse: »Man nennt meinen Namen sicherlich nicht mehr im Kreis der Familie, nicht wahr? Ich existiere einfach nicht mehr, was meinen Vater angeht. Der einzige Hazard, der Schande auf den Familiennamen häufte. Also, mein Kleiner«, er legte Phillip eine Hand auf den Arm, »ich werde dir ersparen, die Frage zu beantworten. Ich kenne sie außerdem schon.«

»Wirklich, Graham?« Phillip zögerte und musterte seinen Bruder genau. »Bist du deswegen wieder in die Royal Navy eingetreten?«

»Vielleicht – ich weiß es nicht. Es wird Krieg geben, und in den Kneipen, die ich immer besuche, wurde davon geredet. Männer der Navy kamen und redeten, und ein alter Unteroffizier hat mir noch einen ausgegeben.« Graham seufzte. »Ich bin einfach wieder so eingetreten, aus einem Impuls heraus, wirklich. In der Kasse war wieder mal Ebbe, und ich hatte zu der Zeit nichts besseres vor. Ich muß dir nicht sagen, daß es mir jetzt leid tut.« Er hob die gefesselten Hände und hielt sie vor sein Gesicht, um seine Worte zu betonen. »Ich bin natürlich schon vorher wieder zur See gefahren, Phillip, wie's so kommt. Seefahrt ist das einzige, was ich gelernt habe. Und vielleicht hat das ja mit meiner Herkunft zu tun.«

»Ja, wahrscheinlich.« Phillip wurde sich eines gewaltigen, ja eines überwältigenden Mitleids mit diesem so anderen, vom Pech verfolgten Bruder bewußt. Als Junge, erinnerte sich Phillip, hatte er Graham angebetet, hatte ihn beneidet, als er in seinem ersten Urlaub nach Hause zurückgekehrt war: ein zäher, erfahrener Seemann, der drei Jahre in der Royal Navy in China gedient hatte und jetzt den weißen Flecken eines Fähnrichs auf dem Kragen trug. Er schien glücklich im Dienst zu sein, wurde befördert, man sprach lobend über seine Verdienste, er wurde Leutnant, noch ehe er zwanzig war. Phillip erinnerte sich schmerzlich, daß sein Vater den älteren Bruder immer als leuchtendes Beispiel hingestellt hatte, dem er folgen müßte, sobald er die Schule verlassen hatte. Doch jetzt … er sah die rauhen, schwieligen Hände seines Bruders und unterdrückte einen Schrei aus Überraschung und Schock. Das waren die Hände eines Seemannes, und die Schwielen waren nicht erst von heute.

»Warst du in der Handelsmarine?« fragte er tonlos.

Graham nickte.

»Ja, während der letzten viereinhalb Jahre, mal so, mal so. Ich habe auf der *Wanota* zwei Reisen nach Australien gemacht – ein Schiff für die Indienfahrt, gebaut wie eine Fregatte, 1140 Tonnen, Kapitän James Quilhampton. Ich habe mich nicht schlecht geschlagen.« Er lächelte bei der Erinnerung. »Glaub's oder nicht, ich war vor achtzehn Monaten Dritter Offizier auf der *Wanota.* Dann ging ich als Zweiter auf die *Lady Peel*, und da bekam ich Probleme.« Sein Lächeln verschwand, aber er bot keine Informationen über seine Probleme an.

Phillip sah, wie schmal sein Mund wurde, und fragte klugerweise nicht nach.

»Ich bin dann vor dem Mast mit der *Tudor* nach England zurückgesegelt. Und dann hatte ich diesen wahnsinnigen Gedanken. Ich war verrückt, wollte unbedingt in die Navy zurück. Und nun sieh dir das hier an.« Wütend schlug Graham mit seinen gefesselten Händen gegen die Wand.

Der Lärm schreckte den Posten auf, und er kam gerannt, um herauszufinden, was geschehen war.

»Sir! Mr. Hazard, Sir, benimmt sich der Gefangene nicht richtig? Soll ich ihn noch enger fesseln?«

»Nein«, antwortete Phillip kurz angebunden. »Der Gefangene macht keine Probleme. Zurück auf Ihren Posten.«

»Im Augenblick wirst du noch keine Probleme haben, Phillip. Aber wart ab.« Graham klang bitter. »North macht dir die Hölle heiß, wenn rauskommt, daß wir Brüder sind. Falls du es vergessen hast: Morgen früh bekomme ich sechs Dutzend Hiebe für Trunkenheit und ... «

»Warst du betrunken, Graham?«

»Spielt das eine Rolle?«

»Für mich schon. Also, warst du's?«

Graham setzte sich um, fühlte sich nicht wohl. Er vermied Phillips Blick und sagte dann mit gespielter Gleichgültigkeit: »Ich hatte eine Flasche Whisky an Bord mitgebracht und hab' einen Schluck genommen. Nach Ansicht deines Kommandanten muß man dafür ausgepeitscht werden. Aber wenn du's wirklich wissen willst: Ich war nicht betrunken. Das war ich selten in den letzten Jahren. Das kannst du mir glauben oder auch nicht. Es ist jedenfalls die Wahrheit.«

»Aber warum bringst du dann Whisky mit an Bord?« wollte Phillip wissen.

»Warum? Als Schutz in kalten Nächten auf Wache und weil ich einen Husten habe, der mich quält«, antwortete Graham. »In der Handelsmarine ist das ein alter Brauch, und ich kann dir versichern, auf der *Wanota* wurde deswegen nie einer ausgepeitscht.«

»Dies hier ist die Royal Navy«, erinnerte Phillip ihn. »Und du kennst die Vorschriften.«

»O ja, ich weiß, das war dumm von mir. Daß ich mich mit dem Zeug erwischen ließ, meine ich.«

»Wer hat dich denn nun wirklich erwischt?«

»Der Kommandant. Er machte seine Runde und merkte, daß ich nach Whisky roch, nehme ich mal an. Und da befahl er, daß mein Seesack durchsucht wurde. Das Ergebnis kennst du. Er stellte mich unter Arrest, und seitdem bin ich in diesem Elendsloch.« Grahams buschige Brauen trafen sich, als er die Stirn runzelte. »Aber ich war lange genug frei, um ziemlich schlimme Sachen über deinen Kapitän zu hören, Phillip. Kein einziger kann was Gutes über ihn sagen, nicht mal sein eigener Bootssteurer.« Seine Furchen wurden tiefer. »Der Kerl heißt North, nicht wahr?«

»Ja, genau. Aber du ...«

»Thomas North?« fragte Graham weiter. »Der hat doch die Brigg *Guillemot* vor der westafrikanischen Küste geführt, vor etwa zwölf Jahren, stimmt das?«

Phillip neigte den Kopf nach vorn. »Warum? Kennst du ihn etwa?«

»Ich hab' von ihm gehört, und was ich gehört habe, ist kein Ruhmesblatt für ihn, glaub mir. Die *Guillemot* war die reinste Hölle, und ihr Kommandant hätte eine Meuterei am Hals gehabt, wenn die Hälfte der Mannschaft nicht am Gelbfieber gestorben wäre. Schließlich waren die Offiziere völlig verzweifelt und setzten irgendeine Petition auf. North wurde daraufhin abgesetzt und nach Hause geschickt. Es hätte eine

Untersuchung gegeben, vielleicht sogar ein Kriegsgericht, wenn es nach dem Admiral gegangen wäre. Aber alle Zeugen waren krank, die *Guillemot* lag in Accra, von wo sie nicht auslaufen konnte, weil sie nicht mehr genügend Männer hatte.«

»Bist du ganz sicher, Graham? Wenn das wahr ist ...«

»Ich verbürge mich persönlich für die Wahrheit, mein lieber Phillip«, versicherte ihm Graham. »Ich war damals auf das Flaggschiff kommandiert, HMS *Thalia*, Konteradmiral Sir Patrick Campbell. Er schickte einen vertraulichen Bericht über North an die Admiralität, an Admiral Dundas, wenn ich mich recht erinnere. Ich erinnere mich, wie er sagte, daß North nie wieder ein Kommando bekommen würde, solange er das verhindern könne.«

»Ich verstehe«, nickte Phillip tonlos. Er zweifelte nicht an der Wahrheit des Berichts seines Bruders.

Kapitän North hatte sich ganz ähnlich verhalten, seit er das Kommando über die *Trojan* angetreten hatte. Ein Mensch ändert sich nicht. Vielleicht konnte North sich gar nicht ändern ...

Phillip atmete tief aus.

»Hast du begriffen?« fuhr Graham fort. »Verstehst du, warum du auf keinen Fall zugeben darfst, mit mir verwandt zu sein? North ist Sadist, seinen Leumund darf man nicht genauer kontrollieren. Du mußt ihn anlügen. Sonst ...«, hilflos streckte er die Arme aus.

Phillip verstand klar genug, was auf ihn zukommen würde, und das war keine angenehme Vorstellung. Ein Ex-Offizier, unehrenhaft entlassen, älterer Bruder des Ersten Offiziers, diente als einfacher Seemann und wurde bestraft, weil er Alkohol an Bord geschmuggelt hatte. Natürlich würde North eine solche Konstellation für sich nutzen, erbarmungslos ausnutzen. Das durfte nicht geschehen, denn Graham würde noch mehr darunter zu leiden haben als Phillip selbst.

»Also gut«, gab Phillip bedrückt zu, »ich werde unsere

Verwandtschaft leugnen, obwohl ich sicher bin, daß North meine Lüge keinen Augenblick glauben wird. Aber, wie du eben sagtest, er kann uns nichts beweisen. Deine Papiere aus der Handelsmarine lauten auf George Arthur Hazard, habe ich gehört!«

»Ja, das stimmt. Das ist alles legal und kann nicht angezweifelt werden. Ich höre auf George jetzt leichter als auf meinen richtigen Vornamen. Seltsam, nicht wahr? Um ehrlich zu sein, ich ziehe ihn vor. Aber ich kann den Grund nicht erklären. An Hazard hing ich. George Arthur Hazard, Vollmatrose. Das ist kein Name, der für Großes steht, Leutnant Hazard, Sir?«

Phillip stand auf. Er versuchte, ruhig zu klingen: »Ich werde alles versuchen, Kapitän North zu überzeugen, daß das dein wahrer Name ist, Graham. Ich werde auch versuchen, daß deine Bestrafung gemildert wird.«

»Wie das?« fragte Graham zynisch, »Glaubst du wirklich, das schaffst du? Ich kann mir kaum vorstellen, daß Thomas North sich irgendeine Bitte anhören wird. Selbst wenn du das wolltest, Phillip! Aber du wärst verrückt, dich für mich einzusetzen.«

»Ich kann den Arzt bitten, dich zu untersuchen. Wenn er feststellt, daß du nicht gesund genug bist, die volle Anzahl Hiebe zu bekommen, muß der Kommandant seine Einschätzung respektieren.«

»Aber unglücklicherweise bin ich ganz gesund«, entgegnete Graham mit schiefem Lächeln.

»Unser Bordarzt hat was gegen Auspeitschen. Er ist ein vernünftiger Kerl, auf den ich mich verlassen kann«, versicherte Phillip. »Also mach dir keine Sorgen.« Er tätschelte die kräftigen Schultern seines Bruders.

Dann riß er sich zusammen und ging zum Kommandanten. Er wußte, daß dieser Bericht eine schlimme Prüfung für ihn werden würde.

Zu seinem Glück war North nicht allein. Er saß an seinem

Tisch. Das Essen war abgedeckt. Er trank Port mit Mademoiselle Sophie und der Baronesse von Mauthner.

Als Phillip eintrat, unterbrach er sich mitten im Satz und sah ihn verärgert an: »Also?« Sein Tonfall war brüsk, ja rüde – wie immer, wenn er mit einem Untergebenen sprach. »Worauf kann ich diese Unterbrechung zurückführen, Mr. Hazard? Ich hatte befohlen, nicht gestört zu werden, es sei denn, die Angelegenheit sei eilig.«

»Sie werden sich auch erinnern, Sir, daß Sie mir befohlen haben, mich zu melden, sobald ich den Gefangenen gesprochen habe.«

Phillip errötete, aber er gab nicht nach. Er spürte die mitfühlenden Blicke von Mademoiselle Sophie und das warme Lächeln, mit dem sie sein unerwartetes Erscheinen begrüßt hatte.

»Der Gefangene?« rief North ungeduldig. »Was babbeln Sie da, Mr. Hazard? Welcher Gefangene?«

»Der Seemann aus der Gruppe für die *Impregnable*, Sir, den Sie heute morgen unter Arrest gestellt haben!«

»Ach ja, natürlich. Sie meinen den Vollmatrosen Hazard, nicht wahr? Den Kerl, der betrunken an Bord kam.« Kapitän North lehnte sich gemütlich in seinem Stuhl zurück. Er sah zu seinen Gästen hinüber, um sicher zu gehen, daß er ihre volle Aufmerksamkeit hatte, und erlaubte sich ein kleines Lächeln.

Phillip ahnte instinktiv, was auf ihn zukommen würde, wenn er es nicht verhinderte, und fuhr schnell dazwischen: »Der Mann kommt aus der Handelsmarine, Sir, und hat zufällig denselben Nachnamen wie ich. Mehr habe ich nicht herauskriegen können. Und es scheint nicht so, als ob wir irgendwie verwandt wären.« Und dann fügte er sehr mutig hinzu: »Aber er scheint Sie zu kennen, als Sie damals die *Guillemot* führten. Das ist alles, Sir. Es tut mir leid, daß ich Sie beim Essen gestört habe.«

Phillip verbeugte sich vor den beiden Damen, nahm Haltung an, drehte sich um und trat schnell nach draußen, ehe der Kommandant sich von seiner Überraschung erholt hatte.

Mademoiselle Sophie rief hinter Phillip her und wünschte ihm mit ihrer sanften, bezaubernden Stimme: »Gute Nacht.«

Phillip hörte sie kaum. Seine Hände zitterten, als er die Tür fest hinter sich schloß.

Ich habe einen kleinen Sieg errungen, sagte er sich und fühlte sich ungewöhnlich erleichtert, fast wie abgehoben. Es war ein sehr kleiner Sieg, aber immerhin sein erster, seit Kapitän North das Kommando über die *Trojan* übernommen hatte. Er hatte sich vor anderen maßregeln lassen müssen, und er hatte – egal, ob der Kommandant ihm glaubte oder nicht – eine Verwandtschaft zu seinem Bruder Graham geleugnet vor zwei makellosen Zeugen. Doch damit war die Angelegenheit nicht beendet, soviel war ihm klar …

North war gezeichnet, als Phillip die *Guillemot* erwähnte. Sein rotes Gesicht war bleich geworden, und einen unbewachten Augenblick lang hatte Phillip Panik in Norths Augen gesehen. Eine Antwort war North so schnell nicht eingefallen, denn er hatte die Sache mit der *Guillemot* wahrscheinlich für begraben und vergessen gehalten.

Die Wirkung beim Kommandanten war unerwartet aufschlußreich, dachte Phillip. Er war verstummt wie nie zuvor. Wenn es Phillip jetzt gelänge, Norths Urteil über Graham abzumildern, hätte er seinen ersten kleinen Sieg abgesichert. Andere würden folgen, wenn er nur den Mut für weitere Kämpfe zeigte. Bisher hatte er Norths Recht als Kommandant akzeptiert, sein Schiff so zu führen, wie er es für richtig hielt. Dieses Recht hatte Phillip aufgrund seiner Ausbildung nie in Frage gestellt, und die strenge Disziplin als Folge erlaubte keine Fragen an einen vorgesetzten Offizier. Es war schließlich seine Aufgabe als Erster Offizier, jeden Befehl des Kommandanten auszuführen, wie scharf oder ungerecht der auch sein mochte, wie sehr er persönlich das bedauern oder ablehnen würde, und wie schlimm auch immer die Folgen sein würden.

Doch Phillip sagte sich, daß sich die Tragödie der *Guillemot* nicht wiederholen dürfe, was auch immer das für ihn oder andere bedeuten mochte. So etwas mußte er in bezug auf die *Trojan* unbedingt verhindern – das war sicherlich seine erste Pflicht.

Oben auf dem Deck war das Schrillen der Pfeifen der Gehilfen des Bootsmanns zu hören. Die Wache hatte Segel zu reffen. Er hörte das Trampeln nackter Füße über seinem Kopf.

»Alle Segel, die sie Tag und Nacht tragen kann«, hatte North befohlen. Phillip lächelte ingrimmig im Dunkeln und machte sich auf den Weg zur Messe und zum Schiffsarzt.

3

Wie vom Kommandanten befohlen, törnten die Männer um sieben Glasen in der Mittelwache aus, um die Decks zu scheuern. Es war noch pechschwarze Nacht, und aus Nordost blies es hart. Unter doppelten Reffs lief das Schiff neun Knoten und rollte heftig in den windgepeitschten, kalten schwarzen Seen. Die armen Kerle zitterten und klagten leise unter sich, während sie ihre ungeliebte Aufgabe erfüllten. Sie taten, was ihnen befohlen worden war, mißmutig und ohne mit dem Herzen dabei zu sein.

Phillip war mit ihnen aufgestanden und blies sich in die frierenden Hände, während er auf der Luvseite des Achterdecks auf und ab ging. Er redete nicht mehr, als er mußte, und versuchte, seine Ohren vor dem Meckern zu schließen, das zu unterdrücken sich die Gehilfen des Bootsmannes kaum bemühten. Er schickte die Männer zum Frühstück, sobald das einigermaßen sinnvoll erschien, und war dankbar für sein eigenes. Die unappetitliche Mischung aus gehacktem Salzfleisch und Schiffszwieback spülte er mit zwei glühend heißen, gut gesüßten Tassen starken Tees hinunter. Er hatte auf eine kurze Verschnaufpause gehofft, doch kaum war das erste Frühlicht über der östlichen Kimm erschienen, als der Kommandant – aus seiner warmen Kajüte heraus – dem wachhabenden Offizier ausrichten ließ, alle Segel zu setzen.

Der junge Duncan Laidlaw, der die Wache ging, versuchte, Untermarssegel zu setzen und die Reffs aus den oberen Segeln auszuschütteln, aber das Schiff rollte und stampfte wie irrsinnig und lehnte sich so weit nach Steuerbord über, daß die Kanonen auf dem Hauptdeck im Wasser standen und die Toppgasten Schwierigkeiten hatten, wieder die relative Sicherheit des Oberdecks zu erreichen.

Es wurde noch schlimmer, als sie die Segel wieder reffen mußten. Phillip mußte selber aufentern, als das Oberbramsegel im Fockmast losschlug und die Toppgasten aus allgemeiner Angst und aus der Furcht, ihren Halt auf den Pferden zu verlieren, nach einigen halbherzigen Versuchen, es zu sichern, aufgaben. Begleitet von seinen gestammelten Flüchen lagen die Männer über die Rahen gekrümmt und schafften es schließlich gemeinsam, doch er war erschöpft und naß bis auf die Knochen, nachdem er auf seinen Posten auf dem Achterdeck zurückgekehrt war.

Kurz darauf ließ der Wind nach, und eine Stunde später, als Kapitän North an Deck erschien, lief die *Trojan* dichtgebraßt unter allen Segeln wie befohlen und loggte gute zwölfeinhalb Knoten.

North prüfte mit dem Master die Position und den nächtlichen Kurs und wandte sich dann abrupt an Phillip: »Wir haben einen Mann, den wir vor der Musterung auspeitschen müssen, Mr. Hazard, nicht wahr?«

»Ja, Sir.« Er fürchtete, daß seine plötzliche Blässe ihn verraten könnte, und wandte sich ab.

Doch North fuhr unbeirrt fort: »Sie hassen den Gedanken, dieser Bestrafung beizuwohnen, nicht wahr?«

»Nein, Sir.« Phillip nahm sich zusammen und antwortete ihm scheinbar völlig unbewegt: »Ich habe keinen Grund dazu, Sir!«

»Sind Sie ganz sicher? Dieser Mann trägt immerhin den gleichen Namen wie Sie, nicht wahr!«

»Ja, Sir, das stimmt. Aber wie ich Ihnen schon sagte, Sir, als ich Ihnen gestern meine Meldung machte, es scheint ein reiner Zufall zu sein. Er kommt aus der Handelsmarine.«

»Sehr gut, Mr. Hazard. Wenn Sie auf diesen wenig überzeugenden Einlassungen beharren, habe ich dazu nichts mehr zu sagen. Lassen Sie die Mannschaften antreten als Zeugen der Bestrafung und lassen Sie uns keine Zeit mehr verlieren. Ich werde das Exerzieren ohne lange Verzögerung fortsetzen. Informieren Sie die Offiziere, daß sie zu dieser Bestrafung keine Ausgehuniform anlegen müssen wie sonst üblich.« Kühl sah der Kommandant seinen Stellvertreter an. »Worauf warten Sie noch, Mr. Hazard? Ich habe Ihnen doch einen Befehl gegeben«

Phillip bewegte sich nicht. »Da ist noch was, Sir.« Seine Lippen waren trocken, und nervös fuhr er sich mit der Zunge darüber. »Ich habe zu melden …«

»Was?« North blaffte irritiert zurück. »Reden Sie, Mann, zum Donnerwetter.«

»Nachdem ich den Gefangenen gestern nacht gesehen hatte, machte ich mir Sorgen über seinen Gesundheitszustand. Ich habe daher den Schiffsarzt gebeten, ihn zu untersuchen, vor allem im Hinblick darauf, ob er die Strafe aushalten würde. Nach Überzeugung des Schiffsarztes ist er nicht in der Lage, sechs Dutzend Hiebe auszuhalten. Er …«

»Aufgrund welcher Befugnisse haben Sie diesen Mann vom Arzt untersuchen lassen?« unterbrach ihn North zornig.

Phillip hielt unbewegt den wütenden Blick des Kommandanten aus und zuckte nicht. Alle Furcht verließ ihn. Er hatte etwas gewagt, sich nicht um North geschert, und nun gab es kein Zurück mehr. Zudem hatte Fraser, der Schiffsarzt, versprochen, ihn zu unterstützen. Er hatte sich über Grahams beständiges Husten besorgt gezeigt. »Aufgrund meiner eigenen Befugnisse, Sir!« antwortete er ruhig.

»Ihrer Befugnisse, Mr. Hazard?«

»Ja, Sir. Als Erster Offizier bin ich nicht nur für die Disziplin an Bord verantwortlich, sondern auch für das Wohlergehen und die Gesundheit der Mannschaft, und ich bin nicht der Meinung, Sir, daß ich meine Befugnisse überschritten habe. In den Regeln und Vorschriften für das medizinische Personal an Bord Ihrer Majestät Schiffe ist niedergelegt, Sir, daß ein Seemann, der zur Auspeitschung verurteilt wurde, vom Schiffsarzt untersucht werden muß. Der darf dann nach eigenem Ermessen eine Verringerung der Strafe oder eine Verschiebung vorschlagen, wenn ...«

»Das reicht, Mr. Hazard.« Kapitän North unterbrach ihn. »Ich kenne die Vorschriften, ich brauche Ihre Belehrungen nicht. Ich bin der Ansicht, daß Sie Ihre Befugnisse bei weitem überschritten haben, und ich verspreche Ihnen, darüber ist das letzte Wort noch nicht gesprochen. Natürlich ist es klar«, sein Ton wurde beißend scharf, »warum Sie gerade in diesem Fall so handelten. Blut ist eben dicker als Wasser. Aber Sie werden Ihren Bruder nicht vor dem verdienten Auspeitschen retten, indem Sie den Arzt zu Hilfe rufen, das schwöre ich Ihnen.«

»Aber Sir, Sie ...«

»Ich wäre Ihnen dankbar, wenn Sie wieder Ihrem Dienst nachgingen«, unterbrach ihn der Kommandant, der seine Geduld verlor. »Lassen Sie den Arzt sofort zu mir kommen. Lassen Sie den Gefangenen dann nach oben bringen und die Mannschaften ohne weitere Verzögerung antreten.«

»Aye, aye, Sir!« Phillip gab die Befehle weiter. Seine Stimme war ausdruckslos, doch innerlich fieberte er.

Er sah, wie der kleine dickliche Arzt aus dem Niedergang auf dem Oberdeck auftauchte und auf der Suche nach dem Kommandanten nach achtern eilte. Er wartete gespannt, weil er von seiner Position an der Leeseite des Achterdecks nicht verstehen konnte, was die beiden sprachen.

Angus Fraser war ein Mann von ungefähr vierzig Jahren, der in den letzten zehn oder elf Jahren eine eigene Praxis an Land geführt hatte. Er war ein schweigsamer Schotte mit rauher Schale und erheblicher medizinischer Kompetenz. In seiner Jugend hatte er schon mal im Dienst der Royal Navy gestanden – als Assistenzarzt. Er gab gern zu, daß er die Marine nicht mochte und ihre Disziplin unnötig streng fand. Resigniert hatte er akzeptiert, daß man ihn vom Halbsold wieder aktivierte. Doch geklagt hatte er nicht. Er sah seine Verpflichtung als unwillkommene, aber unausweichliche Aufgabe, seinem Land im Falle eines Krieges zu dienen. Er machte kein Geheimnis daraus, daß er nicht erwartete, dabei Freude zu haben. Mit seiner Kritik hielt er nie zurück und hatte bei mehr als einer Gelegenheit kompromißlos geäußert, daß er bei kleineren Verstößen gegen die Disziplin nichts vom Auspeitschen hielt. Jetzt war es das erste Mal, daß er diese Meinung mit aller Kraft vertreten mußte und …

Phillip holte tief Luft.

Während Schiffsärzte und ihre Assistenten inzwischen offiziell als Offiziere galten, hatten sie in Wahrheit wenig Macht und Einfluß außerhalb ihrer engen, genau begrenzten Verantwortungsbereiche. Und nur wenige wagten es, sich mit den Kommandanten der Schiffe zu messen. Gestern nacht schien Fraser ganz und gar willens, Phillip in seinem Versuch zu unterstützen, aus humanitären Gründen Widerstand zu leisten. Er hatte seine Kritik an North in bittere Worte gekleidet, doch im Herzen war er Zivilist geblieben, ein Mann des Friedens, der keinen Streit wollte und auf ein schnelles Ende des Krieges hoffte, damit er so schnell wie möglich zu seiner Familie und der stillen Landpraxis zurückkehren konnte.

Würde Fraser, fragte sich Phillip, wenn es darauf ankäme, es mit North aufnehmen? Hatte er eigentlich das Recht, von Fraser zu erwarten, daß er sein Versprechen einhielt? Bedrückt gestand er sich ein, daß er nichts erwarten konnte, und sah nach drüben, wo die beiden Männer standen. Sie argumentierten immer noch, North mit gerötetem Gesicht und offensichtlich wütend. Fraser, der im Vergleich eher blaß war, erschien ganz ruhig.

Phillips Hoffnung wuchs wieder, als er die beiden so sah.

»Alle Mann antreten zur Bestrafung eines Matrosen«, schrie vom Oberdeck, so laut er konnte, der Bootsmann. »Alle Mann achtern antreten als Zeugen einer Bestrafung.«

Martin Fox tauchte von unten auf, und Phillip verließ das Achterdeck, um sich ihm anzuschließen. Die Pfeifen trillerten, und von überall her sammelten sich Männer und traten in den vorgeschriebenen Gruppen an. Ihre Offiziere standen vor ihnen, musterten sie, und die Seesoldaten standen in ihren scharlachroten Uniformen rechts neben den blauberockten Seeleuten.

Verbissen flüsterte Fox Phillip zu, ehe er vor seine eigene Division trat: »Nicht schwach werden, Phillip, was auch immer passiert, du darfst dich nicht gehenlassen.«

»Ich weiß«, stimmte Phillip grimmig zu. »Genau das erwartet er, nicht wahr?«

»Du mußt das Fraser überlassen«, warnte ihn der Freund. »Er hat das Recht einzugreifen, du nicht. Und der Kommandant weiß ganz sicher, daß Graham dein Bruder ist, wenn du auch nur den leisesten Versuch unternimmst«

Phillip nickte mit steinernem Gesicht. Er wußte, daß die Warnung gut gemeint war und daß er sie klugerweise beherzigen sollte, aber ...

Er ließ die Besatzung mit heiserer, angestrengter Stimme still stehen.

Graham wurde an Deck geführt, bis auf die Hüfte entkleidet, seine Handgelenke waren gefesselt. Ohne Gemütsbewegung ging er an den angetretenen Männern vorbei. Unter seiner Bräune schienen seine Wangen bleich, doch sonst verriet sein Gesicht nichts. Die Gehilfen des Bootsmanns fesselten ihn an das Gräting, das unter der Kreuzstag geriggt worden war. Einer von ihnen ergriff die neunschwänzige Peitsche und wog sie sorgfältig in seinen großen roten Händen. Er wartete auf den Befehl, mit der Bestrafung zu beginnen. Auf der anderen Seite wartete neben dem Gefesselten ein Trommler der Seesoldaten mit erhobenen Trommelstöcken. Sein Gesicht und sein Blick waren leer. Der Bootsmann, ein kräftiger Waliser namens Williams, sah Phillip erwartungsvoll an.

»Sechs Dutzend, Sir?«

Der Kommandant antwortete ihm. Auch er war vom Achterdeck gekommen, der Arzt ging unmittelbar hinter ihm. Er hielt wenige Schritte vor dem gefesselten und hilflosen Gefangenen. »Sechs Dutzend Hiebe«, bestätigte er mit eisiger Stimme. »Gut ausgeführt. Sie kennen Ihre Pflicht, Bootsmannsmaat!«

Angus Fraser sah auf das Deck zu seinen Füßen, schwieg, und Phillips Hoffnung sank. Wahrscheinlich hatte er schon alles versucht und keinen Erfolg gehabt. Es hatte keinen Sinn zu hoffen, daß er noch einmal eingreifen würde. Ein Husten reichte als Grund nicht aus, Norths Haß auf sich zu ziehen, zumal Graham sich selbst für gesund erklärt hatte.

Die Trommel dröhnte, und der vierschrötige Gehilfe des Bootsmanns trat vor und wirbelte die Neunschwänzige hinter seinem Kopf, um die knotigen Schnüre kunstvoll auf Grahams nackte Schulter klatschen zu lassen. Schon der erste Hieb brachte Blut, ließ häßliche rote Risse auf der straff gespannten Haut erscheinen. Wieder hob der Unteroffizier die Peitsche, und die zweiten und dritten Hiebe, die dem ersten schnell folgten, ließen das Opfer vor Schmerz leise stöhnen. Doch während Hieb auf Hieb folgte, fand Graham stoisch seine Ruhe wieder. Die neunschwänzige Peitsche grub sich tief in das nackte Fleisch auf Schultern und Rücken, doch er erduldete die brutale Bestrafung schweigend. Nur manchmal ließ er ein Stöhnen hören.

Mit großer Mühe unterdrückte Phillip sein wachsendes Würgen. Er war schon früher gezwungen worden, Auspeitschungen beizuwohnen. Immer war ihm übel geworden, doch die meisten waren wenigstens an Männern vollzogen worden, die die Strafe auch verdienten. Männer, die ständig gegen die Disziplin verstoßen oder richtige Verbrechen begangen hatten. Phillip lehnte Auspeitschungen von Herzen ab, aber weil er durch und durch Seemann und Offizier war, hatte er ihre Notwendigkeit nie bezweifelt. Erst unter Norths Kommando erlebte er nun, daß solche Strafen auch für unbedeutende Übertretungen verhängt wurden. Und jetzt, da er in Habt-Acht-Stellung vor den bewegungslosen Rängen von Matrosen und Seesoldaten stand, mußte er sich eisern zusammenreißen, um keinen fruchtlosen Protest gegen das Unrecht herauszuschreien, das sein Bruder gerade erduldete.

Dies ist Unrecht, dachte er bitter. North hätte niemals Grahams Seesack durchsuchen lassen und wahrscheinlich auch nie eine so harte Strafe ausgesprochen, wenn der Mann nicht den Namen Hazard getragen hätte. Vielleicht hätte er sogar auf die Einwände des Arztes gehört, wenn er nicht vermutet hätte, daß der Seemann in Eisen ein ehemaliger Offizier war und der Bruder seine Ersten Offiziers.

Jetzt suchte er nach Bestätigung seines Verdachts. Phillips Kehle tat weh in dem Versuch, eisern zu schweigen. Die einzige Möglichkeit, mit der er Norths Verdacht hoffentlich zerstreuen konnte, war vorgetäuschte Gleichgültigkeit, und indem er das brutale Schauspiel, das anzusehen er gezwungen war, hinnahm wie irgendeine andere Auspeitschung irgendeines anderen Mannes, der ihm nichts bedeutete. Er mußte die Lüge, die er benutzt hatte, wie überzeugende Wahrheit aussehen lassen. Gelang ihm das nicht, würde man seinen Bruder weiter drangsalieren. North würde Graham einsetzen, um Phillip in die Knie zu zwingen, würde ihn erbarmungslos und ohne Skrupel benutzen, so wie er es gerade jetzt tat. Graham würde die Trumpfkarte sein, die North im Ärmel behielt und die er jedesmal ziehen würde, wenn sein Erster Offizier auch nur den leisesten Versuch eines Widerspruchs zeigte.

Phillips Entschlossenheit wurde härter. Er zwang sich, unbewegt in Habt-Acht-Stellung zu bleiben, doch der Druck war fast unmenschlich. Er preßte die Fäuste immer fester zusammen, um nicht die Kontrolle zu verlieren.

Er sah, daß der Rücken seines Bruder jetzt nur noch eine blutige Masse war. Doch immer noch fuhr die Peitsche in das geschundene und gequälte Fleisch. Narben würden bleiben. Phillip zitterte, fühlte die Schmerzen seines Bruders wie seine eigenen und wünschte sich voll Scham und Abscheu, er könnte ihm das Leiden abnehmen.

Nach drei Dutzend Hieben legte der Gehilfe des Bootsmanns eine Pause ein. Seine Ablösung nahm ihm die Neunschwänzige aus der Hand und trat vor, um an seiner Stelle die Bestrafung fortzusetzen. Da drängelte sich Angus Fraser an ihm vorbei und trat neben den Gefesselten.

»Halt.« Seine Stimme unterbrach die Stille und klang unnatürlich laut, aber auch autoritär und entschlossen, wie Phillip dankbar bemerkte. Der Arzt beugte sich über Grahams zerschundenen Körper, hob dessen Kopf und fuhr ihm mit der Hand übers Gesicht.

»Dieser Mann ist kaum noch bei Bewußtsein, Sir«, sagte er in Richtung des Kommandanten. »Nach meiner beruflichen Überzeugung darf er nicht weiter bestraft werden.«

»Bewußtlos, sagten Sie, Doktor? Dann muß man ihn wieder ins Bewußtsein holen. Bootsmann!« North sah sich um.

Die beiden Gehilfen des Bootmanns zögerten, und dann legte der Mann die Peitsche nieder und griff zu dem Eimer mit Seewasser, der bereits neben der Reling stand. Er goß das Wasser Graham über den Kopf und nahm, als der Arzt mit steinernem Ausdruck und zögernd zur Seite trat, die Peitsche wieder auf.

»Soll ich fortfahren, Sir?« fragte er den Arzt ohne Bewegung.

Graham erlangte keuchend und würgend das Bewußtsein wieder. Ein Hustenanfall packte ihn.

Wieder antwortete North auf die Frage: »Das Urteil lautet auf sechs Dutzend Hiebe«, sagte er scharf. »Dieser Mann hat nur drei bekommen und ist wieder bei Bewußtsein. Fahren Sie fort.«

Die furchtbare Bestrafung wurde fortgesetzt. Der Kommandant stand mit gefalteten Armen und einem häßlichen Lächeln da, während er zusah. Er lächelte immer noch, als er sich nach einer Weile zu dem Ersten Offizier umwandte. Dieses Lächeln mit einer deutlichen Spur des Triumpfs war plötzlich mehr, als Phillip aushalten konnte. Er trat weiß vor Wut einen Schritt vor. Doch noch ehe er auch nur ein einziges Wort seinem Kommandanten in das lächelnde Gesicht schleudern konnte, kam Hilfe aus einer ganz anderen Ecke.

»Kapitän North, ich bitte Sie, dies zu beenden!«

Eine kleine, elegant gekleidete Person stieg aus dem Niedergang, und Phillip blieb stehen, sah sie ungläubig an. Er hatte Mademoiselle Sophies Annäherung weder gehört noch gesehen, hatte ihre Gegenwart nicht einmal vermutet, bis er sie jetzt hörte. Er fragte sich, wie lange sie wohl schon zugesehen hatte. Was um Himmels willen, fragte er sich, dachte sich Baronesse von Mauthner wohl dabei, ihren Schützling unbegleitet an Deck herumgehen zu lassen? Daß sie so einen schrecklichen Anblick erleben mußte, füllte ihn mit Schrekken, und er winkte dem Gehilfen des Bootsmanns zu, seine Peitsche fallen zu lassen, in der Hoffnung, daß Mademoiselle Sophie sich wieder nach unten begeben würde, nachdem ihr klar geworden war, was hier vor sich ging.

Aber das tat sie nicht. Wie eine Königin schritt sie ohne zu zögern mit hoch erhobenem Kopf über das Deck. Die dicht stehenden Männer und Seesoldaten hielten erstaunt den Atem an und murmelten überrascht vor sich hin, als sei sie eine Erscheinung aus einer anderen Welt. In der Tat könnte sie aus einer anderen Welt kommen, dachte Phillip, mit ihrem königlichen Auftreten und der gelassenen Ruhe, mit der sie vor den völlig überraschten North trat.

»Kapitän North!« Ihre helle junge Stimme zitterte nicht. Falls sie sich der Überraschung bewußt war, die ihr Auftritt hervorgerufen hatte, ließ sie es sich nicht anmerken.

Der Kommandant setzte seinen goldbetreßten Hut ab.

»Verzeihen Sie, Mademoiselle, Sie sollten hier nicht sein«, begann er. »Sie …«

Mademoiselle Sophie brachte ihn mit einer einzigen Handbewegung zum Schweigen. »Ich dachte erst, ich sei auf einem russischen Schiff«, sagte sie eisig, »wo es üblich ist, einfache Matrosen totzuschlagen. Doch Ihrer Meinung nach sind die Russen Wilde, oder? Gegen sie wollen Sie doch zu Felde ziehen!«

»Das stimmt, Mademoiselle. Aber Sie …«, North hatte sein Konzept verloren, sein Gesicht war rot geworden, und er stotterte, »Sie müssen verstehen, Ihnen muß klar sein …«

Sie sah ihn anklagend an. »Mir ist klar, daß dies ein britisches Schiff ist, und die ganze Besatzung besteht aus Freiwilligen – nicht Gepreßten oder Eingezogenen, Kapitän. Aber mir scheint, es gibt keinen Unterschied zwischen Ihrer Art, Disziplin und Ordnung zu halten, und der russischen, die Sie so verachten.«

»Ich versichere Ihnen, Mademoiselle, wir peitschen nur, wenn es nötig ist«, verteidigte sich North. »Wir …«

Aber Mademoiselle Sophie übersah ihn. Ihr Blick traf die zusammengesunkene Gestalt, die bewußtlos und blutend an der Gräting hing. Zum erstenmal, seit sie an Deck gekommen war, zitterte ihre Stimme, und in ihren Augen glänzten Tränen: »Der arme, arme Mann. Sie haben ihn fast getötet, Kapitän North.«

»Schneidet ihn los und bringt ihn nach unten«, befahl North.

Bootsmann Williams und seine beiden Gehilfen gehorchten blitzschnell und trugen, begleitet vom Arzt, den bewußtlosen Graham den Niedergang hinunter.

Phillip atmete zutiefst erleichtert auf. Dankbar und immer noch angespannt sah er, daß Dankbarkeit und Erleichterung sich auch in den Gesichtern der Männer widerspiegelte, die um ihn herumstanden. Natürlich hatte sich keiner bewegt, und sie schwiegen auch. Doch plötzlich war die Spannung vorbei, der unheimliche Druck, den sie alle hatten aushalten müssen, war wie durch ein Wunder verflogen.

Die kleine, stolz aufgerichtete Mademoiselle Sophie zog aller Blicke auf sich, und sie sagte, als bemerke sie das erst jetzt: »Ich werde wieder nach unten gehen, Kapitän.«

»Natürlich, Mademoiselle.« Mit rotem Kopf und offensichtlich deutlich verwirrt durch den Verlauf der Ereignisse behandelte Kapitän North sie weiter mit übertriebenem, fast kriecherischem Respekt. Phillips Verblüffung steigerte sich noch, als der Kommandant ihr den Arm bot und sagte: »Erlauben Sie mir, Sie nach unten zu begleiten.«

»Danke. Aber der arme Kerl, wird er ...«

»Der Arzt wird sich um ihn kümmern, Mademoiselle.«

Mit unnachahmlicher Würde legte Mademoiselle Sophie ihre Hand auf den Arm des Kommandanten, und sie gingen nebeneinander über das Deck. Die Männer starrten ihnen mit dem gleichen Ausdruck wie bisher nach, fiel Phillip auf; sie spiegelten damit seine eigenen widersprechenden Gefühle. Er wartete ab und ließ sie stillstehen, als der Kommandant zurückkehrte. Der Gottesdienst, der nur an Sonntagen länger dauerte, war diesmal außerordentlich kurz. North las die Gebete mit schneller, tonloser Stimme. Er hatte es ganz offensichtlich eilig, das alles hinter sich zu bringen.

Nachdem die Männer weggetreten waren, wandte er sich an Phillip mit kaum unterdrückter Wut. »Jetzt werden wir diese elenden Strolche schleifen, Mr. Hazard. Wir werden sie schleifen, daß es ihnen leid tun wird, geboren zu sein. Und noch mehr werden sie bereuen, freiwillig an Bord gekommen zu sein. Lassen Sie antreten.«

»Jetzt, Sir?« fragte Phillip völlig überrascht.

»Verdammt noch mal, Mr. Hazard, hören Sie schwer? Jetzt, natürlich jetzt. Ich will das Schiff gefechtsklar haben und die Kanonen ausgerannt.« Eine ganze Kette von Befehlen folgte, und ohne Phillips ordnungsgemäßes »Aye, aye,

Sir« abzuwarten, drehte North sich um, ging aufs Achterdeck und rief laut nach dem wachhabenden Offizier.

Danach wurde das Leben an Bord für Offiziere und Mannschaften der *Trojan* zur Hölle. Während das Schiff sich in einem aufkommenden Sturm in die Biskaya vorkämpfte, wurden die Männer rücksichtslos angetrieben. North zeigte keinerlei Mitleid. Arbeiten oben an den Masten folgte das Exerzieren an den Kanonen, und wenn etwas nicht so geschah, wie es der Kommandant erwartete, mußte es wiederholt werden, meistens mehr als einmal. Die Freiwache wurde zweimal in einer bitterkalten, stürmischen Nacht nach oben gepurrt. Die Laternen wurden angezündet, die Kanonen geladen und ausgerannt. Die Decks wurden um sieben Glasen in der Mittelwache gewaschen und gescheuert, und einmal, als der Kapitän zufällig einen alten Putzlappen unter einer Kanone fand, mußte die ganze Prozedur wiederholt werden, ehe er den Männern erlaubte, ihr Frühstück einzunehmen.

Die Pumpen wurden bemannt, und drei Brandübungen wurden am Tag vor dem Einlaufen in Gibraltar ausgeführt. Während der zweiten Hundewache wurden die unteren Rahen und die Toppmasten – die wegen schlechten Wetters abgeschlagen worden waren – nach oben gehievt und in einem stürmischen Ostwind wieder angeschlagen. Ein Mann stürzte dabei hinab und war in der schweren See schnell verloren.

Kap Spartel kam an der afrikanischen Küste kurz nach Beginn der Dämmerung am Mittwochmorgen in Sicht, aber der kräftige Ostwind, der durch die Straße von Gibraltar fegte, machte das Aufkreuzen schwierig. Nach mehreren ergebnislosen Versuchen, von Kap San Vincente nach Tangiers und weiter nach Tarifa unter doppelt gerefften Toppsegeln zu kommen, befahl der Kommandant, die Schraube herabzulassen. Unschön rollend machte die *Trojan* nun endlich Fahrt voraus gegen den Wind, doch Offiziere und Mannschaften waren erschöpft. Selbst alte Salzbuckel litten an Seekrankheit, als kurz nach Mittag am Mittwoch, dem 3. März, Europa Point backbord voraus lag.

Das Schiff lief unter Motor ein und ankerte vor der Quarantäne-Mole. Kurz danach kam eine Barkasse von Land mit dem Gouverneur und ein paar Hafenärzten. Die Quarantänevorschriften wurden wegen des Gouverneurs aufgehoben und der Kommandant mit den beiden Damen an Land gebracht. Aber die müden, unzufriedenen Männer fanden weder Ruhe noch konnten sie an Land – augenblicklich wurde Kohle gebunkert, und das ging am nächsten Tag weiter vom Morgengrauen bis in die Nachmittagsstunden.

Phillip war von schwarzem Staub bedeckt und litt unter ständigem Schlafmangel. Er hatte tausend Sachen zu bedenken, selbst nachdem die letzte Schute von der *Trojan* abgelegt und sich zurück zur Kohlestation bewegt hatte. Er machte sich – und zwar zu Recht – Sorgen um die Moral an Bord und besonders um die geistige Gesundheit seines Bruders.

Graham erholte sich nur langsam und unter Schmerzen von den Folgen der brutalen Auspeitschung. Er veränderte sich erkennbar und war in einem alarmierenden Zustand. Sein Husten plagte ihn ständig, und er schlief schlecht, wenn überhaupt. Außerdem war er in sich versunken und verbittert und sprach kaum mit anderen Menschen. Wenn er es doch tat, drehte sich alles um Kapitän North, und er wiederholte ständig die Geschichte der unglücklichen *Guillemot*, die er als Warnung allen erzählte, die zuhören wollten.

Schiffsarzt Fraser war es gelungen, Graham in seiner kleinen Kammer zu verstecken, bis er wieder seine Pflichten erfüllen konnte. Fraser machte sich Sorgen um seinen Patienten und gab sich alle Mühe, ihn wenigstens körperlich auf die Beine zu stellen. Doch er fand nichts, das dem jungen Mann aus seinen seelischen Qualen helfen konnte.

»Sie könnten vielleicht versuchen, mit ihm zu reden, Mr. Hazard«, schlug er nicht sehr überzeugt vor. »Noch wichtiger wäre, wenn Sie ihn ermutigen könnten, mit Ihnen zu reden. Er ist deprimiert, natürlich, und das ist nach seiner Erfahrung kein Wunder. Aber er scheint auch unter einer Fixierung auf Kapitän North zu leiden. Und das könnte, wie Sie wissen, gefährlich werden. Wenn er seinen Dienst wieder antritt und im Unterdeck alles genauso frei heraus sagt, was ich hier gehört habe, kann er Probleme bekommen. Die Männer sind bei schlechter Stimmung, und ich fürchte, einige werden zu sehr auf ihn hören.«

Phillip teilte Frasers Sorgen. Mehr noch als der Arzt war er sich der wachsenden Unzufriedenheit unter der Mannschaft bewußt, für die er täglich Beweise fand. Doch es war keineswegs leicht, die Zeit für Gespräche mit seinem Bruder zu finden, und wenn er sich ein paar Minuten abknapste – zumeist von seiner dringend nötigen Ruhepause – dann weigerte Graham sich, Phillips Warnungen ernst zu nehmen.

»Ich warne dich, mein lieber Phillip. Verstehst du das nicht? Dieser Kommandant ist nicht mal in der Lage, eine Kohlenschute zu führen, geschweige denn eine Fregatte mit dreißig Kanonen! Er ist ein sadistischer Mörder, und wenn er auch nur eine winzige Chance bekommt, wird er dieses Schiff zur Meuterei treiben wie damals die armen Schweine auf der *Guillemot*. Kann sein, daß ich hier unten in der Kammer des Arztes den ganzen Tag an meinem Zorn schlucke, aber ich weiß genau, was hier vorgeht. Die Freiwache hat keine Freizeit, nicht wahr? North holt sie alle, wann immer es ihm einfällt, am Tage oder mitten in der Nacht. Das stimmt doch, oder?«

»Ja«, gab Phillip zu, »das stimmt. Aber er hat auch recht. Die Männer sind noch zu langsam. Er muß sein Schiff kampfbereit haben, wenn wir zur Flotte stoßen.«

»Das Exerzieren läuft deswegen so langsam«, erklärte Graham, »weil die Männer nicht mit dem Herzen dabei sind, Phillip. Und sie werden es auch nie sein, solange North hier kommandiert. Das weißt du genauso gut wie ich. Lieber Gott, er schikaniert sie doch gnadenlos. Er schindet dich so hart wie jeden anderen an Bord, und dabei bist du sein Erster Offizier. Phillip, wieviel Schlaf läßt er dir? Du mußt nicht antworten – so wie du aussiehst, hast du noch weniger als die Männer. Schau mal in den Spiegel, wenn du Zeit hast, aber krieg keinen Schreck.«

Er hat natürlich recht, mußte Phillip sich bedrückt eingestehen. Aber was sollte er tun, solange Kapitän North Kommandant der *Trojan* war mit all seinen Vorrechten?

Wenigstens eine seiner Sorgen schwand, als in der Abenddämmerung des zweiten Tages die Barkasse des Gouverneurs Mademoiselle Sophie und Baronesse von Mauthner zurück an Bord brachte. Phillip hatte sich vorgestellt, ja sogar befürchtet, daß sie – nach der Nacht an Land – nicht zurückkehren könnten, weil sie ihre Reise mit einer Kutsche fortzusetzen wünschten. Seine Freude über ihren Anblick überraschte ihn selbst. Zwar hatte er wenig Zeit für sie, weil seine Pflichten ihn zu sehr beschäftigten. Kapitän North lud absichtlich niemanden zu den Mahlzeiten mit den Damen ein. Doch das Wissen, daß Mademoiselle Sophie wieder an Bord war, gab Phillip ein gewisses bitter-süßes Gefühl von Freude.

Um sieben Glasen in der ersten Wache ging die *Trojan* ankerauf, und bei Dämmerungsbeginn lief sie am Freitag, dem 25. März, in das graue, stürmische Mittelmeer ein mit Kurs auf Malta. Zu Phillips Überraschung ließ der Kommandant die Schraube beim Auslaufen aus dem Hafen nicht anheben. Das war ohne Zweifel die Folge von Instruktionen, die man ihm in Gibraltar gegeben hatte. Noch immer stand der Wind ungünstig, und das Schiff lief nachts unter Motor. Nur die Toppsegel waren oben, und erst am mittleren Vormittag, als das Wetter besser wurde und ein frischer Wind aus Südsüdost wehte, befahl North, die Maschine zu stoppen und soviel Tuch wie möglich zu setzen.

Der Rest der Reise nach Malta verlief nach dem gleichen Schema wie zwischen Plymouth und Gibraltar – nur die Maschine wurde häufiger benutzt. Unter der afrikanischen Küste kamen sie gut voran. Nach dem ersten Tag wurde das Wetter freundlicher, doch das war fast der einzige Unterschied. Das Exerzieren blieb. Der Kommandant hatte seine Absicht kundgetan, sich vor allem auf Kanonendrill zu konzentrieren, und das erfüllte er, bis die Mannschaften an den Kanonen fast umfielen. Dann ging der Schliff bei den anderen Männern weiter.

North jagte sie durch alle Übungen, die das Segelhandbuch kannte, stoppte sie mit der Uhr in der Hand und brüllte ihnen sein Mißfallen entgegen, wenn die Zeit, die er sich für eine bestimmte Übung vorgestellt hatte, nicht seinen Erwartungen entsprach. Schließlich verbesserten die Männer aus reiner Verzweiflung ihre Zeiten, um zu verhindern, daß sie zwei- oder gar dreimal in einer Wache dran glauben mußten. Das Murren wurde häufiger hörbar, und viele Seeleute wurden leichtsinnig und riskierten Knochenbrüche oder sogar ihr Leben im Versuch, die despotischen Wünsche ihres Kommandanten zu erfüllen.

Dies führte unweigerlich zu Unfällen. Am zweiten Tag stürzte der Beste beim Reffen eines Toppsegels vom Großtopp, ein erfahrener alter Seemann namens Challoner. Er fiel aus dem Rigg und hatte noch Glück im Unglück, weil er mit Kopfverletzungen und einem gebrochenen Arm davonkam. Nur ein paar Minuten, nachdem man ihn unter Deck gebracht hatte, kam ein zweiter Mann von oben, William Davis, ein ehemaliger Küstenwächter. Er hatte weniger Glück. Er stürzte nur ein paar Schritte neben Phillip und dem Kommandanten auf eine Achterdeckkanone und war sofort tot.

Am nächsten Tag übten sie das Aufriggen von Unterrahen, Toppmasten und Topprahen. Diesmal rutschten zwei Männer aus den Pferden, und beide gingen über Bord. So schnell wie möglich wurde ein Boot zu Wasser gelassen, das ihnen zu Hilfe kommen sollte. Doch einer der beiden, ein Nichtschwimmer, ertrank trotz der verzweifelten Versuche seines Kameraden, ihn über Wasser zu halten. Kaum war das Boot wieder an Bord genommen, befahl North eine Wiederholung der Übung …

Wind von vorn erzwang während der nächsten acht aus vierundzwanzig Stunden wieder den Gebrauch der Maschine, doch auf diese Weise machte die *Trojan* eine schnelle Reise. Der Ausguck im Großmast sichtete bei Tagesbeginn am Dienstag, dem 29. März, die Insel Gozo. Es war gerade sieben Glasen in der Vormittagswache geschlagen worden, als sie unter Dampf in den großen Hafen von Malta einliefen und die Flagge des Admiral-Superintendenten grüßten. Sie machten an einer Boje vor der Werft fest. Die Reise von Plymouth bis hierher hatte elf Tage und wenige Stunden gedauert. Das war besser, als Kapitän North kalkuliert oder gehofft hatte, doch typischerweise lobte er seine ausgepowerten Männer mit keinem einzigen Wort.

Im Hafen und in der Werft lagen viele Schiffe, Franzosen und Briten, die meisten waren Truppentransporter auf dem Weg nach Gallipoli oder Konstantinopel. Valetta quoll über von Soldaten beider Nationen, die nur darauf warteten, daß ihre Schiffe sie endlich ans Ziel brachten. Doch trotz der unübersehbaren Überfüllung machte North klar, daß er eine Verspätung nicht akzeptieren würde. Kohle, Wasser und Verpflegung mußten an Bord genommen werden. Phillip erhielt den Befehl, sofort mit dem Bunkern der Kohle zu beginnen. Wie schon früher verschwand der Kommandant mit beiden Damen an Land, um die unangenehmsten Stunden statt an Bord auf dem Landsitz des Gouverneurs in St. Antonio zu verbringen – in einem vier Meilen entfernten Dorf.

Er ließ seinen Ersten Offizier kommen, ehe er von Bord ging. »Ich werde beim Admiral-Superintendenten dafür sorgen, daß ich Vorrang vor allen anderen erhalte, entsprechend meinen Befehlen«, sagte er kurz. »Für den Rest sind Sie verantwortlich, Mr. Hazard. Ich erwarte, daß wir in vierundzwanzig Stunden, aber spätestens morgen abend, wieder ankerauf gehen. Tun Sie also Ihr Bestes. Kohle und Wasser müssen an Bord, aber wenn wir nicht die ganze Verpflegung fassen können, kann man's nicht ändern, verstehen Sie? Es gibt keinen Landurlaub. Ich habe keine Lust, Streifen loszuschicken, die betrunkene Seeleute einsammeln müssen. Und ich will nicht, daß meine Matrosen sich in betrunkenem Zustand mit Soldaten prügeln. Ist das klar, Mr. Hazard?«

»Aye, aye, Sir«, bestätigte Phillip.

Da sie ungefähr einhundertfünfzig Tonnen Kohlen zu laden hatten, bedeutete die Ausführung des Befehls des Kommandanten Arbeit die ganze Nacht hindurch. Er nahm Haltung an und fuhr mit der Hand an den Mützenschirm, als die Pfeifen der Gehilfen des Bootsmanns zur zeremoniellen Verabschiedung schrillten und der Kapitän über Bord in seine wartende Gig stieg.

Mademoiselle Sophie, die dort bereits mit Baronesse von Mauthner Platz genommen hatte, lächelte zaghaft aus dem Heck nach oben, aber Phillip nahm sie nur undeutlich wahr und sah auch ihr Lächeln kaum, denn er war schon mit Kalkulationen beschäftigt, als die Gig loswarf und er das Kommando wegtreten ließ.

4

Um vier Uhr dreißig am nächsten Nachmittag kehrten die Passagiere an Bord zurück. Dank der unermüdlichen Arbeit der Mannschaft waren Kohle, Wasser und Vorräte für den letzten Teil der Reise an Bord genommen und gestaut worden. *Trojan* war zum Auslaufen bereit und unter Dampf.

Phillip ließ die Gig des Kommandanten ausschwingen mit dem Auftrag, North abzuholen, der sich noch beim Admiral-Superintendenten an Land aufhielt.

Es gab jedoch eine lange und unerklärbare Verzögerung. Mittlerweile war es dunkel geworden, als die Gig endlich auf ihrem Weg zurück zur *Trojan* gemeldet wurde. Anthony Cochrane war Wachoffizier und wollte das Kommando antreten lassen, um den Kommandanten mit allen Ehren wieder an Bord zu begrüßen. Wie es Brauch war, rief er vorher das Boot an. Die Antwort kam, ebenfalls wie üblich, vom diensthabenden Fähnrich auf der Gig.

»Aye, aye, *Trojan*!« rief er zurück. Indem er den Namen des Schiffs wiederholte, machte er klar, daß der Kommandant auf der Gig war. Doch er klang, erst kurz nach dem Stimmbruch, seltsam bedrückt und überlaut, als er um einen Bootsmannsstuhl bat, der herabgelassen werden sollte.

»Einen Bootsmannsstuhl?« wiederholte Cochrane und wandte sich mit gehobenen Brauen an Phillip. »Warum braucht unser junger Mann wohl einen Bootsmannsstuhl? Was meinen Sie? Die Passagiere sind doch schon an Bord!

Also kann das nur bedeuten«, fügte er lächelnd und mit einem Anflug von Boshaftigkeit hinzu, »daß der Kommandant an Land zuviel gegessen und getrunken hat!«

»Das ist keine seiner Schwächen«, widersprach Phillip knapp.

»Wenn das keine seiner Schwächen ist, dann ist es die einzige, der er nicht verfallen ist. Tut mir leid, Sir.« Als er den tadelnden Blick seiner Vorgesetzten sah, verschwand Cochranes Lächeln sofort. »Aber wahr könnte es sein, wissen Sie!«

Phillip wußte, daß das nur zu wahr war, doch er konnte das Anthony Cochrane gegenüber nicht zugeben, konnte den jüngeren Mann nicht öffentlich ermutigen, den Kommandanten zu kritisieren.

»Machen Sie weiter, Mr. Cochrane«, schnitt er weitere Reden ab. »Sie sollten einen Bootsmannsstuhl riggen, nicht wahr?«

»Ja, Sir!«

»Dann tun Sie das. Und lassen Sie das Kommando antreten. Ich treffe Sie gleich an der Eingangspforte.«

»Aye, aye, Sir, aber«, Cochranes Lächeln war nicht zu unterdrücken und meldete sich wieder, als er mit leiser Stimme fortfuhr, »wir hoffen doch wohl nicht zuviel, wenn wir uns wünschen, er sei krank, oder?«

Phillip zog vor, ihn nicht zu hören. Doch er spürte, wie der gleiche Wunsch sich auch in seinem Herzen meldete. North war bisher von ausgezeichneter Gesundheit gewesen, und eigentlich stand so etwas nicht zu erwarten, aber ...

Er eilte nach unten zur Eingangspforte auf dem Hauptdeck und starrte in der Dunkelheit nach unten auf die Gig. Er sah eine zusammengesunkene Gestalt in einen Bootsmantel gehüllt im Heck, und seine Hoffnung wuchs, als die Gig elegant längsseits kam und an den Rüsten mittschiffs festmachte.

Von oben ließen zwei Männer mit großer Sorgfalt den Bootsmannsstuhl herab, und mit Unterstützung des Bootssteurers und eines Matrosen kletterte der Kommandant hinein und duldete, daß man ihn langsam nach oben hievte. Selbst aus der Entfernung sah er leidend und schmerzverzerrt aus, er lehnte sich mit hängenden Beinen nach vorn und hielt den Mantel, offenbar mit großen Leiden, fest um sich. Die Bootsmannsmaaten setzten die Pfeifen an, und das Kommando nahm Habt-Acht-Stellung an.

Doch North übersah sie alle und erwiderte auch den Gruß seiner Offiziere nicht. Als er in Deckshöhe war, sagte er mit belegter Stimme: »Stützen Sie mich, einer von Ihnen. Los, los. Sehen Sie nicht, daß ich kaum gerade stehen kann, verdammt noch mal!«

»Er ist wirklich krank!« flüsterte Cochrane und wollte seinen eigenen Augen nicht trauen. »Dem Himmel sei gedankt. Er ist wirklich krank.«

Phillip trat vor und bot North seinen Arm, und der Maat der Wache ging auf die andere Seite. Beiden gelang es, North halb gestützt und halb getragen nach unten in seine Kajüte zu bugsieren, wo er stöhnend auf einen Stuhl sank.

»Geht es Ihnen nicht gut, Sir?« fragte Phillip. »Soll ich den Arzt rufen?«

»Was, zum Teufel, ist sonst mit mir los?« fauchte ihn der Kommandant an. »Natürlich geht es mir nicht gut, Mister Hazard. Und natürlich will ich, daß Sie den Arzt rufen. Und zwar sofort, verstehen Sie. Er muß mir irgendwas geben gegen diese höllischen Schmerzen.« Er unterdrückte ein Stöhnen, als der Maat auf Phillips Geheiß den Arzt holen ging. Dann sagte er mit schwacher unklarer Stimme: »Sie führen das Schiff auf See. Es darf keine Verspätung geben. Ich habe den Befehl, ... mich beim Britischen Botschafter in Konstantinopel ... zu melden, so schnell es geht, vor dem ... 5. April. Ich ... Laufen Sie unter Motor, wenn Sie müssen, Mister Hazard, so lange wie nötig. Es bläst gerade einen Gregale, also werden Sie die Schrauben brauchen ..., um aus dem Hafen zu kommen.«

»Aye, aye, Sir!«

North wollte sich noch weiter auslassen, als der Schmerz ihn plötzlich wieder packte. »Wo zum Teufel bleibt der Arzt?« stöhnte er, als der Anfall vorüber war. »Warum kann der verdammte Hund sich nicht mal beeilen?«

Der Arzt betrat zusammen mit seinem Assistenten und dem Steward des Kommandanten in diesem Augenblick die Kajüte, und dankbar übergab Phillip den Kapitän ihrer Obhut.

»Ich bin an Deck, Doktor«, sagte er, »falls Sie mir irgend etwas über das Befinden des Kommandanten mitteilen müssen.«

Angus Fraser sah seinen Patienten sehr ernst an. »Bringen Sie ihn ins Bett«, wies er seinen Assistenten an, wandte sich Phillip zu und fuhr fort: »Fähnrich Booth meinte, der Kommandant war schon in diesem Zustand, als er die Gig nahm. Der Admiral war sehr besorgt um ihn. Er wollte, daß er an Land blieb und ins Lazarett ging, aber er lehnte ab. Die Krankheit kam ziemlich plötzlich, nehme ich an. Hat er Ihnen irgendwas gesagt, Mister Hazard?«

»Nur daß ich das Schiff auf See führen soll«, antwortete Phillip, »und das tue ich besser sofort. Lassen Sie mich bitte wissen, was mit dem Kommandanten ist, sobald Sie es herausgefunden haben.«

»Ich werde es Ihnen persönlich sagen«, versprach der Arzt, »sobald ich ihn gründlich untersucht habe. Das wird einige Zeit dauern. Eine Stunde vermutlich. Ich hoffe, ich habe bis dahin eine Diagnose.«

Auf sein Wort konnte man sich verlassen. Die *Trojan* lief auf neuem Kurs gegen einen frischen Wind aus Nordnordost an, als der Arzt an Deck kam.

»Kapitän North hat hohes Fieber«, konstatierte er und berichtete Einzelheiten, die Phillip nur teilweise verstand. »Es scheint sich um eine akute Infektion der Magenschleimhaut zu handeln, die er sich wohl an Land zugezogen hat, nehme ich an. Er hat ziemliche Schmerzen, die von Magenkrämpfen herrühren, und ihm ist ständig übel. Aber sein Zustand ist nicht übermäßig ernst. Um es ihm leichter zu machen, habe ich ihm Opium gegeben, und ich hoffe, er wird jetzt schlafen.«

»Wie lange, glauben Sie«, wollte Phillip vorsichtig wissen, »wird der Kapitän seinem Dienst nicht nachgehen können, Doktor?«

Angus Fraser begegnete seinem neugierigen Blick seltsam leer.

»Mindestens eine Woche lang, Mister Hazard«, antwortete er und fuhr dann leiser fort, »er muß mindestens eine Woche in seiner Koje bleiben und darf sie unter keinen Umständen verlassen, verstehen Sie? Was Ihnen die Gelegenheit gibt«, seine Stimme wurde noch leiser, »die Stimmung an Bord wieder zu heben, indem Sie den Männern Ruhe gönnen, nicht wahr? Denn Sie haben das Kommando. Der Kommandant ist nicht in der Lage, Ihnen Befehle zu geben.«

»Ich verstehe.« Phillips Herz hob sich. »Ja, eine Woche ist eine gute Spanne. In der Tat, Doktor, damit habe ich genügend Zeit.«

»Freut mich, das zu hören, Mister Hazard. Übrigens, Ihrem Bruder geht es jetzt so gut, daß er wieder leichten Dienst machen kann. Ich meine wirklich leichten Dienst, auf keinen Fall am Großmast. Sein Husten plagt ihn immer noch und …«

Der Arzt unterbrach sich, und Phillip sah ihn fragend an.

»Ihr Bruder ist nicht so stark, wie er vorgibt, Mister Hazard. Aber er ist ausgebildeter Navigator, also könnte Mr. Burnaby ihn einsetzen. Was meinen Sie? Das ist eine einleuchtende Lösung, nicht wahr? Auf diese Weise kommt er aus den unteren Decks weg.«

Phillip nickte. Wenn Graham seinen Dienst unter dem Master tat, konnte er seine Fähigkeiten nutzbringend einsetzen und zwar so, daß er North nicht mehr auffiel, wenn er das

Kommando wieder übernahm. Fraser hatte einen sehr guten Vorschlag gemacht, und Burnaby würde das Ganze ziemlich sicher begrüßen, denn seine anderen Gehilfen waren zwar kompetent, aber noch jung und unerfahren.

Phillip lächelte: »Danke, Doktor. Ich werde sofort mit Mr. Burnaby sprechen. Ich bin sicher, er stimmt zu. Wenn Sie also unten sind, bitten Sie meinen Bruder, sich bei ihm zu melden.«

Der Arzt verschwand, und Phillip holte Burnabys Einverständnis. Dann ging er zu Martin Fox, dem Wachhabenden.

»Nun«, fragte Fox neugierig, »was gibt's Neues in bezug auf den Kommandanten?«

Phillip berichtete und sah, wie der andere erleichtert aufsah. »Dann haben wir eine Woche Ruhe, Gott sei Dank. Kein Antreten in der Nacht, kein klar Schiff zum Gefecht in der Mittelwache und kein Deckwaschen in völliger Dunkelheit. Die Freiwache wird endlich mal durchschlafen können, und du und ich werden auch ein bißchen Schlaf nachholen. Das heißt natürlich«, er drehte sich um und blickte Phillip besorgt und neugierig an, »das alles geht nur, wenn du diese Woche Unabhängigkeit so nutzt, wie ich das hoffe.«

»Du weißt, daß ich das werde, Martin!«

»Dem Himmel sei Dank. Wirst du das der Mannschaft sagen?«

»Nein.« Phillip schüttelte den Kopf. »Das muß nicht sein, sie werden es früh genug spüren. Die Mannschaft der Gig hat sicher überall herumerzählt, daß der Kapitän krank ist.«

»Ja, das nehme ich auch an. Noch eine Frage, Phillip«, Fox lächelte, »was ist mit unseren Passagieren?«

»Was soll mit ihnen sein?«

»Nun ja, sie werden nicht mehr mit dem Kommandanten speisen. Sollten wir sie also nicht in unsere Messe einladen? Ich weiß nicht, wie es dir geht, aber ich habe die Damen kaum gesehen, seit sie an Bord gekommen sind, von Gesprächen ganz zu schweigen. Ich würde sie gern sehen, gebe ich zu.« Sein Lächeln wurde kühner. »Die Dame, die ihr Mademoiselle Sophie nennt, hat mich sehr beeindruckt, als sie sich für deinen Bruder verwandte. Dazu braucht man sehr viel Mut, Phillip. Und außerdem sieht sie sehr gut aus, nicht wahr?«

»Ja, sie sieht sehr gut aus«, stimmte Phillip nur zu.

»Dann solltest du sie einladen. Willst du sie nicht bitten, mit uns morgen nachmittag in der Messe zu dinieren?«

»Ich weiß nicht, Martin.«

»Aber, mein lieber Freund, was soll denn daran falsch sein?«

Phillip erinnerte sich unfroh an das, was Mademoiselle Sophie ihrer Begleiterin im Zug gesagt hatte. Hatte sie nicht auch gefragt, was an Gesprächen falsch sein konnte? Als er sich an die nachfolgende Unterhaltung und ihr waches Interesse am Schiff und an seiner Karriere erinnerte, entspannte er sich.

»Einverstanden, Martin«, entschied er. »Wir werden beide Damen einladen. Aber wir müssen ihnen schon etwas Besseres als den üblichen Messefraß anbieten. Und außerdem bitte ich doch sehr um die feinsten Manieren, falls sie die Einladung annehmen.«

»Wird geschehen«, versicherte Martin Fox. »Nur mal aus Interesse ...«, fragend sah er Phillip an.

»Ja? Was interessiert dich denn?«

»Wer sind die beiden, Phillip, weißt du das? Ich meine, Mademoiselle Sophie ist ein bedeutende und sehr hochgestellte Person, so wie der Kommandant sie behandelt, nicht wahr? Und Mademoiselle Sophie ist natürlich nicht ihr richtiger Name. Könnte es eine Prinzessin Sophie sein, was meinst du? Oder vielleicht eine Großfürstin Sophie?«

»Ich kann es dir wirklich nicht sagen«, antwortete Phillip offen. »Ich weiß über beide nicht mehr als du, Martin.«

»Nun, eine interessante Situation«, meinte Fox lächelnd. »Und auch eine romantische. Möge der Kommandant lange indisponiert sein. Bevor du mich jetzt wegen mangelnden Respekts zurechtstutzt, will ich dir sagen, daß ich keineswegs der einzige bin, der an Bord diesen Wunsch hat!«

Ohne jeden Zweifel hat er recht, gestand Phillip sich ein, waren doch seine eigenen Gefühle ganz ähnlich.

Die Neuigkeit verbreitete sich schnell. Noch ehe die Wache wechselte, wußte jedermann an Bord, daß der Kapitän krank war und die nächsten sieben Tage nicht aus der Koje kommen würde. Man sah den Männern die Erleichterung deutlich an. Müde Gesichter strahlten plötzlich. Jeder Befehl wurde blitzschnell befolgt. Segel wurden so schnell und geschickt ausgeschüttelt und gerefft wie nie zuvor, und als sie kurz vor dem Morgengrauen das Deck schrubbten, sangen die Männer bei der Arbeit. Auch das Exerzieren an den Kanonen, das Phillip nach dem Morgenappell angeordnet hatte, lief fehlerfrei und schnell – und die Mannschaften wetteiferten miteinander. Für die letzte Übung – drei schnelle Runden in einer Serie von Breitseiten – brauchten die Kanonen an Steuerbord Oberdeck eine Minute und zehn Sekunden und die an Backbord ganze fünf Sekunden länger.

Das übertraf alles bisherige so sehr, daß Phillip Henry Sutherland, den Geschützoffizier, kommen ließ und ihm gratulierte. Er war ein junger Maat, erst kürzlich vorläufig zum Leutnant befördert. Sutherland hatte während der letzten elf Tage häufig unter den Anpfiffen von Kapitän North gelitten, weil seine Mannschaften nie die Erwartungen erfüllten. Jetzt war er rot vor Stolz und bedankte sich unbeholfen.

»Ich dachte schon, ich muß mir vorwerfen, daß ich Fehler mache, Sir«, gab er zu. »Ich weiß, ich habe wenig Erfahrung, und ich dachte, deswegen bringen die Männer nicht mehr zustande. Aber heute, heute waren sie doch wirklich gut, oder nicht?«

»Sie waren wirklich sehr gut, Mr. Sutherland«, versicherte ihm Phillip. »Aus diesem Grunde gibt es heute nachmittag eine allgemeine Putz- und Flickstunde, und sagen Sie Ihren Mannschaften, daß es ihr Verdienst ist. Mr. Fox.«

»Sir?«

»Lassen Sie die Männer um acht Glasen essen, und dann lassen Sie ›Putzen und Flicken‹ für die Freiwache pfeifen.«

Das Kommando wurde mit kaum unterdrücktem Jubel begrüßt, denn es bedeutete, daß die Freiwache zum erstenmal seit dem Auslaufen aus England keine Pflichten hatte, in ihren Messen rauchen, schlafen oder Briefe schreiben konnte.

Die Messe speiste auf See um zwei Uhr. Mademoiselle Sophie, begleitet von Baronesse von Mauthner und einem der Messe-Stewards, erschien zur angegebenen Stunde und wurde von den Offizieren mit respektvoller Begeisterung begrüßt. Alle standen, bis ihre Gäste Platz genommen hatten, und ihr Benehmen war makellos – wie Phillip freudig bemerkte.

Jeder Offizier, der über eigene Lebensmittel an Bord verfügte, hatte etwas gestiftet, und der Koch hatte sich selbst übertroffen. Die Suppe schmeckte appetitlich gewürzt, obwohl sie aus dem üblichen Salzfleisch gekocht worden war. Und als Abwechslung zu dem üblichen Rindfleisch unbestimmten Alters mit Curry oder dem gekochten Schweinefleisch gab es eingelegte Hummer und Krabben, Sardinen, Paté und gekochten Reis statt zermatschtem Schiffszwieback.

Baronesse von Mauthner, die die Einladung zunächst mißtrauisch entgegengenommen hatte, weil sie nicht wußte, was sie bedeutete, schien deutlich besänftigt, als sie einige Offiziere in ihrem eigenen Alter bemerkte und nicht nur die jungen Männer, die sie erwartet hatte. Bei Tisch saß sie zwischen dem Arzt und dem Zahlmeister, John Oliphant, einem Mann von sechzig, der in Diensten der damaligen Flotte von Bombay viel in Indien herumgekommen war.

Gegenüber sah sie das beruhigend schneeweiße Haar des Masters und nicht weit weg die beginnende Glatze von Alexander Murray, dem Hauptmann der Seesoldaten, der die Artillerie befehligte. Nach einer Weile, entspannt durch Speis und Trank und gute Unterhaltung durch ihre Tischnachbarn, beobachtete sie ihren Schützling nicht mehr so genau wie zu Beginn des Essens. Mademoiselle Sophie genoß diese kurze Freiheit.

Phillip hatte sie zu seiner Rechten plaziert, weit weg von der Baronesse. Anthony Cochrane saß auf ihrer anderen Seite und Laidlaw und Sutherland ihr gegenüber. Nach ein paar Minuten bereits unterhielten sich alle fröhlich. Sophies dunkle Augen funkelten, und ihr schöner gefühlvoller Mund lächelte immer wieder, wenn sie von einem zum anderen blickte. Die jungen Offiziere wurden schnell Opfer ihres Charmes, und scheu nahm sie ihre Verehrung entgegen. Sie fragte eifrig und hörte ebenso aufmerksam zu, wenn sie antworteten. Phillip erinnerte sich, daß sie ihm genau dieselbe Aufmerksamkeit auf der Zugfahrt entgegengebracht hatte, während er ihr von seinen Reisen erzählte.

Er sah, wie wohl sie sich fühlte, freute sich über ihr wiederkehrendes Lächeln und war froh, daß sie gekommen war und daß Martin Fox auf dieser Einladung beharrt hatte. Bis jetzt, dachte Phillip, hatte ihr die Reise kaum Unterhaltung gebracht, sie war gefangen in der Gesellschaft des Kommandanten, dem kleinen abgeschirmten Teil seiner Tageskajüte, der ihr zur Verfügung stand, und den gelegentlichen Spaziergängen an Bord, begleitet von North und der Baronesse. Sie war zu jung, um solcherart reglementiert zu werden, getrennt von unterhaltsamer Gesellschaft, die ihr sichtbar Freude machte. Sie war zu jung und zu lebenshungrig, um schon die Härten des Lebens zu spüren.

Er seufzte und fragte sich wieder, wer sie wohl war und warum die Lords der Admiralität sie auf der *Trojan* nach Konstantinopel schickten, warum man sie mit großer Eile dorthin schaffen mußte ... und was sie wohl erwartete, nachdem sie das Schiff verlassen hatte. War sie wirklich von königlichem Geblüt, wie Martin Fox halb spaßend vermutet hatte? Eine Prinzessin, eine Großfürstin, die ihre wahre Identität hinter dem Pseudonym Mademoiselle Sophie verbarg? Es war möglich, dachte Phillip, denn nur so erklärten sich ihre Bewachung und die Tatsache, daß die Admiralität eine britische Fregatte zur Verfügung gestellt hatte. Es würde auch erklären, warum er selber nach London geschickt worden war, um sie zu begleiten, aber ... Er rieb sich die Stirn und gab das Spekulieren auf. Lieber genoß er das Vergnügen, sie zu beobachten und ihrem Lachen zu lauschen. Er wußte, daß sie bald verschwunden sein würde und daß er sie vermutlich nie wieder treffen würde, wer auch immer sie sein mochte und welche Geheimnisse sie auch immer umgaben.

Kurz nach sieben Glasen ging er an Deck, um Martin Fox abzulösen, der die Nachmittagswache hatte.

Als die Formalitäten erledigt waren, fragte Fox: »Nun? Wie lief der Empfang unserer königlichen Gäste durch die Messe?«

»Es war ein unverdienter Erfolg«, antwortete Phillip, »geh runter und sieh es dir an, du hast es verdient, denn die Einladung war deine Idee. Der Portwein wird noch immer herumgereicht, und der Stuhl neben dem Hauptgast ist leer, also warte nicht länger.«

»Aye, aye, Sir!« bestätigte Fox lächelnd. »Diesen Befehl befolge ich nur allzu gern. Und mit Ihrer Erlaubnis, Mister Hazard, werde ich mich der geheimnisvollen jungen Dame bei ihrem abendlichen Spaziergang an Deck als Begleiter anbieten. Der Kapitän fällt schließlich immer noch aus, und als Folge davon haben Sie noch mehr drückende Pflichten. Also bleibt mir nur übrig, meine Dienste anzubieten. Aber wenn Sie natürlich lieber ...«

Phillip schüttelte den Kopf. »Übernehmen Sie das ruhig freiwillig, Mr. Fox, meinen Segen haben Sie. Aber Sie werden wahrscheinlich einen Rivalen finden. Ich habe dem jungen Laidlaw gesagt, ich übernehme die erste Hundewache und brauche ihn nicht. Und ich glaube nicht, daß er den Abend mit ›Putzen und Flicken‹ verbringen wird. Vergessen Sie außerdem bitte nicht, daß Sie Mademoiselles Aufpasserin ebenfalls begleiten werden, und ich rate Ihnen nicht, sie unter diesen Umständen zu übersehen.«

»Natürlich würde ich davon nicht einmal träumen, Sir! Ich versuche nur, das Rätsel von Mademoiselles Identität zu lösen. Rätsel reizen mich immer.« Fox machte sich auf den Weg nach unten. »Ich werde Ihnen berichten, was ich entdecken konnte.«

Die Dämmerung fiel schon, als Fox mit Baronesse von Mauthner auf das Achterdeck zurückkehrte. Ihre Hand ruhte auf seinem Arm.

»Ah, Leutnant Hazard!« Sie grüßte ihn ungewöhnlich herzlich, als sie ihn erkannt hatte. »Ich muß Ihnen danken für die außergewöhnliche Gastfreundschaft.« Sie sprach Französisch weiter. »Ihre Offiziere sind außerordentlich charmant, und ich habe einen sehr vergnüglichen Nachmittag in ihrer Gesellschaft verbracht. Sie sind sehr zuvorkommend, indem Sie dafür sorgten, das Leutnant Fox mich auf der Abendpromenade begleitet. Ich fürchtete schon, ich müßte darauf verzichten, weil Ihr Kommandant abwesend ist.«

»Es ist eine Freude, Ihnen zu dienen, Madame«, antwortete Phillip in Englisch. »Ich weiß, daß Mr. Fox Ihnen mit dem größten Vergnügen als Begleiter zur Verfügung stehen wird, wann immer Sie wollen, bis der Kapitän wieder auf den Beinen ist. Sie müssen es nur sagen.«

»Sie sind außerordentlich gütig, Mister Hazard, wirklich ganz außergewöhnlich.«

»Nicht der Rede wert.« Er sah sie beide weiter ernst an. »Aber wo ist Mademoiselle Sophie? Macht sie nicht auch einen Abendspaziergang?«

»Mademoiselle Sophie ist müde«, erklärte die Baronesse. »Ich habe sie zu ihrer Kajüte begleitet, damit sie ein wenig ausruhen kann. Aber jetzt muß ich meinen eigenen Spaziergang fortsetzen, sonst wird mein freundlicher Begleiter noch ungeduldig. Au revoir, Leutnant Hazard.« Sie nickte ihm freundlich zu und verschwand am Arm ihres Begleiters.

Phillip unterdrückte ein Lächeln, als er an den Ausdruck in Martin Fox' Gesicht dachte.

Nach der Abendmusterung, als die Männer an ihren Kanonen standen, schickte Phillip die Freiwache wieder nach unten. Zum erstenmal, seit sie Plymouth verlassen hatten, hörte er sie über eine Stunde lang zur Melodie eines Fiedlers tanzen und singen, ehe sie eintörnten. Das waren fröhliche Laute, und Phillip hörte dankbar und erleichtert zu und blieb deswegen sogar an Deck, obwohl Anthony Cochrane ihn bereits abgelöst hatte. In Gedanken versunken lehnte er schon eine ganze Weile an der Achterdeckreling, als er die leichten Schritte einer Frau hörte, sich umdrehte und zu seiner Überraschung Mademoiselle Sophie entdeckte, die auf ihn zukam. Sie hatte sich in einen schweren Mantel gehüllt, und als sie neben ihm stand, legte sie den Finger an die Lippen, um mit ihm die Stille zu genießen.

»Mademoiselle«, sagte Phillip leise, »was machen Sie hier?«

Sie sah lächelnd zu ihm auf. »Ich bin gekommen, um Luft zu schnappen, ehe ich mich zurückziehe, Mister Hazard. Auch will ich Ihnen für den Nachmittag danken. Ich hatte sehr viel Freude. Sie werden kaum glauben, was für ein Vergnügen es für mich war, Ihre Offiziere zu treffen und mich mit ihnen zu unterhalten.« Sie schwieg und biß sich auf die Unterlippe. »Ich mag sie. Sie sind alle sehr freundlich und habe exzellente Manieren.«

»Es freut mich, daß sie Ihnen gefallen, Mademoiselle. Aber«, Phillip sah sich unsicher um, erwartete, irgendwo die Baronesse zu sehen, »Sie sind allein an Deck gekommen?«

»Ich, ja, ich bin allein.« Mademoiselle Sophie sah jetzt nicht mehr auf zu ihm. »Baronesse von Mauthner schläft bereits, ich wollte sie nicht stören. Ich hörte, wie die Matrosen sangen«, sie zeigte nach vorn auf die Back, »also kam ich hoch. Das ist doch wohl in Ordnung, oder? Der Kapitän hat erlaubt, daß ich abends an Deck komme, und ich hoffe, Sie haben auch nichts dagegen!«

»Ich habe überhaupt nichts dagegen, Mademoiselle. Aber ...«

»Aber Sie führen das Schiff, während der Kapitän indisponiert ist, nicht wahr?« reizte sie ihn ein wenig und sah ihn dabei wieder an.

»Ja«, bestätigte er, »ich habe das Kommando. Aber ich bin dem Kommandanten verantwortlich, ich bin verantwortlich, seine Befehle auszuführen, und ich glaube nicht, daß er damit einverstanden wäre, daß Sie ganz allein hier sind, Mademoiselle.«

»Werden Sie ihm das denn sagen?«

Er schüttelte den Kopf. »Nein.«

»Dann«, sagte sie entschlossen, »sollte es uns egal sein, Mister Hazard.«

Er seufzte, und sie lächelte ihn mit strahlenden Augen an.

»Ich glaube, Sie unternehmen auch noch anderes, von dem Sie dem Kapitän nicht berichten werden, Mister Hazard. Und ich glaube auch, daß darüber jedermann erfreut und glücklich ist. Die Männer sind alle sehr viel zufriedener, wenn Sie das Schiff führen – hören Sie doch, die Matrosen singen. Ich habe sie vorher kein einziges Mal singen hören. Und die Baronesse und ich hatten einen sehr vergnüglichen Tag.«

Phillip wurde dunkelrot. »Mademoiselle, ich versichere Ihnen ...«, begann er.

Aber sie unterbrach ihn: »Nach meiner Meinung, was auch immer sie wert sein mag, ist es schlimm, daß Sie es, daß Sie sie, die *Trojan*, nicht ständig führen, Mister Hazard!«

Auf diese Feststellung gab es keine passende Antwort.

Er lächelte also nur zurück. »Wer an Bord eines britischen Kriegsschiffes eine solche Ansicht äußert, Mademoiselle Sophie, ist schon fast ein Meuterer. Ich darf Ihnen nicht weiter zuhören. Ja, wenn ich meine Pflichten buchstabengetreu erfüllen würde, müßte ich Sie festnehmen und in Ihrer Kabine bewachen lassen, bis der Kommandant wieder in der Lage ist, sich Ihrer anzunehmen.«

»Und dann nehme ich an«, ihre Stimme klang plötzlich bitter, »dann würde er mich auspeitschen lassen wie Ihren Bruder?«

Phillip schwieg, und Mademoiselle Sophie fügte sanft hinzu: »Ich wollte Sie damit nicht vor den Kopf stoßen, Mister Hazard.«

»Bestimmt nicht?«

»Ich bin ganz sicher«, antwortete sie ohne Zögern. »Ich habe genug von Zucht und Ordnung gesehen – und von Kapitän North. Ich weiß, daß Sie nichts unternehmen konnten, um Ihrem Bruder zu helfen. Darum habe ich eingegriffen.«

Er versuchte, ihr zu danken, aber wieder schnitt sie ihm das Wort ab.

»Ich bin kein Risiko eingegangen«, erklärte sie ihm, »ich wußte doch, daß Kapitän North auf mich hören würde, auf das, was ich sagte. Das einzige, wovor ich ein bißchen Angst hatte, waren all die Männer, an denen ich vorbei mußte und vor denen ich stand. Ich habe zuerst gezögert, ich habe darauf gewartet, daß der Schiffsarzt Erfolg hat. Aber als das Auspeitschen weiterging, hatte ich keine andere Wahl, ich mußte mich sehen lassen.«

»Dann haben Sie alles gesehen?«

»Das Auspeitschen? Ja.« Sie zitterte. »Es war fürchterlich. Ich ... Wie geht es Ihrem Bruder, Mister Hazard? Ich habe mich jeden Tag nach seinem Befinden erkundigt, aber niemand konnte mir Auskunft geben.«

»Er kommt wieder zu Kräften, Mademoiselle«, antwortete Phillip und schämte sich. »Der Arzt hat sich sehr um ihn gekümmert, und jetzt kann er wieder leichten Dienst tun. Weil er ein erfahrener Navigator ist, habe ich angeordnet, daß er dem Master assistiert. Wenn Sie in ein oder zwei Tagen seinen Dank entgegennehmen wollen, weiß ich, daß er diese Gelegenheit willkommen heißen wird. Er wird Ihnen selber sagen, wie sehr er Ihnen für Ihr mutiges Eintreten dankt.«

»Ich würde gern mit ihm sprechen, Mister Hazard, ich ... Erzählen Sie mir von ihm, bitte!« Sie stellte verschiedene Fragen, die Phillip beantwortete, so gut er konnte, und er sah Mitleid in ihrem Gesicht, während sie zuhörte. Doch zu seiner Erleichterung vertiefte sie das Thema nicht.

»Jetzt muß ich gehen«, sagte sie und sah auf die kleine goldene Uhr, die an ihr Kleid gesteckt war. »Es ist spät, und Sie haben recht, der Kapitän würde nicht wollen, daß ich zu dieser Stunde allein hier oben bin. Aber ich freue mich, daß wir reden konnten, Mister Hazard!«

»Ich auch«, versicherte Phillip aus tiefstem Herzen. Er bot ihr seinen Arm. »Darf ich Sie nach unten begleiten?«

»Haben Sie nichts zu tun?«

»Nein, im Augenblick nicht. Ich muß gleich meine Runde gehen, und dann bin ich auch nicht mehr an Deck. Also ...«

Sie nahm seinen Arm und lächelte wieder. »Dann danke ich Ihnen, Mister Hazard. Ich nehme Ihre Begleitung sehr gern an.«

Phillip verabschiedete sich vor ihrer Kabine. Ihm wurde warm ums Herz, als sie ihn lächelnd und höflich fragte, ob die Baronesse und sie ihr Mittagsmal nicht wieder in der Messe einnehmen könnten.

»Aber natürlich, Mademoiselle Sophie, nichts würde uns mehr Freude machen.«

»Sie sind wirklich sehr freundlich, es wird mir auch sehr viel Freude machen. Gute Nacht, Mister Hazard. A demain.«

»A demain, Mademoiselle Sophie. Gute Nacht.«

Nach der Morgenmusterung am Freitag exerzierten beide Wachen oben in den Segeln. Phillip war sehr zufrieden, wie die Männer vorgingen.

Es wehte eine frische südwestliche Brise, und die *Trojan* lief unter Vollzeug durch die Cerigo-Enge. Mit elf Knoten segelte sie zwischen den griechischen Inseln Zea und Therima hindurch. Kaum eine Wolke war im strahlenden Sonnenlicht zu sehen. Das Wetter schien weiter schön bleiben zu wollen, aber das Glas fiel, und der Wind hatte die Neigung zu drehen. Aus früheren Erfahrungen zu dieser Jahreszeit zwischen den griechischen Inseln wußte Phillip, wie schnell sich diese liebliche Szene in eine graue, sturmzerfetzte Welt verwandeln konnte. Er war unruhig und ließ zur Sicherheit Dampf aufmachen. Doch zwanzig Minuten später erschien der Chief ziemlich verzweifelt an Deck. Entschuldigend erklärte er, daß ein Ventil gebrochen war und daß deswegen die Schraube aufgeholt werden mußte, damit Reparaturen ausgeführt werden konnten.

»Wie lange werden Sie für die Reparatur brauchen, Mr. Forgan?« fragte Phillip und ließ sich seine Beunruhigung nicht anmerken.

Der Chief wischte sich mit einem Stück Baumwollputzlappen über die heiße Stirn. »Mindestens vier bis fünf Stunden, Mister Hazard«, antwortete er. »Aber«, er deutete auf den blauen, wolkenlosen Himmel, »hoffen wir mal, daß Sie die Maschinen erst brauchen, wenn wir in die Dardanellen einlaufen. Ich garantiere Ihnen, daß sie dann wieder in Ordnung sind.«

Das Glas fiel den ganzen Vormittag über. Ehe Phillip um zwei Uhr zum Mittagessen nach unten ging, studierte er mit dem Master die Karte. Die Doro-Passage lag noch vor ihnen, und er riet Martin Fox, der die Nachmittagswache hatte, sich gut von Kap Kafirevs frei zu halten und ihn zu rufen, falls das Wetter sich verschlechtern würde. Obwohl die Sonne immer noch unveränderte strahlte, befahl er aus einem unbestimmten Gefühl heraus als zusätzliche Sicherung, die Kanonen mit doppelten Tauen und Extra-Taljen zu sichern.

»Lassen Sie so viel Tuch stehen wie möglich«, empfahl er,

»aber wenn es auch nur nach einer Bö aussieht, reffen Sie unverzüglich. Mir gefällt das Glas überhaupt nicht.«

Die Nachricht, die er eigentlich schon den ganzen Vormittag erwartet hatte, erreichte ihn, als er gerade sein Essen beendet hatte. Martin Fox schickte den Fähnrich der Wache, der ihm meldete, der Wind nehme zu und drehe nach Osten, und eine schwere See baue sich auf. Phillip empfahl den beiden Passagieren, in der Messe zu bleiben, überließ sie der Obhut des Arztes und eilte zurück an Deck. Der Himmel war drohend dunkel, und eine Windwalze schien wahrscheinlich. Auf Fox' Befehl reffte die Wache oben Segel und fierte die Topprahen nach.

Da meldete der Ausguck aus dem Großmast: »Land an Backbord voraus, Sir!«

Phillip runzelte die Stirn. Er trat an das Kompaßhäuschen und nickte Fox zu, der eilig den Großmast aufenterte und wenige Augenblicke später die Meldung des Ausgucks bestätigte. Die Beschreibung des felsigen Kaps, auf das die *Trojan* zutrieb, war alles andere als beruhigend. Eine kurze Überprüfung der Karte ergab, daß das Schiff schon eine Meile aus dem Kurs gelaufen war, falls der Master sich nicht verrechnet hatte. Der gesamte Himmel war jetzt nachtschwarz, und die Oberfläche der See – vor einer halben Stunde noch betörend blau und ruhig – wurde vom zunehmenden Wind aufgepeitscht.

Als Fox wieder neben ihm auf dem Achterdeck stand, gab Phillip seine Befehle. Wind und See trieben das Schiff auf eine Leeküste. Weil er wenig Seeraum für eigene Manöver hatte, wußte Phillip, daß er nicht beidrehen konnte, bis die Windwalze vorbeigezogen war. Er mußte halsen mit so viel Zeug wie möglich, um die *Trojan* von der Leeküste frei zu bekommen. Mit einer laufenden Maschine wäre das verhältnismäßig einfach zu schaffen gewesen, aber allein unter Segeln war es in diesem starken, drehenden Wind riskant. Einen Fehler konnte er sich nicht erlauben, um den Bug an den Wind zu kriegen. Sein Mund wurde schmal. Ihm blieb nichts anderes übrig, er brauchte einen zweiten Mann am Rad, überlegte kurz, wen er nehmen sollte, und entschied sich, seinem Bruder Graham diese wichtige Aufgabe zu übertragen, der gerade aus dem Kartenhaus getreten war.

»Halt sie voll, aber gib ihr ein bißchen Luft, wenn sie's braucht«, sagte er und fügte hinzu, »paß auf, daß sie dir nicht das Rad aus den Händen wirbelt. Luv an, so schnell du kannst, wenn ich's befehle.«

»Aye, aye, Sir«, bestätigte Graham den Befehl, ohne die Miene zu verziehen.

Phillip wandte sich an Martin Fox.

»Mr. Fox, alle Mann klar zum Halsen, wenn ich bitten darf.«

»Aye, aye, Sir. Bootsmannsmaat, pfeifen Sie alle Mann zum Halsen. An die Groß- und Fockbrassen.«

»Wenn sie durch ist, Mr. Fox, möchte ich sofort das Großsegel ausgeschüttelt haben«, entschied Phillip. »Doch warten Sie auf meinen Befehl, und stellen Sie einen verläßlichen Mann mit einer Axt an die Großschot für den Fall, daß wir das Segel sofort unten haben müssen.«

Martin Fox zog die Augenbrauen hoch, doch er kritisierte die Entscheidung nicht. Phillip stand am Kompaß. Er fühlte sich seltsam ruhig und wußte, daß er alles getan hatte, was unter diesen Umständen möglich war. Ohne Vorwarnung hatten die Segel plötzlich keinen Wind mehr und knallten wie Donner, und er brüllte Graham zu, das Ruder nach Luv zu legen. Als die dicht gerefften Toppsegel sich wieder füllten, war die *Trojan* zwei Strich abgefallen, und die Felsenküste drohte sehr viel näher. Fauchende Seen brachen sich an ihr – nur eine Viertelmeile in Lee entfernt.

»Was liegt an, Rudergänger?« fragte Phillip und mußte brüllen, um sich verständlich zu machen.

»Nordnordost, wie vorher, ehe sie aus dem Ruder lief, Sir!« antwortete Graham.

Es war keine Zeit zu verlieren. Die Männer standen auf ihren Stationen, um zu halsen, achtern warteten neben den Matrosen die Seesoldaten an den Brassen. Phillip stellte sich an die Steuerbordreling vor die Hängemattennetze und griff nach der Großmast-Backstag, um Halt zu finden, als eine Sintflut über den Bug rauschte. Er hob den Arm, ließ ihn sinken und sah, wie die Männer sich ins Ruder warfen. Eine plötzliche Bö fiel mit gefährlicher Wildheit über das Schiff, gerade als es durch den Wind ging, und fegte ihn von den Füßen. Er rettete sich nur, indem er die Backstag nicht losließ. Um ihn herum versuchten zappelnde Seeleute genau wie er, wieder auf die Beine zu kommen. So laut er konnte, brüllte er Graham zu, das Ruder wieder nach Luv zu legen. Graham und der Rudergänger gehorchten, aber ein paar Sekunden, die Phillip unendlich lang erschienen, lag die Fregatte wie ein Klotz im Wasser, nahm vorn und achtern Wasser über und legte sich so weit auf die Seite, daß die Speigatten in Lee im Wasser waren.

Dann richtete sie sich auf, rollte heftig und reagierte endlich auf das Ruder. Die Hängematten der Backbordwache, die Finknetze und die Reling verschwanden zusammen mit einigen Lukendeckeln und Wasserfässern über Bord, aber die *Trojan* richtete sich auf und ging an den Wind, als Graham und der Rudergänger das Rad herumwirbelten. Phillip war heiser geworden durch das Schreien gegen den gewaltigen Wind. Also winkte er Martin Fox eilig zu sich. Die Männer warfen sich mit aller Kraft an die Brassen, die Rahen gingen rund, und als das Großsegel stand und der Wind genau von achtern wehte, lief die *Trojan* stampfend und rollend auf dem anderen Bug in Sicherheit. Die Felsenküste blieb mit weißem tobenden Wasser langsam achteraus zurück.

Doch selbst jetzt war sie noch immer nicht außer Gefahr. Mit dem Großsegel oben lag sie immer wieder im Tal zwischen schaumgekrönten Brechern, erzwang sich ihren Weg durch die Wasserwände, und immer wieder sah es aus, als habe sie keine Kraft, über sie zu steigen. Als sich eine mächtige See über ihr brach, stand selbst das Achterdeck unter Wasser. Phillip nahm wieder seinen Platz an den Finknetzen ein, sah aufmerksam nach oben in die schwankenden Masten und betete im stillen, daß sie aushalten würden. Als er sicher war, daß sie den Felsen sicher passiert hatte, rief er dem Mann zu, den er an der Großschot plaziert hatte, er solle seine Axt gebrauchen. Ohne Großsegel lief die Fregatte ruhiger und hob sich elegant auf die nächste Welle.

Jetzt war die Gefahr vorbei. Phillip ließ ein Stoßgebet hören.

Dann kam Martin Fox zu ihm herüber, stolperte fast und mußte sich gegen den starken Wind sehr nach vorn beugen. Atemlos erklärte er: »Ich könnte schwören, ich habe einen Augenblick ihren Kiel gesehen, Phillip!«

»Das würde ich auch schwören«, gab Phillip respektvoll zu. Der heulende Wind im Rigg und das knarrende Holz übertönten seine Stimme. Heiser rief er dem Rudergänger zu, das Ruder mittschiffs zu legen, und sagte dann: »Kümmere dich um die Schäden, Martin, sobald du wieder nach vorn durchkommst. Und laß die Männer an den Pumpen ablösen. Ich fürchte, wir haben ziemlich viel Wasser übergenommen.«

»Das fürchte ich auch«, stimmte Fox zu und schüttelte sich. »Ich möchte so etwas wie eben nicht so schnell wieder erleben, das kann ich dir versichern.« Er grinste Phillip an. »Ich möchte mal wissen, was der Kapitän sich wohl gedacht hat!«

Lange mußten sie auf die Antwort nicht warten. Die zornige Stimme des Kommandanten verlangte nach einer Erklärung. Phillip schickte den zögernden Fähnrich der Wache nach unten, damit er dem Kapitän erklärte, was vorgefallen war. Als der junge Mann wieder oben war, war auch der Sturm vorbei, und Phillip ließ die kritischen Bemerkungen des Kapitäns an sich vorbeirauschen. Der Wind nahm so schnell ab, wie er zugenommen hatte, und in weniger als einer Stunde wehte er wieder aus Südwest. Phillip schickte die Wache nach oben, wieder Segel zu setzen. Ein Stunde später waren die meisten Schäden behoben, die Maschine war ebenfalls repariert, und die *Trojan* lief wieder unter Vollzeug unter einer strahlenden Sonne.

An diesem Abend gab es einen großartigen Sonnenuntergang. Mademoiselle Sophie und Baronesse von Mauthner, deren Mahlzeit in der Messe so rüde unterbrochen worden war, kamen beide an Deck, um das Schauspiel zu beobachten. Phillip zeigte auf Landmarken, identifizierte nahe Inseln und führte Mademoiselle Sophie unter dem Vorwand, ihr die Position zeigen zu wollen, ins Kartenhaus, wo Graham arbeitete.

Sie grüßte ihn mitfühlend, doch in Gegenwart des Masters und zweier Kadetten, die er instruierte, waren persönliche Gespräche unmöglich. Phillip war überrascht, daß Graham bemüht schien, jedes Wort mit ihr zu vermeiden.

Als sie auf das Achterdeck zurückgekehrt waren, sagte Sophie: »Ihr Bruder ist ein seltsamer Mann, nicht wahr?«

»Seltsam, Mademoiselle?« Phillip hob die Schultern. »Ja, vielleicht ist er das. Aber sicher ist er vor allem verbittert. Natürlich hat er Grund zu der Annahme, das Leben habe ihn ungerecht behandelt. Ganz abgesehen vom unglückseligen Ende seiner Marinelaufbahn, an dem er ohne Zweifel selber schuld war, hat ihn mein Vater enterbt. Er weigert sich zu Grahams großem Schmerz immer noch, ihn überhaupt zur Kenntnis zu nehmen. Dabei hing er sehr an meinem Vater und auch an der Mutter. Das hat ihn mehr getroffen als alles andere im Leben, glaube ich. Mein Vater ist pensionierter Konteradmiral, und eine Zeitlang standen er und Graham sich sehr nahe, so nahe, daß ich manchmal sogar eifersüchtig war.«

»Und darum ist er als gemeiner Matrose wieder in die Marine eingetreten«, meinte Mademoiselle Sophie, »um vielleicht die Achtung seines Vaters wiederzugewinnen?«

»Er wird nie zugeben, daß das der Grund war, aber ich glaube auch, daß das seine Beweggründe waren.«

»Armer Mann.« Ihre dunklen Augen füllten sich mit Tränen. »Er hat keinen guten Start gehabt, fürchte ich. Verraten Sie mir bitte: Kam er zufällig auf HMS *Trojan* oder haben Sie dafür gesorgt, weil dies Ihr Schiff ist, Mister Hazard?«

»Nein.« Phillip schüttelte sehr entschieden den Kopf. »Ich wußte nicht mal, daß mein Bruder wieder in der Marine diente, Mademoiselle. Hätte ich's gewußt«, er klang bedauernd, »hätte ich alles in meiner Macht stehende getan, daß er auf ein anderes Schiff geht, glauben Sie mir. Er gehört zu einer Gruppe Matrosen, die in der Flotte verteilt werden, also kann ich mich vielleicht dafür verwenden, daß er versetzt wird, nachdem wir zur Flotte gestoßen sind. In der Zwischenzeit ...«, Phillip seufzte.

»In der Zwischenzeit«, sagte Mademoiselle Sophie lächelnd, »werden Sie sich Mühe geben, daß der Kapitän ihn nicht zu Gesicht bekommt, nicht wahr?«

»Ja, Mademoiselle«, gab er zu. »Das ist nicht schwer, solange Mr. North nicht auf dem Posten ist. Aber wenn er wieder das Kommando übernimmt ...«

Resignierend breitete er die Arme aus, und impulsiv griff sie danach.

»Vielleicht ist dies nicht sehr freundlich oder sogar meuterisch, aber ich hoffe«, und hier war Mademoiselle Sophies Stimme nur noch ein Wispern, »daß der Kapitän noch ganz lange indisponiert bleibt. Ich habe Ihnen ja schon gestern abend gesagt, wie glücklich die Matrosen sind, wenn Sie das Kommando haben. Jeder ist glücklich. Die ganze Stimmung an Bord ist anders. Sie sind ein sehr guter Kommandant, Mister Hazard!«

Phillip errötete. »Ich bin nur Leutnant und außerdem, Mademoiselle ...«

»Aber, Mister Hazard ...«, sie hielt inne und blickte zu ihm auf. Ihre Augen schienen herausfordernd, und ihre sanften jungen Lippen kräuselten sich wieder zu einem Lächeln. »Heute nachmittag, als der Sturm uns überfiel, hätten wir untergehen können, wenn Sie nicht so schnell und entschlossen gehandelt hätten. Leutnant Fox erklärte mir, was vorgefallen ist, also leugnen Sie nicht. Er bewunderte Ihr seemännisches Können sehr, und seitdem lobt er sie nur noch und überall. Und Leutnant Cochrane meinte, wenn der Kapitän das Kommando gehabt hätte ...«

»Ich glaube«, unterbrach Phillip sie schnell, »Sie sollten mir besser nicht sagen, was Mr. Cochrane äußerte. Es erfüllt den Tatbestand der Meuterei.«

Mademoiselle Sophie sah ihn ernst an, aber dann sprühten ihre Augen wieder. »Ja, vielleicht war er eine Spur indiskret«, gab sie zu. »Aber Mr. Cochrane ist ein außerordentlich netter junger Mann, und auch er bewundert Sie sehr. Es ist in der Tat so, daß es niemand hier an Bord gibt, der Sie nicht bewundert und respektiert.«

»Ich bin Ihnen zutiefst dankbar, Mademoiselle, das zu hören. Dennoch ...«

Sie überhörte die Unterbrechung und fuhr nachdenklich fort: »Auf der anderen Seite gibt es hier nicht einen Menschen, der auch nur ein einziges gutes Wort für Kapitän North einlegen würde.«

»Ich bitte Sie, Mademoiselle.«

Vor Verlegenheit war Phillip dunkelrot angelaufen. Er stotterte und verstand es selber nicht. Als er dann Baronesse von Mauthner am Arm des Schiffsarztes kommen sah, den Hauptmann der Seesoldaten und Anthony Cochrane an ihrer anderen Seite, führte er dankbar Mademoiselle Sophie quer über das Deck zu der Gruppe.

»Ach, Leutnant Hazard«, grüßte die Baronesse in ihrem kehligen Englisch mit dem schweren Akzent, »es scheint, als ob wir die Rettung aus dem Sturm Ihnen verdanken, wie die Herren hier meinen. Ich möchte Ihnen meinen Dank abstatten.«

»Leutnant Hazard mag es nicht, wenn man sich bei ihm bedankt«, informierte Mademoiselle Sophie sie halb ernst, »nicht mal, wenn er unser Leben gerettet hat.«

Etwas verstört sah ihn die Baronesse an.

»Aber dies war keine kleine Sache, sondern ...«, sie hielt inne, hob die Schultern. »Dann werden wir Ihre Wünsche respektieren. Sagen Sie mir, Mister Hazard, wann werden wir in Konstantinopel sein?«

»Montag vormittag, wenn alles gutgeht, Madame«, antwortete Phillip.

Er lächelte ihr dankbar zu und entschuldigte sich. Er spürte, daß ihm die bedauernden Blicke von Mademoiselle Sophie folgten, als er den Niedergang hinab aufs Unterdeck stieg. Schon bedauerte er seine ablehnende Unsicherheit und beschloß, nach dem Abendessen auf sie zu warten. Aber sie kam nicht, wie er gehofft hatte, zur üblichen Promenade an Deck, und er spürte eine gänzlich unvernünftige Enttäuschung.

Während der nächsten zwei Tage setzte die *Trojan* ihre Reise bei bestem Wetter und günstigem Wind fort. Sie wechselte Grüße mit mehreren britischen Schiffen, einem türkischen und zwei französischen Dampfkorvetten. Mit ihnen wurden Signale wie bei einem Manöver gewechselt. Am späten Sonntag nachmittag drehte der Wind nach Norden. Phillip befahl, Dampf zu machen und die Schraube zu senken, denn er wußte, daß er gegen die starke Strömung in den fünfzig Meilen langen Dardanellen mit einem Segelschiff bei Nordwind nicht ankommen würde. Bei Sonnenuntergang machten sie die Burgen von Sestos und Chanak Kalessi aus, und eine Stunde später lief die *Trojan* in die Dardanellen ein. Die Berge von Sintros und Lemnos boten purpurfarben in der Ferne einen letzten Gruß von den griechischen Inseln herüber.

Als das Licht schwächer wurde, erschien Mademoiselle Sophie auf dem Achterdeck. Sie kam allein, kreuzte das Deck und streckte Phillip, der an der Reling lehnte, ihre Hand entgegen.

»Ich bin gekommen, Mister Hazard, um mich von Ihnen zu verabschieden«, sagte sie und fügte mit einem Bedauern in der Stimme hinzu. »Alles hat einmal ein Ende, nicht wahr?«

Phillip nahm ihre Hand, hielt sie leicht in seiner, und Mademoiselle Sophie machte keinen Versuch, sie ihm zu entziehen.

»Wir werden es sehr bedauern, wenn Sie nicht mehr an Bord sind«, sagte er lahm und war sich klar, daß er damit untertrieben hatte.

»Auch ich bedauere es, daß wir von Bord müssen, Mister Hazard!«

»Sie verlassen uns also, wenn wir in Konstantinopel festmachen, Mademoiselle?«

»Ja.« Sie senkte ihren dunklen Kopf. »So habe ich's verstanden. Heute nachmittag erhielt Baronesse von Mauthner eine Nachricht vom Kapitän, und es scheint, als ob alles für unseren Abschied arrangiert ist. Ein Boot wird uns an Land bringen, sobald die *Trojan* vor Anker liegt.«

»Ich verstehe.« Phillip sah auf ihren gesenkten Kopf hinab. Sie reichte ihm kaum bis zur Schulter, und er unterdrückte einen Seufzer, wußte, wie sehr er sie vermissen würde. Und ihm wurde plötzlich klar, und sein Herz schlug schneller dabei, wie sehr er sich dieser fremden jungen Frau verbunden fühlte, deren Namen er nicht einmal kannte. Bisher hatte er seine Gefühle gewaltsam unterdrückt, hatte sich geweigert zuzugeben, daß er in bezug auf Mademoiselle Sophie überhaupt Gefühle entwickelt hatte. Aber jetzt, als sie ihr kleines, blasses Gesicht hob, wußte er, daß es diese Gefühle gab, ob er sie sich nun eingestehen wollte oder nicht. »Werden Sie in Konstantinopel bleiben?« fragte er rauh und hoffte wider alle Vernunft, daß er sie so nicht zum letztenmal sehen würde.

Doch sie schüttelte den Kopf. »Nein, ich glaube nicht. Allenfalls für ein paar Tage.«

Das klang nach Bedauern.

Ermuntert stellte er eine zweite Frage: »Wohin werden Sie von Konstantinopel aus weiterreisen, Mademoiselle?«

»Ins Haus meiner Mutter«, antwortete Mademoiselle Sophie vieldeutig. »Und dann werde ich heiraten.«

Phillip starrte sie an, hatte zu seinem eigenen Entsetzen seine Ruhe verloren. »Sie werden heiraten?« rief er und konnte seine Enttäuschung kaum unterdrücken. Er hatte sich manches vorgestellt, nur dies nicht. Ihre Ankündigung kam wie ein unerwarteter Hieb.

»Ja«, bestätigte sie. »Das steht seit langem fest. Schon seit wir Kinder waren. Damals wurde ich verlobt!«

»Wann?« fragte er ungläubig. »Und wann wird die Hochzeit stattfinden?«

Sie sah immer noch zu ihm auf und hielt seine überraschten und unglücklichen Blicke ruhig aus. Ihr Gesicht verriet seltsamerweise gar nichts. »Ich weiß nicht, man hat mich noch nicht informiert. Vielleicht dauert es noch. Ich hoffe jedenfalls, es dauert noch ein bißchen, Mister Hazard.«

»Aber lieben Sie denn den Mann nicht, Mademoiselle, mit dem Sie verlobt sind?« fragte Phillip und gab sich Mühe, freundlich zu klingen.

»Ihn lieben?« Überrascht holte Mademoiselle Sophie Luft, als habe die Frage sie unvorbereitet getroffen. Ihre Hand bewegte sich unruhig in seiner.

Er schloß seine Finger fester.

»Nun ja«, half er ihr weiter, »es ist doch sicher nicht ungewöhnlich, daß man dem Mann, der der eigene Ehemann sein wird, einige Gefühle, einige Affekte entgegenbringt.«

»Vielleicht in England«, gestand sie zögernd ein. »Nicht in … also nicht in meinem Land, Mister Hazard. Ich kenne den Mann kaum, mit dem ich verlobt bin. Ich habe ihn in meinem Leben nur einmal getroffen, und damals war ich noch ein Kind. Ich habe Ihnen ja gesagt, daß das alles schon vor langer Zeit arrangiert worden ist.«

Phillip sah auf sie hinab und schwieg beunruhigt. Er empfand ein tiefes Mitgefühl mit ihr und spürte, obwohl auch sie schwieg, daß sie Trost bei ihm gesucht und mehr als Mitleid gewollt hatte. Doch was sollte er sagen, ohne sich zu verraten? Also konnte er ihr unter diesen Umständen wenig Trost bieten. Sie war keine gewöhnliche Frau, gehörte nicht zu seiner Klasse, und er konnte sie – bei seiner Ehre – nicht in die Arme nehmen und seine Liebe und Verehrung eingestehen. Und wenn sie morgen das Schiff verließ, würde sie weit außerhalb seines Einflußbereiches leben. Er würde ihr nicht länger dienlich sein können, würde sie nicht länger beschützen können, wie sehr er sich das auch wünschte. Selbst wenn er das jetzt andeutete, würde er sie ebenso wie sich selbst damit verraten.

Er zögerte einen Augenblick und hob dann ihre Hand an seine Lippen. »Mademoiselle, ich kann Ihnen nur meine ehrlichen guten Wünsche für Ihr zukünftiges Glück und Ihr Wohlergehen ausdrücken. Es war mir eine Ehre und eine große Freude, Ihre Bekanntschaft gemacht zu haben.«

»War es das, Mister Hazard?« Ihr Stimme klang müde, und sie blickte ihn traurig an, als sie ihre Hand aus seiner nahm. »Auch ich habe mich sehr über unsere Bekanntschaft gefreut.« Ihr gelang ein kleines Lächeln. »Ich hoffe, daß wir uns eines Tages wiedersehen. Es scheint unwahrscheinlich, aber ich werde trotzdem darauf hoffen. Also, sage ich ›au revoir‹ nicht ›farewell‹.

»Au revoir, Mademoiselle«, antwortete auch Phillip. »Und eine glückliche Reise.« Er ging mit ihr auf das Hauptdeck. Dort bat sie ihn, sie nicht weiter zu begleiten.

»Es ist vielleicht besser, wenn ich allein gehe, damit die Baronesse uns nicht zusammen sieht. Ich habe ihr nämlich gesagt, ich wollte mich in meiner Kajüte ein wenig ausruhen. Anna, unser Mädchen, packt dort die Sachen. Aber ich konnte doch das Schiff nicht verlassen, ohne mich von Ihnen zu verabschieden. Und dann habe ich noch etwas«, Mademoiselle Sophie öffnete ein perlenbesetztes Umhängetäschchen und entnahm ihm ein Päckchen, das sorgfältig verpackt und versiegelt war, und drückte es Phillip in die Hand, »ich möchte, daß Sie das als Erinnerung behalten, als Zeichen meiner Dankbarkeit für alles, was Sie getan haben, damit diese Reise so wunderbar für mich wurde. Aber bitte«, ihr Lächeln kam jetzt mit aller Wärme und allem Charme wieder, »bitte, öffnen Sie das Päckchen nicht, ehe wir nicht von Bord sind. Gute Nacht, Mister Hazard, und möge Gott seine Hand immer über Ihnen halten.«

Leise verschwand sie, und Phillip starrte mit unbewegtem Gesicht auf das kleine Päckchen in seiner Hand.

5

Kurz vor Tagesanbruch am Montag, dem 4. April, am 17. Tag nach Beginn der Reise, lief die *Trojan* unter Dampf ins Marmarameer. Es war ein dunstiger Morgen, ein Hitzeflimmern lag tief auf dem Wasser. Phillip setzte den Kurs auf den Bosporus ab, ließ die Schraube unten und hielt sich an die nördliche Küste, um der vollen Kraft der Strömung zu entgehen.

Etwa drei Stunden später war Konstantinopel vom Mast her auszumachen, kam plötzlich aus dem Dunst, und wenig später waren dann auch die Kuppeln und Minarette der dreihundert Moscheen der Stadt von Deck aus zu erkennen, als die Sonne endlich den verschleiernden Dunst durchbrach. Der Anblick wurde immer märchenhafter, je näher sie kamen. Bunte Bauwerke, große Zypressenhaine und gewaltige Gärten erschienen auf der europäischen und auf der asiatischen Seite. Der Bosporus trennte sie wie ein gewaltiges silbriges Band. Die *Trojan* passierte die Ruinen der Burg der Sieben Türme, rundete das Seraglio-Kap und lief in den Wind in Sicht der Sophia-Moschee. Ihre Kanonen schossen Salut – zu Ehren des Sultans und der türkischen Flagge.

Mademoiselle Sophie und Baronesse von Mauthner kamen kurz auf das Achterdeck, als Phillip das Schiff in den Hafen laufen ließ. Die Freiwache sammelte sich im Vorschiff, neugierig auf den ersten Blick auf die legendäre türkische Hauptstadt. Auch die Offiziere, die keinen Dienst hatten, kamen mit derselben Absicht nach oben. Phillip beachtete sie nicht, seine Aufmerksamkeit galt den Kadetten und Fähnrichen und ihren aufgeregten Bemerkungen. Sie würden diesen Anblick wahrscheinlich nie im Leben vergessen.

Zu Phillips Entsetzen erschien auch Kapitän North unerwartet auf dem Achterdeck, gerade als die *Trojan* sich ihren Weg zum Ankerplatz suchte und die Passagiere wieder nach unten verschwunden waren. North sah noch nicht gesund aus, sein eckiges Gesicht war eingefallen, und es fehlte ihm die übliche blühende Farbe. Obwohl er sich nur mit einigen Schwierigkeiten und unter Schmerzen bewegen konnte, gab er seine Absicht bekannt, sofort an Land zu gehen, wenn das Schiff vor Anker lag.

Als Antwort auf die höflichen Fragen, mit denen man ihn begrüßte, antwortete er kühl: »Ich muß meine Pflicht erfüllen, ob nun als Kranker oder als Gesunder. Und anscheinend bin ich gerade rechtzeitig erschienen, das Kommando wieder zu übernehmen.« Säuerlich schaute er sich um, fand an dem sensationellen Ausblick kein Vergnügen und pfiff die kleine Gruppe junger Offiziere an, die sich gegenseitig das Wunderbare zeigen wollten. »Sie sind keine Vergnügungsreisenden, sondern Offiziere in Ihrer Majestät Marine, und ich würde es begrüßen, wenn Sie immer daran denken würden. Kann der Erste Offizier Sie nicht beschäftigen? Mr. Hazard, wie können Sie erlauben, daß mein Achterdeck auf diese unziemliche Weise als Aussichtsplattform benutzt wird?«

Die jungen Offiziere erröteten und verschwanden eilig, um die Steuerbordseite ihrem Kommandanten zu überlassen, der hinter ihnen herrief: »Da Sie so fürchterlich neugierig sind, auf in die Rahen mit Ihnen. Staunen Sie von da oben, bis ich es für richtig halte, Sie wieder an Deck kommen zu lassen! Nun, Mr. Hazard, staunen Sie auch? Bitte, lassen Sie sofort meine Gig längsseits kommen.«

Phillip murmelte nur ein kurzes »Aye, aye, Sir«, weil er viel zu wütend war, um auf den Anpfiff zu antworten. Er ließ die

Gig zu Wasser. Als das Schiff geankert hatte und als North allein und mit den entsprechenden Ehren das Schiff in Richtung Land verlassen hatte, ging er mit Anthony Cochrane, der die Wache hatte, auf das Achterdeck zurück.

Die Wache richtete die Rahen aus und ließ die Segel zum Trocknen oben.

Cochrane und Phillip schritten nebeneinander auf Deck auf und ab.

»Eines schönen Tages, fürchte ich, Mr. Hazard, daß ich vergessen werde, daß ich Offizier in Ihrer Majestät Marine bin. Und dann werde ich Kapitän North sehr deutlich sagen, was ich von ihm halte. Das wird er nicht gern hören, glauben Sie mir!«

»Halten Sie Ihre Zunge im Zaum, Mr. Cochrane«, wies ihn Phillip betroffen zurück. »Jedenfalls solange ich es hören kann. Ihre Bemerkung ist Insubordination. Aber ich werde mich bemühen, das zu vergessen.«

»Aber Sir«, protestierte Cochrane pikiert. Sein schottischer Akzent wurde sehr hörbar, und sein frisches Gesicht war puterrot, »Kapitän North behandelt keinen von uns, Sie eingeschlossen, wie Offiziere, oder? Und er redet mit uns, falls er überhaupt mit uns redet, als ob wir Hunde seien. Es war absolut unnötig, die jungen Männer in die Mastspitzen zu schicken. Sie hatten Freiwache und standen niemandem im Wege, wie wir beide sehr wohl wissen. Wenn ich insubordinant bin, dann wegen seiner Haltung und weil er ...«

Phillip fiel ihm ins Wort. »Das reicht, Mr. Cochrane«, sagte er scharf. »Sie stehen unter Kapitän Norths Befehl, und Sie werden sich gefälligst daran erinnern, daß es einem jüngeren Offizier nicht ansteht, seinen Vorgesetzten zu kritisieren, ganz egal, wie sehr er auch provoziert wurde. Sie werden beträchtliche Probleme bekommen, wenn Sie Ihre Zunge nicht im Zaum halten.«

Cochrane schwieg einen Augenblick und griff dann bitter wieder an: »Aber Sie müssen zugeben, daß er uns reichlich häufig provoziert, nicht wahr, Sir? Und obwohl nur wenige von uns jemals hier gewesen sind«, er machte eine Geste auf den atemberaubend schönen Anblick ringsum, »wird dies alles sein, was er uns zu betrachten erlauben wird, wenn er seinen Kopf durchsetzt. Selbst wenn wir eine ganze Woche hier vor Anker liegen sollten!«

»Zauber gibt es nur aus der Ferne«, zitierte Phillip trocken. »Die Stadt ist aus der Nähe betrachtet nicht ganz so schön, wie sie von hier scheint. Die sanitäre Entwässerung, zum Beispiel, läßt einiges zu wünschen übrig. Und die streunenden Hunde, die hier die Aufgabe der Abfallentsorgung übernehmen, sind in europäischen Augen ein Greuel.«

»Dennoch, Mr. Hazard«, argumentierte der junge Wachhabende weiter, »man hat ja wohl den Wunsch, das selber zu entdecken, wie Sie bei Ihrem ersten Besuch, oder? Und welchen Verbrechens haben wir uns schuldig gemacht, daß er uns in jedem Hafen, den wir anlaufen, Landgang verbietet?«

Auf diese Frage gab es keine Antwort, und Phillip wendete sich bedrückt ab. Von seinem Standort aus konnte er die schwimmende Brücke am Goldenen Horn bei Tophana sehen, die die Vorstädte Galata und Pera mit dem Hauptteil der Stadt verband und die die Türken Stambul nannten. In seiner Erinnerung sah er viel mehr; er sah die engen, sich windenden Straßen von Pera, dem Stadtteil der Christen, mit geschlossenen Fensterläden und seltsam geformten Dachzinnen, die Friedhöfe im Schatten von Zypressen, die Springbrunnen und die strahlend bunten Gärten. Er erinnerte sich an den atemberaubenden Rundumblick vom Turm von Galata bei Sonnenuntergang, den er zum erstenmal als junger Fähnrich bei seinem ersten Besuch von Konstantinopel bestaunt hatte.

Es gab so viel in der türkischen Hauptstadt zu sehen und zu bewundern. Er erinnerte sich gern und wehmütig daran –

trotz der schlimmen sanitären Verhältnisse und der dreckigen, halbverhungerten Hunde. Es gab Moscheen, Paläste, griechische Tempel in Ruinen und den großartigen Friedhof von Scutari auf der asiatischen Seite des Bosporus. Und dann die Basare! Sie faszinierten europäische Besucher immer wieder. Er erinnerte sich noch, wie eifrig er durch die überdachten Passagen im alten Stambul gewandert war und mit staunenden Blicken das angebotene Silber und Messing bewundert hatte, die orientalischen Seiden, die geschmückten Schals und die fein geknüpften Teppiche.

Aber wahrscheinlich hatte Cochrane recht mit seiner Befürchtung, daß North ihnen selbst hier keinen Landurlaub geben würde. Die Offiziere und Mannschaften der *Trojan* würden von all dem nichts sehen, wenn es nach dem Kommandanten ging. Sie würden nie durch die kühlen Hallen der berühmten Hagia Sophia gehen oder durch die Moschee von Sultan Achmet. Sie würden nie zu einem der tausend Minarette emporblicken, wenn der Muezzin die Gläubigen vom schmalen Balkon, der den zierlichen, nach oben zulaufenden Turm schmückte, zum Gebet rief.

Die Matrosen der *Trojan* würden keine Gelegenheit finden, in den Basaren um Souvenirs zu feilschen oder ihren Durst in einer der vielen Bars am Ufer zu stillen oder endlich mal etwas anderes zu essen als den monotonen Fraß aus Salzfleisch, Schiffszwieback und Erbsbrei. Es würde für die höheren Offiziere in der Britischen Botschaft keinen Empfang geben, kein Picknick für die jüngeren im Tal der Süßen Wasser, nicht einmal einen kurzen Ausflug über den Bosporus nach Scutari in einer gemieteten Caique, um unter den kürzlich dort angekommenen britischen Truppen nach Verwandten oder Freunden zu suchen.

Ebensogut, gestand sich Phillip bedrückt ein, könnten sie schon auf dem Weg ins Schwarze Meer sein, statt hier in einem der schönsten Häfen der Welt zu ankern. Sie waren hierher gekommen, um einen Krieg zu führen, und plötzlich wollte er ungeduldig diesen Kampf beginnen, wollte endlich auf den Feind treffen und diese langweiligen Vorbereitungen vergessen, die dauernden Übungen, die nur das Vorspiel waren. Er fühlte sich seltsam bedrückt und genauso rebellisch wie der junge Offizier, den er vor ein paar Minuten wegen seiner unverhohlenen Kritik zurechtgewiesen hatte. Wie lange war das her, als er davon geträumt hatte, Mademoiselle Sophie in Gibraltar oder Malta an Land zu begleiten! Bald, in der nächsten Stunde, würden sie und ihre Begleiterin das Schiff mit unbekanntem Ziel verlassen, und die Chance, Sophie je wieder zu sehen, war winzig.

Er unterdrückte ein Stöhnen. Ihm war klar, daß sein Unmut zum Teil jedenfalls mit dem bevorstehenden Abschied von Mademoiselle Sophie zu tun hatte.

Anthony Cochrane, der davon nichts wußte, sagte entschuldigend: »Es tut mir leid, Mr. Hazard, daß meine Zunge mit mir durchging. Vielleicht sind Sie so gütig und vergessen, daß ich so mit Ihnen gesprochen habe.«

»Sicherlich werde ich das vergessen, Mr. Cochrane.« Phillip versuchte, den Gedanken an Mademoiselle Sophies Abschied aus seinem Kopf zu verdrängen, doch Cochrane erinnerte ihn ungewollt wieder daran, als er ganz unschuldig fragte, ob er wisse, wann die Passagiere von Bord gingen.

Phillip schüttelte den Kopf. »Man hat mir nichts gesagt. Mademoiselle Sophie erwähnte, daß eventuell ein Boot auf sie warten würde, aber da ich bisher keines gesehen habe, kann ich nur vermuten, daß der Kommandant an Land gegangen ist, um ihren Abschied zu regeln. Wir sind bereit, ich habe die Winsch riggen lassen, ehe Sie die Wache übernahmen, und das Gepäck wartet unten.«

»Wohin werden die Damen reisen, Sir?« fragte Cochrane. »Wissen Sie es?«

Wieder mußte Phillip zugeben, daß man es ihm nicht mitgeteilt hatte. Der junge Cochrane schlug eilig vor, die beiden Damen zu einem Abschiedsessen in die Messe einzuladen.

Phillip dachte noch darüber nach, als der Fähnrich der Wache die Rückkehr der Kapitänsgig meldete.

»Für unsere Abschiedsparty haben wir keine Zeit mehr, Mr. Cochrane«, sagte er bedauernd, während die Gig sich eilig näherte.

»Nein, Sir«, pflichtete Cochrane bei. Er ging an die Steuerbordreling, setzte das Glas an und stellte es scharf ein auf das sich nähernde Boot. »Moment mal, Sir, ich glaube«, dann brach er ab und drehte sich wieder zu Phillip, grinsend wie eben, »vielleicht haben wir doch Zeit, der Kapitän ist nämlich nicht an Bord.«

»Wirklich nicht?« Phillip trat neben ihn auf den Punkt mit der guten Aussicht. Er hörte das »Nein, nein« auf den Anruf, eine Bestätigung der Beobachtung des Wachhabenden.

»Vielleicht«, jubilierte jetzt Cochrane, »ist er wieder krank geworden. Dürfen wir uns das wünschen, Mr. Hazard?«

Es wäre unmenschlich gewesen, ihn zurechtzuweisen, also unterließ es Phillip. Doch Fähnrich Booth, der die Gig führte, zerstörte die unbotmäßige Hoffnung, als er sich zurück an Bord meldete. Er überbrachte eine Botschaft vom Kommandanten.

Der britische Botschafter an der Hohen Pforte, Lord Stratford de Redcliffe, würde persönlich an Bord kommen und die beiden hochstehenden Gäste begrüßen und sie auch an Land begleiten. Die Nachricht schloß: »Seine Exzellenz wird begleitet von Lady Stratford de Redcliffe. Er besucht HMS *Trojan* inoffiziell, als Privatmann. Auf ausdrücklichen Wunsch Seiner Exzellenz wird es nicht die üblichen Ehrenbezeugungen geben. Es wird nicht Salut geschossen. Seine Exzellenz wird jedoch von einem Kommando an der Reling und einer Ehrenwache der Seesoldaten begrüßt. Die Mannschaften tragen weiße Uniformjacken. Alle Offiziere tragen Schwalbenschwänze und Degen.«

Phillip gab die Nachricht an Anthony Cochrane weiter, dessen Lächeln beim Lesen verschwand.

»Wann, Sir?« fragte er mit belegter Stimme.

»Mr. Booth«, Phillip wandte sich an den wartenden Fähnrich, »hat der Kapitän Ihnen gesagt, wann Seine Exzellenz an Bord kommen wird?«

»Nein, Sir, das hat er nicht gesagt. Aber ich glaube, es kann nicht mehr lange dauern, Sir. Das Boot des Botschafters ist eine Staats-Caique, glaube ich, und wenn es das seltsam aussehende Boot war, das an der Pier lag, als wir ablegten ...«, der große junge Fähnrich zog nachdenklich die Schultern hoch, »die Mannschaften waren schon dabei, die Sonnensegel zu setzen. Und der Bootsführer, der schon mal hier war, hat mir gesagt, daß das Schiff zur Botschaft gehört. Seine Exzellenz benutzt es für Fahrten zwischen Therapia und der Stadt, sagte er, Sir!«

»Wenn dem so ist«, Phillip sah auf seine Uhr, »dann haben wir keine Zeit zu verlieren, meine Herren, oder? Mr. Cochrane ...«

»Sir!«

»Lassen Sie alle Mann antreten, bitte. Und dann sagen Sie dem Ausguck im Mast, er soll auf die Barke des Botschafters achten. Die anderen jungen Herren sollen nach unten kommen und sich an Deck nützlich machen. Mr. Booth, nehmen Sie die Gig auf die Backbordseite und machen Sie sie an den Großrüsten fest. Mr. Lewis ...« Er gab jetzt seine kurzen Befehle schnell hintereinander.

Lewis, der Fähnrich der Wache, wurde nach unten geschickt, um Mademoiselle Sophie und ihre Begleiterin über die bevorstehende Ankunft des Botschafters zu informieren und sie dann auf das Achterdeck zu begleiten.

Der junge Mann war kaum verschwunden, als die Pfeifen der Bootsmannsmaaten schrillten und die Freiwache, die sowieso in zwanzig Minuten zur Ablösung kommen würde, nach oben eilte. Einen Augenblick schien alles völlig durcheinander zu laufen. Die Unteroffiziere stellten die Männer in ihren Divisionen auf, die Offiziere stellten sich vor ihre Divisionen. Die meisten waren atemlos, denn sie hatten rennen müssen, um Schwalbenschwanz und Säbel anzulegen.

Die Ehrenwache der Seesoldaten unter dem Kommando von Hauptmann Murray marschierte, wie es sich gehörte, auf ihren Platz. Ihre Stiefel knallten rhythmisch auf dem makellosen Deck. Eine Gruppe Seeleute ließ die Gangway über die Reling nach unten. Phillip eilte an die Eingangspforte und hängte dabei noch seinen Degen ein. Die Jungen an der Pforte trugen jetzt weiße Handschuhe und nahmen Haltung an, und die Bootsmannsmaaten beider Wachen stellten sich in zwei Linien gegenüber auf, zwischen den Kanonen auf dem Oberdeck.

Sie mußten nicht lange warten. Ein Ruf von oben durch Fähnrich O'Hara meldete das Näherkommen der Caique des Botschafters. Phillip sah das seltsam aussehende Boot durch das blaue Hafenwasser jagen. Fünf Paar dunkelhäutiger Ruderer trieben es mit beachtlicher Geschwindigkeit und großem Geschick voran. Die Caique war ein großes Boot, mit hohem Bug und Heck und goldbesetzt. Achtern war ein Sonnendach geriggt. Unter ihr konnte er Kapitän North erkennen neben einer elegant gekleideten Dame mit einem Hut wie aus einem Modejournal ... offenbar Lady Stratford de Redcliffe, die Frau des Botschafters. Die Barke kam längsseits. Der Bugmann trug weiße Kleidung und einen breiten scharlachroten Stoffgürtel. Geschickt fing er mit dem Bootshaken die Großrüsten ein, und sofort verlor das Boot an Fahrt. Die beiden Matrosen, die unten an der Gangway warteten, zogen sie näher.

Die Bootsmannsmaaten setzten die Pfeifen an, die Seesoldaten präsentierten das Gewehr, und dann erschien als erste die Dame und nach ihr der Botschafter. Sie traten an Deck, und der Botschafter lüftete den Hut zur Begrüßung. Er war ein großer, sich aufrecht haltender Mann, bartlos und mit einem kräftigen Gesicht. Trotz seiner siebzig Jahre war sein Haar nur ein wenig ausgedünnt. Er trug es etwas länger, als es die aktuelle Mode forderte. Er war erst kürzlich in den Adelsstand erhoben worden. Noch als Sir Stratford Canning hatte er im diplomatischen Dienst seines Landes eine blendende Karriere gemacht. In der Türkei, sagte man, habe er großen Einfluß auf den Sultan und seine Minister. Man meinte, er sei mit den Jahren arrogant und hochnäsig geworden, aber wenn dem so war, dann war davon im Augenblick nichts zu merken.

Kapitän North zeigte davon viel mehr. Er quetschte sich an dem Begrüßungskommando vorbei, ohne es zu würdigen, um den Botschafter und seine Frau willkommen heißen zu können, sobald sie das Achterdeck erreicht hatten ... Phillip grüßte, ohne sich etwas anmerken zu lassen, und trat beiseite, um dem Kommandanten den Vortritt zu lassen.

North übersah ihn und machte auch keine Anstalten, ihn vorzustellen. Er eilte auf das Achterdeck voraus, wo bereits in Reisekleidung Mademoiselle Sophie und die Baronesse von Mauthner warteten. Er sah nicht, wie der Botschafter sie begrüßte. Ein paar Minuten später jedoch kam die Gruppe wieder an die Relingspforte. Der Botschafter hatte Mademoiselle Sophie den Arm gereicht, hinter ihm schritt Kapitän North zwischen Lady de Redcliffe und der Baronesse. Er ließ das Kommando Haltung annehmen und grüßte wieder selber, als die Wache die Gewehre präsentierte und die Bootsmannsmaaten schrill pfiffen.

Mademoiselle Sophie zögerte einen Moment und warf Phillip ein scheues Lächeln zu, als sie an ihm vorbeiging. Ihre kleine Hand ruhte immer noch bewegungslos auf dem angebotenen Arm des Botschafters. Das letzte, was Phillip von ihr sah, war, wie sie unter dem weißen Sonnensegel der Caique neben Lady de Redcliffe Platz nahm. Sie sah nicht hoch, winkte auch nicht. Der Bugmann hakte den Bootshaken aus den Großrüsten. Sie unterhielt sich lächelnd mit ihrer Gastgeberin, als die Ruderer sich ins Zeug legten und die Barke über das ruhige Wasser des Goldenen Horns wie gewohnt davonschoß.

Sie war verschwunden, gestand Phillip sich mit wehem Herzen ein. Es konnte keinen Zweifel mehr geben, daß sie von königlichem Geblüt war, so wie Lord Stratford de Redcliffe sie behandelt hatte. Seine Hand schloß sich um das kleine Päckchen, das sie ihm gegeben hatte und das er seither in seiner Tasche trug. Jetzt war der Zeitpunkt, da er es öffnen durfte. Er wollte es gerade aus der Tasche ziehen, als Kapitän North ihn ungeduldig rief. Also ließ er es wieder zurückgleiten.

»Ja, Sir!«

»Wo, zum Teufel, haben Sie bloß Ihren Verstand, Mr. Hazard?« fragte North. »Lassen Sie die Männer wegtreten, die stehen immer noch in Habt-Acht-Stellung, während Sie hier tagträumen. Und dann kümmern Sie sich augenblicklich um das Gepäck der Passagiere. Es muß sofort auf die *Furious* gebracht werden.«

»Auf die *Furious*, Sir?« Phillip sah ihn überrascht an. H. M. S. *Furious* war, wie er wußte, eine Schaufelradfregatte mit 16 Kanonen unter dem Kommando von Kapitän William Loring. Sie gehörte zum Dampfergeschwader im Schwarzen Meer unter Admiral Lyon. Er hatte nicht geahnt, daß sie in Konstantinopel war.

»Sie lädt Kohle, Mr. Hazard«, fuhr der Kommandant ungeduldig fort, »und sie wird heute nachmittag in Richtung Bosporus auslaufen. Wenn Sie das Gepäck schnell von Bord kriegen und den Kutter sofort in Bewegung setzen, werden Sie sie vielleicht noch erreichen. Wenn nicht, muß der Kutter nach Beicos Bay, das ist eine Strecke von zehn Meilen, rudern, glaube ich. Also, vielleicht werden Sie sich ein bißchen beeilen.«

»Aye, aye, Sir«, Phillip war klug genug, keine Fragen zu stellen, wenn sein Kommandant diese Laune hatte. Er drehte sich um, um seinen Befehl auszuführen, als North ihn wieder ansprach.

»Lassen Sie den Arzt rufen«, sagte er. »Ich gehe unter

Deck. Mir geht es immer noch nicht gut, also müssen Sie hier weitermachen. Sorgen Sie dafür, daß wir morgen früh als erste Kohle bunkern. Wir werden dann in die Bucht von Kavarna segeln und zur Schwarzmeerflotte stoßen, sobald die Kohle an Bord ist.«

»Aye, aye, Sir.« Phillip sah die Männer bewegungslos in Reihen stehen, immer noch in Habt-Acht-Stellung, und fragte mit unbewegter Stimme, ob die Freiwache Landurlaub haben könne.

»Landurlaub, Mr. Hazard? Für diesen undisziplinierten Haufen?« Norths Augen funkelten. »Wir würden nicht mal mehr die Hälfte zurück an Bord bekommen.«

»Aber Sir!«

»Das reicht, Mr. Hazard. Unter gar keinen Umständen gibt es Landurlaub – für niemanden. Offiziere eingeschlossen. Haben Sie das verstanden?«

»Sehr gut, Sir!« Aus langer Übung konnte Phillip sich zusammenreißen. Genau das habe ich natürlich erwartet, dachte er bitter … Anthony Cochrane hatte es vorhergesagt. Doch wenigstens lag das Schiff nicht eine Woche im Goldenen Horn vor Anker, was noch schlimmer gewesen wäre.

»Wir sind hier auf keiner Vergnügungsreise«, bellte North weiter, »je eher die Männer das begreifen, desto besser. Jeden Augenblick kann der Krieg erklärt werden und ist vielleicht in England schon erklärt worden, wie Seine Exzellenz annimmt. Er machte Andeutungen dieser Art. Ich nehme an, man hat ihn telegraphisch informiert, aber er muß natürlich auf die offiziellen Botschaften warten, ehe er die Nachrichten bekanntgeben kann …« Das klang so, als mache es ihm Vergnügen zu zeigen, daß er bei seinem kurzen Aufenthalt in der Botschaft das Vertrauen des Botschafters genossen habe. »Ich werde heute nacht an Land sein«, fügte North hinzu. »Im Missiri Hotel. Seine Exzellenz hat mich eingeladen, mit ihm zu speisen. Aber jetzt muß ich etwas schlafen, und ich wäre Ihnen dankbar, wenn Sie dafür sorgen würden, daß ich nicht unnötig gestört werde.«

»Natürlich, Sir.«

Phillip ließ die Mannschaft wegtreten. Dann ließ er Fraser melden, daß der Kommandant ihn in seiner Kajüte erwarte, und ließ ›Flicken und Putzen‹ für die Freiwache pfeifen. Martin Fox, der die Wache von Cochrane übernommen hatte, überließ er das Verladen von Mademoiselle Sophies Gepäck.

Fox gab die nötigen Befehle. Er fragte, als das Gepäck aus der Luke nach oben gehievt wurde: »Aber warum muß das alles hier auf die *Furious*? Weißt du das? Setzen unsere Passagiere ihre Reise auch mit ihr fort?«

Phillip hob die Schultern. »Man muß das annehmen, obwohl der Kapitän kein Wort darüber verlor. Und wie ich dir schon oft genug gesagt habe, Martin, ich weiß auch nicht mehr als du über unsere Passagiere.«

»Du hast also immer noch nicht die wahre Identität unserer schönen Großfürstin oder ihr Ziel herausgefunden?« Fox blieb beharrlich. »Nun mal los, Phillip, du hast doch bestimmt irgendeine Vermutung. Hat sie dir nichts verraten, als ihr gestern abend über Deck spaziert seid?«

»Nein, das hat sie nicht«, wies Phillip ihn zurück. »Sie zog mich insofern ins Vertrauen, als sie mir mitteilte, sie werde heiraten, wenn sie am Ziel ist, wo immer das sein mag.« Wieder spielte er mit dem kleinen Päckchen, das Mademoiselle Sophie ihm geschenkt hatte, und holte es nach einigem Zögern aus seiner Tasche. »Sie hat mir dieses Geschenk dagelassen, sozusagen zum Abschied«, gab er zu und errötete dabei, »mit der strikten Auflage, es erst zu öffnen, wenn sie von Bord gegangen sei. Ob es wohl einen Hinweis auf ihre Identität gibt, was meinst du?«

»Mach's auf und sieh nach, mein lieber Freund«, drängelte Fox. »Nur so kann man es rausfinden, oder?«

»Du behältst es aber für dich, wenn es irgendeinen Hinweis geben sollte?« fragte Phillip vorsichtig.

»Natürlich, Phillip,was glaubst du denn?« Fox legte ihm die Hand auf den Arm. »Ich wollte dir nicht zu nahe treten – oder Mademoiselle Sophie –, als ich auf euren Spaziergang an Deck anspielte. Ich habe euch nur zufällig gesehen, das ist alles.«

»Und zufällig hast du die falschen Folgerungen gezogen«, erwiderte Phillip trocken.

Doch Fox schüttelte den Kopf.

»Nein«, sagte er ablehnend, »ganz gewiß nicht. Sie wird bald heiraten, sagst du, und ich weiß, was für eine ehrliche Seele du bist, Phillip, mein Freund. Außerdem ist es doch völlig klar, daß unsere Dame von königlichem Blut ist, nicht wahr? Falls ich's je bezweifelt haben sollte, heute morgen hat Lord Stratford de Redcliffe alle meine Zweifel zerstreut. Er grüßte sie auf eine höchst zuvorkommende Art, und seine Frau hätte am liebsten einen Hofknicks gemacht. Das unterblieb nur, weil Seine Exzellenz sie darauf aufmerksam machte, daß die gesamte Mannschaft zuschaute. Also änderte sie ihre Meinung und verbeugte sich auch nur. Aber die Absicht war erkennbar. Leute wie die de Redcliffes knien nicht vor irgend jemandem, da bin ich ganz sicher.«

»Ja, das denke ich auch.«

»Dennoch möchte ich immer noch wissen, wer unsere geheimnisvolle Großfürstin wirklich ist.« Fox lächelte. »Also öffne als guter Freund das Päckchen und spann mich nicht länger auf die Folter.«

»Also gut.« Phillip erbrach das Siegel auf dem winzigen Päckchen. »Sie sagte mir, es sei ein Erinnerungsstück, und vielleicht ist ja nur … Wir werden gleich mehr über sie wissen, wenn wir es geöffnet haben.«

»Nun mach es doch endlich auf, ich halte es ja kaum noch aus!«

Phillip entfernte die Hülle und fand eine kleine Lederschachtel. Darin entdeckte er einen Ring aus schwerem Gold mit einem einzigen sehr schönen Smaragd besetzt – ganz offenbar von großem Wert. Verblüfft starrte er ihn an. Er hatte so etwas wie einen Becher erwartet, aber kein Geschenk, das ein kleines Vermögen darstellte. Das wollte er gerade sagen, als Martin Fox sich vorlehnte und den Ring aus seinem Kissen im samtgefütterten Etui hob. Er hielt ihn ans Licht. Und als er den Stein genauer untersuchte, spitzten seine Lippen sich zu einem stummen Pfiff.

»Es ist ein Siegelring«, sagte er. »Aber, um Himmels willen, sieh dir die Gravierung auf dem Stein an.«

Phillip blickte ihm über die Schulter. Anfangs erkannte er nicht, was das Zeichen auf dem Stein darstellen sollte. »Also, was ist das?« fragte er. »Ich finde nichts Überraschendes daran, abgesehen von dem beträchtlichen Wert natürlich. Ist das irgendein Vogel?«

Statt einer Antwort legte Fox ihm den Ring auf die offene Hand.

»Es ist ein doppelköpfiger Adler«, sagte er nur. »Der zaristische russische Adler. Unsere Mademoiselle ist eine Großfürstin, Phillip. Das erklärt wenigstens die Geheimnistuerei, nicht wahr? Und die Eile, die wir auf dem Weg hierher hatten. Und«, er runzelte nachdenklich die Stirn, »auch ihr Ziel.«

Verblüfft sah Phillip ihn an: »Du glaubst: Sewastopol?«

»Vielleicht. Oder Odessa. Was auch immer ihr Ziel sein mag, sie muß es erreichen, ehe der Krieg erklärt wird. Darum die *Furious*. Hast du nicht gesagt, sie wird heute nachmittag alle Kohle gebunkert haben und sofort ankerauf gehen?«

»Ja, aber was soll sie in der Bucht von Beicos?«

»Sie liegt Therapia gegenüber. Und dort hat der Botschafter seine Sommerresidenz, Phillip! Ich nehme an, die *Furious* wird gerade so lange im Bosporus bleiben, um Mademoiselle Sophie und Baronesse von Mauthner aufzunehmen, und dann wird sie in Richtung Schwarzes Meer auslaufen. Wenn eine Kriegserklärung droht – und das ist ja wohl der Fall –, dann müssen Angehörige des britischen konsularischen

Corps und britische Staatsbürger aus russischen Häfen hierher gebracht werden. Und darum, gar kein Zweifel, ist die *Furious* unterwegs nach, wohin auch immer, nach Sewastopol oder Odessa.« Fox entspannte sich. »Das ist die Erklärung für alles!«

»Meinst du wirklich?« wandte Phillip ein.

»Mein lieber Phillip, eine andere Erklärung gibt es nicht.«

»Aber was tat Mademoiselle Sophie in England, wenn sie zur Familie des russischen Zaren gehört?«

»Im letzten Sommer waren einige aus der Zarenfamilie in England«, erinnerte Fox. »Hast du das vergessen? Sie wurden von der Königin empfangen, und das stand auch in den Verlautbarungen des Hofes zu lesen. Laß mich mal nachdenken, ja, jetzt erinnere ich mich. Die älteste Schwester des Zaren, die Großfürstin Marie, Witwe des Herzogs von Leuchtenberg, hielt sich mit ihren Kindern in Torquay auf. Auf Staatsbesuch in London im letzten Juli waren auch der Kronprinz und die Kronprinzessin von Württemberg. Die Kronprinzessin war ehemals die Großfürstin Olga von Rußland, auch eine Zarenschwester. Sie hielten sich in der russischen Botschaft auf und wurden ständig vom russischen Botschafter Graf Brunow begleitet. Ich weiß nicht genau, wann sie abreisten, aber die Herzogin von Leuchtenberg blieb bis Ende Oktober in Torquay. Meine Mutter war nämlich da und schrieb mir, sie habe sie gesehen. Ich glaube, sie setzten mit der *Vivid* Anfang November nach Frankreich über.«

Und Mademoiselle Sophie hat man zurückgelassen, dachte Phillip. Hatte sie nicht so etwas ähnliches angedeutet, als er sie im Zug begleitete? Was waren ihre Worte, ehe die Baronesse sie gewarnt hatte, vorsichtiger zu sein? »Ich bin vergessen oder übersehen worden.« Und als er ihr wegen ihres vorzüglichen Englisch Komplimente machte, hatte sie geantwortet, sie habe fast ein Jahr in England gelebt mit dem Ziel, die Sprache zu lernen.

Ja, das alles paßte zusammen. Und wie Martin Fox behauptete, war es die einzige Erklärung. Mademoiselle Sophie, das sanfte, bezaubernde Kind, das er so sehr bewunderte, war – wie ihm leider erst jetzt klar wurde – Mitglied der Familie des russischen Zaren, vielleicht eine Nichte von Zar Nikolaus oder wenigstens verwandt mit dem despotischen Herrn von Rußland. Er hatte noch drei Brüder neben den Schwestern, die Martin Fox erwähnt hatte. Zar Alexander, dem er 1825 auf den Thron gefolgt war, den Großfürsten Konstantin und den Großfürsten Michael, beide schon verstorben. Doch Phillip nahm an, daß sie Kinder hatten, und Mademoiselle Sophie könnte eins von ihnen sein. Aber wer auch immer sie nun wirklich war, im kommenden Krieg würde sie auf der anderen Seite sein, durch viel mehr als Raum und Zeit von ihm getrennt. Er atmete tief ein.

Als könne er Phillips Gedanken lesen, meinte Fox: »Die Zarenfamilie ist nicht rein russisch, sie ist verschwägert mit preußischem, österreichischem und deutschem Adel. Die Mutter des jetzigen Zaren war eine württembergische Prinzessin, und seine Frau ist eine Schwester von Friedrich Wilhelm von Preußen.«

Phillip hob die Schultern. »Das ändert nichts an der Tatsache, daß Mademoiselle Sophie gerade nach Rußland zurückkehrt und daß wir drauf und dran sind, gegen Rußland zu Felde zu ziehen.«

»Dem ist leider so.« Fox sah ihn nur mitleidig an, äußerte aber nichts dergleichen. Mit einem ganz anderen Tonfall meldete er: »Der Kutter hat alles geladen. Soll ich ihn auf den Weg schicken?«

»Ja, bitte.« Phillip steckte den Ring in die Tasche zurück. Fähnrich O'Hara führte den Kutter, ein intelligenter und verläßlicher junger Mann, wie er wußte.

»Bitte Mr. O'Hara herauszufinden, wohin die *Furious* laufen wird, wenn er das schafft.« Er seufzte. »Zu meiner eigenen Beruhigung würde ich gern ihr Ziel kennen, Martin.«

»Ja, natürlich«, versicherte Martin Fox. Er ging an die Reling, legte die Hände an den Mund und rief den jungen O'Hara aufs Achterdeck.

Fünf Minuten später sah Phillip, wie er den Kutter elegant ablegen ließ. Innerhalb einer Stunde war er wieder da und meldete, daß die *Furious* den Befehl erhalten habe, mit voller Kraft nach Odessa zu laufen und unter einer Waffenstillstandsflagge den britischen Konsul an Bord zu nehmen und andere britische Staatsbürger, die vor Kriegsausbruch repatriiert werden wollten. Von den Passagieren der *Trojan* war keine Rede. Ihr Gepäck hatte man, wie Fähnrich O'Hara berichtete, entgegengenommen und auf der Schaufelradfregatte ohne weitere Bemerkungen verstaut.

Die *Trojan* blieb weitere achtundvierzig Stunden am Goldenen Horn. Als sie dann die Kohle gebunkert und Wasser und Vorräte an Bord genommen hatte, wurde sie in die Beicos-Bucht beordert. Dort mußte sie, ohne weitere Erklärung, noch einmal sechs Stunden vor Anker liegen. Es lagen noch andere britische Kriegsschiffe im Bosporus, auch die Schraubenfregatte *Niger* mit 14 Kanonen. Ihr Kommandant, Commander Leopold Heath, hatte seine Frau mit nach Therapia gebracht.

Während North immer mal wieder an Land ging, gelang es Phillip, die *Niger* zu besuchen und mit ihrem Ersten Offizier zu Abend zu essen. Von ihm erhielt er viele wichtige Informationen in bezug auf die Lage im Schwarzen Meer.

Am Nachmittag des 8. April kehrte Kapitän North an Bord zurück und erklärte sich für gesund genug, um wieder das Kommando zu übernehmen. Schließlich erhielt die *Trojan* Befehl, zusammen mit HMS *Highflyer*, einer Schraubenfregatte mit 26 Kanonen, unter dem Kommando von Kapitän George Moore in die Baltchik-Bucht zur Flotte zu laufen, in der Nähe von Warna an der bulgarischen Schwarzmeerküste. Um sechs Uhr abends gingen die beiden Fregatten ankerauf und sichteten drei Uhr dreißig am nächsten Nachmittag die vereinigte britische und französische Flotte, die in der Bucht ankerten.

Es ist ein großartiges, sehr beeindruckendes Bild, dachte Phillip, als die *Trojan* sich bereitmachte, dem Beispiel der *Highflyer* folgend, die Flagge von Vizeadmiral Dundas zu grüßen, die dieser auf dem Dreidecker *Britannia* mit 120 Kanonen gesetzt hatte. Phillip zählte sieben Linienschiffe, die *Britannia* eingeschlossen: *Trafalgar* mit 120 Kanonen, *Queen* mit 116, *Albion* mit 91, *Rodney* mit 90, *Vengeance* mit 84 und *Bellerophon* mit 80 Kanonen. In der Ferne entdeckte er auch die *Agamemnon*, den schönen neuen Zweidecker, ein Schraubenkriegsschiff mit 91 Kanonen. Auf ihr hatte Konteradmiral Sir Edmund Lyons seine Flagge gesetzt, der in Begleitung der *Sanspareil* mit 70 Kanonen, auch einem Schraubenschiff, zur ankernden Flotte zurückgekehrt war. Phillip sah Fregatten, Segler und Dampfschiffe, unter ihnen die schöne *Arethusa*, 50 Kanonen, die unter vollen Segeln aus Nordosten angekommen war, und die Schaufelraddampfer *Terrible* mit 21 Kanonen, *Tiger* mit 16, *Sampson* mit 6 und *Inflexible* ebenfalls mit 6 Kanonen.

Highflyer salutierte vor der Admiral Dundas-Flagge, kam näher, kürzte Segel und setzte das Signal: »Wo ankern?«

Die Antwort des Flaggschiffs lautete: »Wo Sie wollen.«

Sie war mit Maschinenkraft eingelaufen, doch Kapitän North hatte befohlen, ohne einen Grund zu nennen, die Schraube der *Trojan* anzuheben, weil er bekanntlich mit Maschinen nichts zu tun haben wollte. Phillip vermutete, er wollte auf diese Weise seine Seemannschaft unter Beweis stellen. Wie sich zeigte, war diese Entscheidung ein Desaster.

Die *Highflyer* dampfte langsam zwischen den beiden Linien ankernder britischer Schiffe hindurch. Ihre Männer tuchten oben die Segel auf, sie drehte am Ende der zweiten Linie in den Wind, ein perfektes Manöver.

Die *Trojan* hatte, wie es sich gehörte, ihr zu folgen, aber sie hatte nicht genügend Raum zur Verfügung, um an den Wind zu gehen. Und da auch die *Agamemnon*, die *Sanspareil* und die *Arethusa* aufkamen, befahl das Flaggschiff der *Trojan*, neben der *Tiger* zu ankern. Darauf war Kapitän North offensichtlich nicht vorbereitet. Phillip wartete nicht auf Befehle, sondern rief den Toppgasten zu, die Mars- und Bramsegel aufzutuchen. Und als die Fregatte das enge Fahrwasser zwischen den ankernden Schiffen entlang glitt, sah er von seinem Platz an den Finknetzen in Luv bereits, daß die Distanz immer kleiner wurde.

Doch vom Achterdeck aus gab Kapitän North – als ob nichts drohe – dem Rudergänger Befehle, die der Mann schweißgebadet ausführte, so gut er konnte. *Trojan*, die keinen Raum mehr hatte und kaum noch Fahrt machte, kam mit Mühe an der *Rodney* und der *Bellerophon* vorbei, doch beim Eindrehen nahm sie den Klüver und den Klüverbaum der *Albion* mit und brach ihren eigenen kurz vor dem Bug ab. Es war ein jämmerlicher Auftritt, der einen Anpfiff vom Flaggschiff zur Folge hatte und ein vieldeutiges Signal von Kapitän Lushington von der *Albion*, nachdem die *Trojan* in den Wind gedreht hatte und an der befohlenen Stelle ankerte. North kochte vor Wut und gab jedermann außer sich selbst die Schuld. Den armen Rudergänger belegte er mit Arrest und wollte gerade Phillip und Burnaby, den Master, der die Wache hatte, zusammenstauchen, als ein zweites Signal von der *Britannia* ihm befahl, sich dort sofort zu melden. Burnaby ließ die Gig des Kapitäns zu Wasser, während Phillip mit dem Bootsmann, dem Zimmermann und einem Arbeitstrupp nach vorn ging, um soviel wie möglich vom zerstörten Klüverbaum und vom Rigg zu retten.

Ein alter Freund kam an Bord, der vorläufige Erste Offizier der *Agamemnon*. Er brachte Frederick Maxse mit, den Flaggleutnant von Admiral Lyons. Phillip bewirtete sie in der Messe und wurde eingeladen, am nächsten Tag an Bord der *Agamemnon* zu speisen. Erfreut akzeptierte er die Einladung, doch er merkte vorsichtig an, daß er vielleicht Kapitän

Norths Einverständnis nicht erhalten würde, da dieser allen Offizieren das Verlassen der *Trojan* verboten hatte.

»So ist das also, Phillip?« fragte ihn sein Freund Thomas Johnson neugierig und legte ihm eine Hand beruhigend auf den Arm, als Phillip errötete. »In Ordnung, du mußt meine Frage nicht beantworten, alter Freund. Aber selbst hier im Schwarzen Meer erreichen uns Gerüchte, mußt du wissen.«

»Gerüchte, Tom? Was für Gerüchte?«

Leutnant Johnson tauschte vielsagende Blicke mit seinem Begleiter, und dann antwortete der Flaggleutnant: »Keine besonders angenehmen Gerüchte, Mr. Hazard. Was ich hörte, erfuhr ich von einem unserer älteren Offiziere, als der Name Ihres Kommandanten vor ein paar Tagen zufällig genannt wurde. Hat er in Westafrika nicht die Brigg *Guillemot* kommandiert, so etwa vor elf, zwölf Jahren?«

»Ja«, bestätigte Phillip einsilbig, »das hat er.«

»Dann muß ich nichts mehr sagen. Dennoch ...«, Leutnant Maxse lächelte gewinnend, »wenn Sie unserer Einladung leichter Folge leisten können, dann werde ich Admiral Lyons bitten, sie zu fördern. Das wird er bestimmt tun. Im Augenblick ist er mir sehr gewogen, denn er will mich als Flaggleutnant ablösen durch einen Neffen. Cowper-Coles von der *Sybille* kommt aus Westindien ... Aber wie auch immer, Sie haben mal zusammen mit seinem Sohn Jack gedient, sagte Tom mir, und das ist so gut wie eine Einladung an den Tisch des Admirals. Also machen Sie sich keine Sorgen. Ich werde für eine offizielle Einladung sorgen, und wir freuen uns, Sie morgen mittag an Bord der *Agamemnon* zu begrüßen.«

»Danke«, sagte Phillip aus vollem Herzen, »ich freue mich schon darauf.«

Die offizielle Einladung, mit Admiral Lyons auf der *Agamemnon* zu speisen, traf am Abend ein, und North, der übelgelaunt von der Besprechung mit dem Befehlshaber zurückgekehrt war, mußte den Besuch widerwillig knurrend genehmigen. Phillip war zufrieden, obwohl eine Tirade aus Kritik und Beschimpfungen über ihn hereinbrach. Er protestierte nicht, als ihm die Schuld an den Schäden an der *Albion* in die Schuhe geschoben wurde, weil er den Befehl seines Kommandanten nicht abgewartet hatte, Segel zu kürzen. Das war ein kleiner Preis, den er für die Erlaubnis zu zahlen hatte.

Am nächsten Morgen hatte er wieder Glück. Der Befehl kam, die Marineartilleristen und die Matrosen, die die *Trojan* aus England mitgebracht hatte, auf die anderen Schiffe der Flotte zu verteilen, damit diese wieder volle Kampfstärke hatten. Kapitän North überließ Phillip die Ausführung, und der schickte seinen Bruder Graham auf die *Tiger* unter Kapitän Giffard, wo er den Zweiten Master ersetzen sollte, der krank in Konstantinopel zurückgeblieben war. Die Kommandierung würde also nicht von Dauer sein. Doch zu dieser Aufgabe gehörte der Rang eines Unteroffiziers, und Graham war dafür sehr dankbar. Mit einigem Bedauern verabschiedeten sich die Brüder voneinander, doch Phillip war glücklich, daß er das geschafft hatte. Knapp eine Stunde, nachdem Graham die *Trojan* verlassen hatte, verlangte North vergeblich, daß Graham wieder seinen Dienst als Toppgast im Großmast antrat …

Um sieben Glasen in der Vormittagswache ließ sich Phillip, korrekt mit Schwalbenschwanz und Zweispitz gekleidet, im Dienstboot auf die *Agamemnon* übersetzen.

6

Geführt vom stolzen kommissarischen Ersten Offizier besichtigte Phillip »das schönste Liniendampfschiff der Royal Navy« vom Achterdeck bis zur Maschine. Dann begrüßte ihn Sir Edmund Lyons sehr herzlich in der großen, gut eingerichteten Achterkajüte.

Hier hatte sich auf Einladung des Admirals ungefähr ein Dutzend älterer Offiziere eingefunden, die meisten von ihnen waren Kommandanten von Schiffen erster und zweiter Klasse. Es wurde ein ausgezeichnetes Essen serviert, und Phillip genoß das alles, fand die Atmosphäre gelöst und freundlich trotz der Anwesenheit so vieler Kapitäne mit vollem Rang. Er entdeckte, daß einige von Admiral Lyons Gästen unter seinem Kommando auf den Fregatten *Blonde* und *Madagascar* in den dreißiger Jahren als Fähnriche gedient hatten. Unter ihnen waren der Flaggkapitän Thomas Symonds, Kapitän Colpoys Dacres von der *Sanspareil*, Kapitän Thomas Mitchell von der *Queen*, Kapitän Stephen Lushington von der *Albion* und Kapitän de Saumarez Brock, auf die *Britannia* abgeordnet. Die Freundschaft zu ihrem ehemaligen Kommandanten hatte viele Jahre gehalten, und es wurde während des Essens deutlich, als die Gespräche sich allgemeineren Themen zuwandten, daß alle ihn sehr verehrten und sehr auf seine Führung im kommenden Krieg vertrauten – statt auf die des Befehlshabers.

Das war kaum überraschend, denn Konteradmiral Sir Edmund Lyons hatte sich in seiner Laufbahn immer wieder ausgezeichnet. Er war, wie Phillip wußte, für seine jetzige Aufgabe ausgewählt worden, weil er diese Region und vor allem das Schwarze Meer genau kannte. Obwohl er nur Stellvertreter vom Befehlshaber Vizeadmiral Dundas war, hatte man ihn schon vor dem Verlassen Englands zu dessen Nachfolger bestimmt. Der hochbegabte und sehr mutige Lyons hatte im diplomatischen Dienst eine brillante Karriere gemacht, nachdem er – ebenso glanzvoll – bis zum fünfundvierzigsten Lebensjahr in der Navy gedient hatte. Er war jetzt vierundsechzig Jahre alt, Dundas war neunundsechzig, und war von 1835 bis zum Sommer 1849 Botschafter am Hof von König Otto in Griechenland gewesen.

Phillip erinnerte sich, wie er als junger Fähnrich zum erstenmal seinem Gastgeber begegnet war. Die Botschaft in Athen stand damals allen britischen Marineoffizieren offen, wie jung sie auch immer waren. Er erinnerte sich an die vielen Annehmlichkeiten, die er in diesen längst vergangenen Tagen von Sir Edmund und Lady Lyons empfangen hatte. Seit dieser Zeit hatte er den Admiral in Begleitung seines jüngeren Sohnes Jack – Kapitän Edmund Moubray Lyons, unter dem er eine Zeitlang gedient hatte und der jetzt die Dampfsloop *Miranda* im Weißen Meer befehligte – mehrere Male getroffen. Das letztemal lag fast vier Jahre zurück, als Sir Edmund nach Beendigung seiner Amtszeit in Athen in London einige Monate Urlaub gemacht hatte. Er hatte sich augenscheinlich wenig verändert.

Er war natürlich älter geworden, und sein Haar war weiß, doch von seiner großen Energie hatte er nichts verloren, auch nicht von seiner persönlichen Anziehungskraft und dem Charme – Eigenschaften, für die er seit je bekannt war. Als Phillip jetzt einer Diskussion mit Kapitän Brock zuhörte, gewann er den Eindruck, daß der Admiral mehr Energie als je hatte. Über die komplexe gegenwärtige politische Situation im Balkan war er beeindruckend gut informiert, kein Wunder bei einem Mann, der fast vierzehn Jahre in Griechenland Dienst getan hatte.

Als habe er seine Gedanken erraten, tippte Tom Johnson, der neben ihm saß, Phillip am Arm. »Unser Admiral«, sagte er leise, »ist ein bemerkenswerter Mann. Einer der brillantesten Commander, unter denen zu dienen ich das Glück hatte. Wer sonst hätte nach fast zwanzig Jahren an Land zur Marine zurückkehren können – so glatt und effizient, als habe er sie nie verlassen? Wer kann heute noch so wie er beweisen, daß er von seinem beruflichen Können ebensowenig wie von seiner frühen Ausbildung vergessen hat? Es ist fast nicht zu glauben, aber sein letztes Kommando war die *Madagascar*. Er gab es ab, als er 1835 nach Athen ging! Seine Seemannschaft ist so gut wie je, was viel bedeutet, und ich möchte wetten, daß seine Kenntnisse über Dampfschiffe – theoretisch und praktisch – mindestens so gut sind wie meine oder deine. Und wir beide haben einen Maschinenlehrgang besucht, der Admiral nicht.«

»Gegen die Wette kann ich nicht halten«, antwortete Phillip lächelnd.

»Schade, daß er damals die Navy verlassen hat«, fuhr Leutnant Johnson fort. »Stell dir mal vor, was er hätte erreichen können! Sicher noch mehr als Nelson. Man sagt ihm nach, er habe dieselbe Ausstrahlung wie Nelson. 1811 hat er mit nur zwei Booten voller Blaujacken das Fort Jarrack auf Java erobert! Denk auch an seine ersten Jahre ... Mit einundzwanzig Jahren war er schon Commander, und Kapitän in vollem Rang wurde er noch vor dem dreiundzwanzigsten Geburtstag. Nelson ist auch nicht schneller befördert worden als unser Admiral. Er redet natürlich nie darüber, aber ich würde schon gern wissen, warum er damals ausgeschieden ist, obwohl er den Dienst in der Marine liebte.«

Phillip murmelte irgend etwas als Antwort. Jack Lyons hatte ihm viel von seinem Vater erzählt. Darum wußte er, daß Edmund Lyons als junger Kapitän in vollem Rang den heimlichen Ehrgeiz gehabt hatte, Englands berühmtestem Seemann nachzufolgen, dem er in seiner Jugend auch noch sehr ähnlich sah. Doch nach Ende der Napoleonischen Kriege hatte die britische Admiralität die Zahl der Schiffe aus wirtschaftlichen Gründen sehr reduzieren müssen. Die Folge war, daß Kapitän Lyons, wie viele andere fähige und tapfere Offiziere, mit Halbsold an Land saß, und seine jugendlichen Träume verwelkten.

Phillip seufzte und erinnerte sich nur zu gut an die zornigen Berichte seines eigenen Vaters zu diesem Thema. Die Navy List des Jahres 1816 hatte zweihundert Admiräle enthalten, achthundertfünfzig Kapitäne, fast neunhundert Commanders und mehr als viertausend Leutnants. Es war also wirklich kein Wunder, daß Edmund Lyons trotz seiner Verdienste fast vierzehn Jahre auf ein neues Kommando warten mußte. Er hatte geheiratet und eine Familie gegründet, als er auf die *Blonde*, eine Fregatte mit 46 Kanonen, kommandiert wurde. In der Blockade von Navarino hatte er 1828 eine wichtige Rolle gespielt. Im darauf folgenden Jahr wurde die *Blonde* bestimmt, Sir Robert Gordon als britischen Botschafter nach Konstaninopel zur Hohen Pforte zu bringen – in einer delikaten diplomatischen Mission. Das Schicksal hatte eingegriffen und die weitere Zukunft des Commanders bestimmt.

Lyons hatte bei seinem Aufenthalt den Sultan so beeindruckt, daß er die Erlaubnis erhalten hatte, im Schwarzen Meer zu kreuzen. Die *Blonde* war das erste britische Kriegsschiff, das seit dem Vertrag von Unkiar Skelessi vor zwanzig Jahren den Bosporus passierte – mit Wissen und Billigung der Türken. Mit der Entschiedenheit, die ihn auszeichnete, hatte Lyons genaue Pläne von den Häfen und Befestigungsanlagen von Sewastopol und Odessa gezeichnet, und es hieß, er habe die Küste des Schwarzen Meeres ebenfalls genau vermessen. Das war sicher einer der Gründe, weshalb man ihn nun wieder einberufen und ihm seinen Rang als Stellvertreter des Befehlshabers der britischen Flotte gegeben hatte.

Das Rad hat sich also einmal ganz gedreht, dachte Phillip. Der Admiral war sich dessen voll bewußt. Seine Kenntnisse des Schwarzen Meeres würde er, sobald sich die Gelegenheit böte, sehr gut nutzen können.

»Es muß unser Ziel sein, meine Herren, Sewastopol einzunehmen und die feindliche Flotte zu zerstören«, stellte der Admiral fest. »Mir bereitet der Gedanke Schmerzen, Sewastopol nicht erfolgreich zu erobern. Er bedrückt mich sogar während meiner einsamen Spaziergänge an Deck dieses schönen Schiffes. Ich bin überzeugt, daß wir erst wieder in vielen Jahren eine ähnliche Chance bekommen werden, falls es uns diesmal nicht gelingt, im Schwarzen Meer unseren Einfluß geltend zu machen. Natürlich ist alles eine Frage von Geld und Männern, aber das war auch so in dem Krieg, der bei Waterloo endete. Nach meiner wohlerwogenen Einschätzung ist ein kombinierter Angriff von Land und von See notwendig, um Sewastopol einzunehmen. Kapitän Drummond von der *Retribution* kommt in seinem Bericht über die Verteidigungsanlagen an die Admiralität zum gleichen Schluß.«

»Und wann, Herr Admiral?« wollte jemand wissen.

»Ich bin sicher, in diesem Sommer«, antwortete Admiral Lyons. »Jedenfalls dränge ich Sir James Graham und Ihre Lordschaften entsprechend. Die bisherigen Vorbereitungen reichen aus, die Sicherheit Konstantinopels und der Dardanellen zu garantieren; selbst wenn die Türken von der Donau zurückgeworfen werden sollten, haben wir Zeit gewonnen. Omar Pascha hält immer noch aus und bringt dem Gegner schwere Verluste bei, ein Zustand, den er, wie er mir versicherte, noch lange mit einem Minimum unserer Unterstützung aushalten kann. Aber das wenige, was ich über die Natur des Menschen gelernt habe, läßt mich annehmen, daß der Zar von Rußland sich erst beugen wird, wenn er ein paar harte Schläge empfangen hat. Einer der härtesten muß die Zerstörung der Arsenale und der Flotte in Sewastopol sein.«

»Sie meinen also, Sir«, fragte einer der Kapitäne, »daß wir

Sewastopol angreifen sollten in einer gemeinsamen Attacke von Heer und Marine, statt die Türken im Donaubecken zu unterstützen?«

Der Admiral nickte ernst. »Genau. Mit so wenig Verzögerung wie möglich sollten wir die britische und die französische Armee an der Krimküste landen lassen, gedeckt von der Flotte.« Er ging auf Einzelheiten ein und machte seine Gedanken deutlich, indem er, wie bei solchen Gelegenheiten seit je üblich, Gläser und Bestecke vor sich auf dem Tisch verschob. Seine Kapitäne scharten sich um ihn und lauschten ihm gebannt. »Mit der Flotte allein können wir Sewastopol nicht einnehmen«, sagte er. »Doch andererseits können wir, wenn der Krieg erst einmal erklärt ist, schon viel tun, während wir auf die Truppen an Land warten, die uns verstärken werden. Indem wir die russischen Häfen erfolgreich blockieren und von See aus Überfälle auf die Krim und Tscherkessien machen, vielleicht sogar Odessa angreifen, werden wir meiner Meinung nach die russische Flotte zwingen, auszulaufen und sich mit uns zu messen. Mein Plan ist folgender ...«

Phillip fühlte sich zunehmend wohler, als er der gepflegten Stimme des Admirals lauschte, der einen blendend ausgedachten Plan nach dem anderen erläuterte. Er verstand und teilte mehr und mehr die Bewunderung seiner Offiziersbrüder für diesen weißhaarigen Seemann mit diplomatischer Vergangenheit, der in seinen alten Beruf zurückgekehrt war und dessen Begeisterung für die übernommene Aufgabe so ansteckend war. Admiral Lyons' Herz, das war jedem klar, gehörte ganz der Navy. Und es stimmte, was Tom Johnson gesagt hatte: Er war nie wirklich weg gewesen. Hier in der Heckkajüte der *Agamemnon* war er zwischen seinen Kommandanten in seinem Element und diskutierte energisch die Feinheiten von Militär- und Marinetaktik, und die Männer respektierten seine Ansichten.

Als Kaffee serviert wurde, entschuldigte sich der Admiral

bei seinen anderen Gästen, erhob sich und nahm auf einem Stuhl neben Phillip Platz.

»Bleiben Sie sitzen, Phillip, mein Junge«, sagte er, als Phillip sich erheben wollte. »Dieses hier ist ganz informell, und ich wollte wenigstens ein paar Worte mit Ihnen wechseln, ehe Sie an Bord Ihres Schiffes zurückkehren. Sie haben meinen Sohn Jack erst kürzlich gesehen, nicht wahr?«

»Ja, Sir. Die *Miranda* wurde in Davenport zur selben Zeit wie wir ausgerüstet. Ich hatte das Vergnügen, einigemale mit Kapitän Lyons zu speisen, Sir.«

»Ich bin glücklich, daß er wieder ein Kommando hat. Bitte berichten Sie mir, wie es um ihn steht.« Stolz klang in der Stimme des Admirals, und seine Augen blitzten. Die Lyons hatten zwei Söhne und zwei Töchter. Bickerton, der ältere Sohn, stand in diplomatischen Diensten und war nach seines Vaters Abschied in Athen geblieben. Beide Töchter waren verheiratet. Lady Lyons, die sie alle verehrten, war im letzten Jahr in Stockholm gestorben. Das hatte Jack ihm berichtet und Phillip versuchte vorsichtig, sein Beileid auszudrücken.

»Ihr Verlust hat mich stark getroffen, Phillip«, gab der Admiral zu. »Aber ich hatte sehr viel Glück, wir lebten sehr gut zusammen ...«, er seufzte und wollte mehr über Jack Lyons' neues Kommando wissen. Phillip kannte die starken Bindungen zwischen Jack Lyons und seinem Vater, und er erzählte deshalb genau und mit vielen Einzelheiten.

»Den Dampfmaschinen gehört die Zukunft, davon bin ich überzeugt. Natürlich bedaure ich es auch. Es wird ein trauriger Tag für die Marine, wenn die Ingenieure die Seeleute ablösen. Aber der Tag wird kommen, Phillip, auch wenn wir es nicht wollen. Die Zeichen sind unverkennbar. Sie haben eine schnelle Reise gemacht, sagte man mir«, sagte der Admiral.

»Ja, Sir. Wir hatten Passagiere an Bord, die ...« Phillip hielt inne, weil er nicht wußte, wieviel er über die Gäste der *Trojan* sagen durfte, wenn andere zuhörten.

»Ich habe von Ihren Passagieren gehört«, beruhigte ihn der

Admiral. »Jetzt werden sie sicher schon in Odessa sein, in Sicherheit, noch vor der Kriegserklärung. Die war doch in Konstaninopel noch nicht eingetroffen, als Sie ausliefen, oder ...?«

»Nein, Sir, jedenfalls nicht offiziell«, begann Phillip, »aber ...« Er wurde von einem der Leutnants der *Agamemnon* unterbrochen, der mit dem Hut in der Hand dem Admiral meldete, daß die *Furious* gesichtet worden war.

»Gut!« Admiral Lyons erhob sich sofort. »Schicken Sie ein Boot rüber, sobald sie geankert hat. Ich möchte wissen, wie sie ihren Auftrag bewältigt hat. Haben Sie das gehört, meine Herren? Die *Furious* ist aus Odessa zurück.«

Phillip holte tief Luft. Auch er wollte natürlich wissen, wie es der *Furious* ergangen war. Also verschob er seinen Aufbruch und folgte dem Admiral und den anderen Gästen auf Deck. Kurz darauf wurde die Rückkehr des Bootes zur *Agamemnon* gemeldet. Der Erste Offizier der *Furious* kam an Bord und berichtete persönlich dem Admiral, was vorgefallen war. Das wurde zu einer Sensation für die übrigen Zuhörer.

Es schien, die Fregatte hatte Odessa am Morgen des 6. April erreicht und lag beigedreht vor dem Hafen. Sie zeigte die britische Flagge und die des Waffenstillstands.

»Kapitän Loring befahl mir, unter einer weißen Flagge mit einem Boot an Land zu rudern, Sir«, erklärte der Erste Offizier. »Ich nahm die ... nun ja ... die beiden Passagiere mit und einen Brief, der an den britischen Konsul gerichtet war. Wir machten an der Quarantäne-Mole fest, Sir, und ein Vertreter der Gesundheitsbehörde des Hafens begrüßte uns. Als ich ihm meinen Auftrag erklärte, sagte er mir – in ziemlich schlechtem Französisch –, wir seien zu früh dran. Der Hafenmeister würde erst um sechs Uhr kommen und dann den Brief für den Konsul in Empfang nehmen. Die Gäste gingen auf eigenen Wunsch an Land, Sir, und dann befahl ich der Mannschaft, von der Mole abzulegen und auf den Hafenmeister zu warten, Sir!«

»Und kam der Hafenmeister wirklich um sechs Uhr zu Ihnen?« fragte der Admiral voller Interesse.

Der Erste Offizier schüttelte den Kopf.

»Nein, Sir, und der Konsul wurde nach meiner Kenntnis auch nicht informiert. Ich wartete fast eine Stunde. Dann rief mich ein Signal an Bord zurück. Kapitän Loring lief uns entgegen. Als wir zum Schiff zurückpullten, wurden hintereinander sechs Kanonenschüsse aus einer Küstenbatterie auf uns abgefeuert. Die letzten drei Schüsse waren auf die *Furious* gezielt. Die Richtung stimmte, Sir, aber der Höhenwinkel war falsch, und kein Schiff wurde getroffen.«

»Aber es war gezieltes Feuer?«

»O ja, Sir. Ganz gezielt.«

»Und Sie führten die britische Flagge und die des Waffenstillstands?«

»Das tat die *Furious* die ganze Zeit«, antwortete der junge Offizier schnell. »Mein Boot zeigte nur die Waffenstillstandsflagge. Wir haben das Feuer nicht erwidert. Als wir an Bord zurück waren, gab der Kapitän Befehl, außer Schußweite zu laufen. Ein russisches Kanonenboot lief aus, um uns zu beobachten, Sir, und wir verfolgten es. Es verschwand im Dnjepr, nachdem wir es zehn Meilen gejagt hatten. Danach hielt der Kapitän es für richtig, zurück zur Flotte zu laufen und Ihnen und Admiral Dundas Bericht zu erstatten. Kapitän Loring ist jetzt auf der *Britannia*, Sir!«

»Und der Konsul?«

»Wir mußten ihn zurücklassen, Sir!«

»Ich verstehe ... Danke.« Admiral Lyons grüßte. Mit ernstem Gesicht wandte er sich an die Offiziere, die um ihn herumstanden. »Meine Herren, ich muß den Befehlshaber sofort sprechen. Die britische Flagge ist ohne Provokation beleidigt und angegriffen worden, und ich denke, Odessa mit einem Angriff zu drohen, wäre gerechtfertigt, wenn der Krieg erklärt ist. Ich sage ausdrücklich: mit unseren Dampfschiffen mit einem Angriff drohen. Denn dann kann sich Admiral Nachimoff ja wohl kaum noch weiter feige hinter dem Schutz der Festungskanonen von Sewastopol verstecken. Das werden wir schnell herausbekommen, meine Herren, noch ehe wir sehr viel älter sind. Dann wissen wir auch, aus welchem Stoff der Held von Sinop ist.«

Zustimmung wurde laut. Dann gab es erregte Diskussionen. Der wachhabende Offizier unterbrach sie, indem er grüßend die Hand an die Mütze legte.

»Signal vom Flaggschiff, Sir«, informierte er den Admiral. »Sie werden gebeten, sofort an Bord zu kommen. Soll ich Ihre Barkasse klar machen, Sir?«

»Ja, danke, Mr. Douglas.« Sir Edmund Lyons wandte sich an seine Gäste. »Ich verabschiede mich von Ihnen, meine Herren«, sagte er lächelnd, »aber nicht für lange. Erwarten Sie, sehr bald zu einem Kriegsrat an Bord des Flaggschiffs gerufen zu werden, wenn ich mich durchsetzen kann.« Er legte Phillip kurz die Hand auf die Schulter. »Essen Sie bald mal wieder mit mir, Phillip!«

»Danke sehr, Sir.«

Phillip begleitete den Admiral zu seiner Barkasse, und als der mit Flaggleutnant Frederick Maxse nach entsprechenden Zeremonien unterwegs zur *Britannia* war, wurde es unruhig. Die Besucher der *Agamemnon* hatten es eilig, auf ihre eigenen Schiffe zurückzukehren.

Am nächsten Nachmittag, am 9. April, kam die *Niger* aus Konstantinopel mit neuen Nachrichten. Sie wurden Admiral Dundas übergeben, und wenige Augenblicke später wehte aus dem Großmast des Flaggschiffs das lang erwartete Signal aus: »Der Krieg ist erklärt.«

Als Datum der Kriegserklärung in London wurde der 29. März angegeben.

Die britische Flotte begrüßte die Nachricht enthusiastisch. Die Mannschaft der *Albion* war die erste, die ins Rigg aufenterte und dort in laute Hurrarufe ausbrach. Ihrem Beispiel folgten schnell die anderen Schiffe. Die Mannschaft der *Tro-*

jan jubelte so herzlich wie die anderen. Kapitän North sah ohne erkennbares Zeichen von Erregung oder Freude dem Ganzen zu. Nur weil Phillip ihn heftig drängte, erlaubte er widerwillig, daß zum Abendessen eine doppelte Ration Rum an die Männer ausgeschenkt wurde. Doch sonst machte er keinerlei Zugeständnis an den überall sichtbaren jubelnden Optimismus, der von den anderen Schiffen herüberklang. Norths Männer ließen ihren Kommandanten nicht hochleben wie die meisten anderen Mannschaften. Doch das schien ihn keineswegs zu beeindrucken. Wie üblich wurden die Decks morgens vor Tagesanbruch geschrubbt, und die Männer der *Trojan* exerzierten im Rigg, sobald es hell genug dazu war.

Zwei frustrierende Tage folgten, weil die offizielle Kriegserklärung – wie es hieß – die französische Flotte nicht erreicht hatte. So wurde nur der kleine Dampfer *Fury*, sechs Kanonen, detachiert, um Sewastopol zu beobachten. Es herrschte reger Verkehr zwischen den Schiffen und den beiden Flaggschiffen, wo die Admiräle sich mit ranghohen Offizieren berieten.

Am Morgen des 11. April besuchte der französische Oberkommandierende Admiral Hamelin in Begleitung seines Stellvertreters und eines großen Stabes die *Britannia*. Kurz nachdem dann der französische Admiral auf sein eigenes Flaggschiff zurückgekehrt war, ließ Admiral Dundas seine Kapitäne zu einem letzten Kriegsrat zu sich kommen. Sie erhielten den Befehl, zusammen mit der französischen Flotte eine rigorose Blockade über die russischen Schwarzmeerhäfen zu verhängen.

Die *Trojan* erhielt den Befehl, zusammen mit der *Retribution*, einer Schaufelradfregatte mit 28 Kanonen unter dem Kommando des Ehrenwerten James Drummond, der *Niger* unter Commander Leopold Heath und der französischen Dampffregatte *Descartes*, 20 Kanonen, nach Odessa zu laufen. Am Morgen des 13. April lagen sie vor dem russischen

Hafen. Die Nachricht ihrer Ankunft war ihnen offenbar vorausgeeilt, denn oben auf den Klippen hatte sich das Volk versammelt, um das Schauspiel zu beobachten.

Die vier Schiffe hielten sich außerhalb der Reichweite der Küstenbatterien. Man schickte dem Gouverneur, Baron Osten-Sacken, eine Nachricht und verlangte eine Erklärung für den Angriff auf die *Furious* und eine Entschuldigung für die Schmach, die man der britischen Flagge angetan hatte. Ein Boot der *Retribution* übergab die Nachricht einem russischen Schiff, das aus dem Hafen kam. Während alle auf die Rückkehr warteten, kletterte Phillip in den Topp des Großmastes, nahm sein Glas und sah sich den Hafen und was er von der Stadt erkennen konnte, sehr genau an.

An diesem warmen sonnigen Morgen sah alles sehr friedlich aus. Die Menschenmenge an der Küste nahm die Annäherung eines Geschwaders feindlicher Schiffe eher mit Neugier als mit Furcht auf. Die Kanonen schwiegen, obwohl sie bemannt und auf die wartenden Schiffe ausgerichtet waren. Offensichtlich hatten ihre Mannschaften Befehl, keinen Angriff zu provozieren. Wie Phillip entdeckte, war die Stadt unter ihren Bäumen und mit den vielen Gärten von großer Schönheit. Die Häuser waren aus Stein. Der hohe Turm der orthodoxen Kathedrale erhob sich weit über die bunt bemalten Kuppeln und Türme der zahllosen Moscheen und Tempel.

Er beobachtete die Stadt mit gemischten Gefühlen. Er wußte, daß Mademoiselle Sophie dort weilte, und er kannte Sir Edmund Lyons Pläne, die Hafenanlagen anzugreifen. Auf den ersten Blick sahen sie nicht so beeindruckend aus, wie er angenommen hatte. Westlich der Stadt lag hoch oben ein Küstenfort, und in der Bucht standen in Abständen Batterien, so gut plaziert, daß sie jedem das Einlaufen in den Hafen verwehren konnten. Der Hafen selbst war künstlich angelegt. Drei lange Molen erstreckten sich weit in das Meer hinaus. In den beiden Hafenbecken dazwischen lagen Schiffe dicht an dicht. Steinerne Wehrtürme schützten die Molenköpfe mit seewärtigen Öffnungen für die Kanonen. Die gewaltigste lag nördlich der Klippen, die sogenannte Kaiserliche Mole. Ein Fort schützte sie, die Mündungen von sechsundzwanzig großkalibrigen Kanonen blitzten drohend von drüben. Hinter dem Fort lagen der kaiserliche Hafen und die kaiserliche Werft. Auf den Helligen waren Schiffe zu sehen. Zum Rand der Stadt hin erkannte Phillip steinerne Gebäude, wahrscheinlich Kasernen, Marine-Arsenale und ein weiteres großes Bauwerk. Er schätzte, während er mit dem Fernglas den Hafen beobachtete, daß dort sicher zweihundert Schiffe unterschiedlicher Größe Schutz gesucht hatten, in Mehrheit kleine Handelsbriggs und Schoner, die sich im Quarantänebecken gesammelt hatten, einige unter britischer Flagge.

Niger und *Descartes* erkundeten den westlichen Teil der Bucht, und beide kehrten an ihren Ankergrund zurück, als unklugerweise eine Brigg, die etwa fünfzehnhundert Meter vom Land entfernt lag, die russische Flagge setzte, ankerauf ging und in Richtung Land davonsegelte. Die *Niger* nahm die Verfolgung auf, nahm sie geschickt auf den Haken und schleppte sie wieder nach draußen. Dabei kam sie in den Schußbereich einer Batterie von acht Kanonen, die zu Phillips Überraschung das Feuer nicht eröffnete. Die *Descartes* näherte sich, um dem englischen Verbündeten Verstärkung zu geben, doch die russischen Kanoniere machten keinen Versuch einzugreifen. Stolz schleppte die *Niger* ihre Prise und dampfte aus dem Bereich der Batterie. Die Mannschaft der *Trojan* jubelte ihr zu, und die *Retribution* signalisierte: »Gut gemacht, Niger!«

Als auch am nächsten Morgen keine Antwort vom Gouverneur eingetroffen war, gab Kapitän Drummond von der *Retribution* seine Absicht bekannt, weiter vor Odessa zu warten, bis endlich eine Antwort von Land kam. Den Rest seines Geschwaders ließ er die Küste blockieren. Die *Descartes* sollte bis zur Dnjestrmündung laufen, die *Trojan* und die

Niger bis zu der des Dnjepr. Ihre Befehle lauteten, jedes feindliche Schiff, dem sie begegneten, zu stoppen und aufzubringen.

Kapitän North, der von einer Konferenz an Bord der *Retribution* zurückgekehrt war, schien nicht unerfreut über die Chance, Prisengeld zu kassieren als Folge seines Auftrags. Er befahl Phillip, Segel zu setzen, und meinte dann säuerlich: »Hoffen wir nur, Mr. Hazard, daß Commander Heath uns nicht alle Prisen wegschnappt in seinem Ehrgeiz, Kapitän mit vollem Rang zu werden.«

Es ärgerte ihn nicht unbeträchtlich, merkte Phillip, daß Kapitän Drummond – obwohl ein paar Wochen jünger als North – Kommandant dieses Geschwaders geworden war wegen seiner besseren Ortskenntnisse und seiner größeren Erfahrung. Norths Stimmung besserte sich erst merklich, als Odessa hinter ihnen unter den Horizont versank. An seinem Recht, der *Niger* Befehle zu geben, würde nun niemand zweifeln können, denn Leopold Heath war nur Commander, und der Kommandant der *Trojan* nutzte seine höhere Dienststellung den ganzen restlichen Tag aus, bis die beiden Schiffe sich trennten. *Niger* verfolgte ein russisches Transportschiff, das von einem Schlepper gezogen wurde, *Trojan* einen Schoner.

Nigers Objekt verschwand in der Flußmündung, wohin ihr Commander Heath ohne Lotsen nicht folgen konnte. North verfolgte den Schoner erbarmungslos, bis der auf den Strand auflief – gerade außerhalb der Reichweite des russischen Forts von Kinburn, das ein paar vergebliche Schüsse abfeuerte. Das Schiff war voll mit Kohlen, die in die leeren Bunker der *Trojan* umgeladen wurden. Dann befahl North, den Schoner in Brand zu setzen, denn er war zu sehr zerschossen, um als Prise noch Wert zu besitzen. Doch während der nächsten drei Tage wurden fünf kleine Schiffe aufgebracht, zwei leer, die anderen mit Leinsamen, Salz und Hafergrütze. North trieb seine Mannschaft ohne Pause von morgens bis abends an, doch zum erstenmal lehnten sich die Männer dagegen nicht auf, denn sie wußten, daß sie schließlich auch ihren Teil des Prisengeldes abbekommen würden. Sie arbeiteten gut und schnell. Die *Trojan* war sowohl unter Dampf als auch unter Segeln zu schnell für die kleinen Handelsschiffe, die sie verfolgte.

Am 17. April erschien die *Sidon*. Kapitän Goldsmith überbrachte den Befehl, daß die *Retribution* und die *Descartes* ihn zu einem Angriff auf die Batterien in der Sulina-Mündung der Donau zu begleiten hatten. Wegen schlechten Wetters konnte der Angriff nicht vor dem 19. beginnen. Die *Niger* stieß zum Geschwader, und die *Trojan* blieb allein zurück, um vor Odessa und der Dnjepr-Mündung zu patrouillieren. Am 20. brachte die *Sidon* neue Befehle von Admiral Dundas. Die vereinte britische und französische Flotte war auf dem Weg, wie es schien, nach Odessa, und der *Retribution*, der *Trojan* und der *Descartes* wurde befohlen, sofort zu ihr zu stoßen. Die *Sidon*, die beim Angriff vor den Forts der Sulina auf Grund gelaufen und beschädigt worden war, sollte zu Reparaturen nach Warna zurückkehren und war in Begleitung der *Niger*, die tapfer in schweres Feuer gelaufen war und sie in Sicherheit geschleppt hatte.

Abends sah man die beiden Flotten vier Meilen vor Odessa ankern. Auf die Aufforderung an den Gouverneur, alle russischen Schiffe, die im Hafen lagen, zu übergeben und alle britischen, französischen und neutralen Handelsschiffe auslaufen zu lassen, war keine Antwort erfolgt – selbst unter der Androhung eines Bombardements nicht. Folglich wurden nun Vorbereitungen für einen Angriff getroffen. Kapitän North wurde zusammen mit den anderen Kommandanten der Fregatten zu Admiral Dundas beordert, sobald das Geschwader ankerte. Spekulationen blühten an Bord über die Art des Angriffs, und Offiziere und Mannschaften warteten ungeduldig auf die Rückkehr ihrer Kommandanten vom Flaggschiff.

Phillip war sich seltsam widerstrebender Gefühle bewußt,

während er auf neue Nachrichten wartete. Irgendwo an Land, nahm er an, würde Mademoiselle Sophie ebenfalls warten und sich besorgt fragen, was sich aus all dem entwikkeln würde. Selbst wenn sie den Wald aus Masten und Rahen nicht sehen konnte, der die Lage der Flotte anzeigte, würde ihr sicher die drohende Nähe großer Schiffe bewußt sein und die Tatsache, daß der Gouverneur das Ultimatum nicht beantwortet hatte. Es war schon eine Ironie des Schicksals, daß das Schiff, in dem sie aus England zurückgereist war, höchstwahrscheinlich zu denen gehören würde, die den Angriff eröffneten. Ein unguter Gedanke, bei dem Phillip sich fragte, ob sie die *Trojan* wohl erkennen und wiedererkennen würde, wenn es soweit wäre. Oder hatte man sie außerhalb der Stadt in Sicherheit gebracht? Er würde niemals in Erfahrung bringen können, wo sie sich aufhielt oder welchen Gefahren sie ausgesetzt war.

Unbewegt beobachtete er die ferne Küste. Trotz seines natürlichen Wunsches, den Gegner mit einem entscheidenden Schlag anzugreifen, spürte er, wie in ihm Widerstand dagegen wuchs, persönlich am Angriff gegen die Stadt teilzunehmen, die Mademoiselle Sophie Schutz geboten hatte.

Doch am folgenden Nachmittag wurde ihm klar, daß er genau dazu verurteilt war. North, wie gewöhnlich verschlossen und wenig mitteilsam, hatte ihn nicht eingeweiht und war wieder an Bord der *Agamemnon* zurückgekehrt, wo Admiral Lyons letzte Hand an seinen Angriffsplan legte. Da erschien Tom Johnson mit einem der Boote der *Agamemnon*. Er begrüßte Phillip fröhlich, nachdem er an Bord geklettert war.

»Ich kann nur ein paar Minuten bleiben«, entschuldigte er sich. »Frederick Maxse ist im Auftrag des Admirals auf der *Vauban*, und ich hole ihn gerade ab. Aber ich glaube, es interessiert dich, daß die *Retribution* und die *Trojan* das Geschwader führen werden, wenn der Angriff auf Odessa beginnt. Ihr werdet natürlich unter Maschine einlaufen. Doch statt zu ankern, wird jedes Schiff seine Breitseite abfeuern und sich dann aus dem Bereich zurückziehen, während das nächste seinen Platz einnimmt.«

Phillip hob überrascht die Augenbrauen. »Wir sollen nicht ankern? Das ist doch eine ganz neue Taktik, Tom!«

Tom Johnson grinste. »Ohne Zweifel wirst du wissen, wessen Kopf die Idee entsprang. Admiral Lyons kennt den Hafen, und das einzige, was ihn bedrückt, ist die Möglichkeit, daß ihr schwere Verluste haben könntet. Also hat er diesen Plan entwickelt, der die Verluste möglichst gering halten wird. Der Plan ist ziemlich unorthodox, aber die Strategie ist klug, Phillip. Ihr werdet nahe genug an die Küstenbatterien kommen, aber ihr stellt während des ganzen Angriffs ein bewegtes Ziel dar, außerhalb der Reichweite, wenn ihr nachladet, und in Reichweite nur so lange, wie man für das Abfeuern der Breitseite braucht, immer abwechselnd mit den anderen Schiffen des Geschwaders. Hier, Frederick Maxse hat bei einer Skizze geholfen, die zeigt, wie das alles vor sich gehen wird.« Er zog ein gefaltetes Blatt Papier aus der Tasche, das er glattstrich und Phillip zeigte. »Das ganze Geschwader wird sich in einem Kreis von einer halben Meile bewegen, siehst du!«

»Ja, ich verstehe.« Phillip studierte den Plan genau und war von seiner Genialität beeindruckt. »Welche Schiffe werden noch dabei sein, weißt du das schon?«

Tom Johnson nickte. »Es wird eine gemeinsame britisch-französische Operation werden, an der nur Dampf-Fregatten mit wenig Tiefgang teilnehmen. Wie schon gesagt, die *Retribution* und die *Trojan* werden führen, danach werden die *Descartes* und die *Mogador* die Ehre der Franzosen hochhalten, danach kommen *Terrible* und *Tiger* von uns, dann *Vauban* und *Caton* von den Franzosen und schließlich *Furious* und *Sampson*. Die *Highflyer* wird als Reserve zurückgehalten. Hier auf der Skizze siehst du euer Ziel. Es sind die Hafenbefestigungen und das Fort und die Arsenale auf der kaiserlichen Mole ebenso wie die russischen Schiffe, die dahinter Schutz suchen. Und natürlich die Werft, wenn ihr so weit schießen könnt. Doch die Stadt selbst und alle neutralen Schiffe im Quarantäne-Hafen werden verschont.«

Phillip war unendlich erleichtert. »Ich bin sehr dankbar«, sagte er, »daß die Stadt selber verschont wird.«

»Ja, natürlich. Unsere Vorstellung von Krieg ist sicher zivilisierter als das, was in Sinop geschah«, stimmte Tom Johnson zu. »Dafür kann man in der Tat nur dankbar sein. Und zwar Admiral Lyons, der diese Entscheidung getroffen hat, wie Maxse berichtete. Auf seinen Rat hin hat der Befehlshaber entschieden, daß die Linienschiffe nicht an der Bombardierung teilnehmen. Sie stellen nur Raketenschiffe zur Verfügung, deren Feuer Commander Dixon leitet. Das bedeutet, es werden nur militärische Ziele angegriffen, und zwar aus kürzester Entfernung. Also wird die Gefahr gering sein, daß zufällige Treffer in der Stadt einschlagen.«

»Gut«, stimmte Phillip zu. Er faltete den Plan zusammen und gab ihn Johnson zurück. »Wann beginnt der Angriff?« wollte er noch wissen. »Oder hat man das noch nicht entschieden?«

»Das Ultimatum des Befehlshabers läuft bei Sonnenuntergang aus«, erklärte ihm Leutnant Johnson. »Falls der Gouverneur ablehnt und die Schiffe in seinem Schutz nicht übergibt – unsere eigenen und die neutralen eingeschlossen –, dann soll der Angriff morgen früh beginnen, habe ich gehört. Und zwar so früh wie möglich. Die Admiräle hoffen natürlich, daß die Russen telegrafisch Sewastopol informieren, damit die russische Flotte zur Verteidigung von Odessa ausläuft. Falls Nachimoff vorhat, uns etwas vorzumachen: Wir warten schon auf ihn. Also«, er reichte ihm die Hand, »ich muß gehen, ich habe versprochen, Frederick nicht warten zu lassen. Viel Glück morgen, Phillip. Ich bin sicher, die *Trojan* wird sich tapfer schlagen.«

»Danke, Tom«, sagte Phillip aus tiefstem Herzen. »Ich bin

dir mehr als dankbar dafür, daß du mich ins Bild gesetzt hast. Kapitän North, weißt du, nun ja ...«

»Nachdem ich deinen Kommandanten kennengelernt habe, wundert mich nichts mehr«, meinte Tom Johnson trocken. »Er ist nicht sehr mitteilsam, vor allen Dingen nicht Jüngeren gegenüber.«

»Nein, ganz bestimmt nicht. Aber ...«

»Ich mag ihn nicht«, gab der Erste Offizier der *Agamemnon* zu. »Und da ich sowieso bei dir vorbei mußte, wollte ich sicherstellen, daß du weißt, was uns bevorsteht. Aber«, er stand jetzt an der Relingspforte über seinem wartenden Boot und sah Phillip ernst an, »ich dachte mir auch, daß du dich für die Passagiere interessierst, die ihr aus England mitgebracht habt und die die *Furious* hier kürzlich absetzte. Ich dachte mir, daß es dich bedrücken würde, wenn ihr die Stadt bombardieren müßtet, in der sie Aufnahme fanden. Der Gedanke würde keinem unserer Schiffe behagen. Ich hoffe, ich konnte deine Befürchtungen zerstreuen. Wenn die Passagiere noch in der Stadt sein sollten, dann sind sie nicht ernstlich in Gefahr.«

»Ich stehe sehr in deiner Schuld, Tom.«

»Unsinn, mein Lieber. Das ist doch das mindeste, was ich für dich tun kann.« Tom Johnson schwang sich in das Boot, nahm im Heck Platz und hob grüßend eine Hand, als es ablegte.

Phillip kehrte auf das Achterdeck zurück. Martin Fox hatte gerade die Wache übernommen und überfiel ihn jetzt mit einer ganzen Salve von Fragen.

»Lassen Sie bitte den Artillerieoffizier kommen, Mr. Fox«, befahl Phillip formell und legte ihm wie bedauernd den Arm um die Schultern. »Morgen, Martin, werden wir als vereinigtes Dampfgeschwader Odessa bombardieren. Aber bis dahin gibt es noch viel Arbeit für uns, also laß alle Mann auf Station kommen. Wenn Sutherland da ist, werde ich den Angriffsplan erläutern, den Admiral Lyons ausgearbeitet hat. Ich habe ihn eben erst erfahren. Er ist unorthodox, aber ich glaube, wir werden Erfolg haben. Die Stadt wird übrigens verschont.«

»Und ich hoffe, unsere liebe kleine Großfürstin auch«, antwortete Fox ganz ernst. Er gab mit einem grimmigen, schwachen Lächeln die nötigen Befehle …

Am Morgen des 22. April war es noch sehr dunkel, als dem Geschwader der Dampffregatten »Klar zum Gefecht« befohlen wurde.

Auf der *Trojan* machten sich die Männer mit grimmiger Entschlossenheit an die Arbeit. Sie mischte sich mit Vorahnungen – sowohl bei den erfahrenen Männern als auch bei denen, die noch nie gekämpft hatten.

In der Mittelwache wurden die Hängematten nach oben gebracht und in den Finknetzen gestaut, die Decks wurden gesandet. Nach einem vorgezogenen Frühstück bei Laternenlicht – das zu genießen nur den Hartgesottensten gelang – wurden die Kombüsenfeuer gelöscht. Messetische und Hokker wurden an den Balken über dem Deck festgezurrt und die Zwischenwände niedergelegt. Die Trommeln schickten jedermann auf seinen Posten, und der Arzt und seine Assistenten nahmen die Kajüte der Fähnriche im Unterdeck in Besitz. Hier schoben sie vier Seekisten zu einem Operationstisch zusammen.

Unter Deck wurden die mit Filz bedeckten Kupfertüren zu den Magazinen geöffnet, und die wachhabenden Seesoldaten traten zur Seite. Bald schlängelte sich eine Reihe von Pulver- und Munitionsträgern durch die dunklen und engen Gänge im Inneren des Schiffs, um die Kanonen mit Pulver und gefüllten Kartuschen zu versorgen. Auf dem Hauptdeck und dem Oberdeck sammelten sich die Mannschaften bei ihren Kanonen, je sechs Mann an einer Kanone. Sechs weitere Männer halfen, sie auszurennen, auszurichten oder ihren Winkel zu verändern. Die Schoner wurden aus den Mündungen entfernt, die Zündlöcher gesäubert, die Eimer halbvoll mit Sand gefüllt, damit sie die glühenden Lunten aufnahmen, sobald die Stückführer sie angezündet hatten.

Admiral Lyons' Plan sah Steuerbord-Breitseiten vor, die nacheinander abgefeuert werden sollten. Am Vorabend hatten Phillip und der Artillerieoffizier deshalb so viele Zweiunddreißigpfünder wie irgend möglich aus den Backbordbatterien entnommen und sie auf der Steuerbordseite von *Trojans* Oberdeck plaziert. Da der Angriff sicher lange dauern würde, hatte Phillip Männer von den Backbordbatterien als Ablösung für die Steuerbordmannschaft vorgesehen. Auch die Pulverträger und die anderen Helfer an den Kanonen kannten ihre Ersatzleute. So war sichergestellt, daß es beim Nachladen und Zielauffassen keine Verzögerung geben würde.

Die Ankerkette stand auf und nieder, und das Geschwader wartete nur auf den Befehl, ankerauf zu gehen. Jetzt wurden die Steuerbordkanonen durch den richtigen Höhenwinkel auf Ziele in 1200 Meter Entfernung eingerichtet. Das geschah auch mit den beiden drehbaren 52-Pfündern auf dem Vordeck. Sie wurden mit Granaten geladen und durch die offenen Stückpforten ausgerannt. Um vier Glasen in der Morgenwache setzte die *Britannia* das erwartete Signal: »Ankerauf und wie befohlen!«

Der Signalfähnrich las mit dem Glas am Auge den Befehl und wiederholte ihn für den Kommandanten. Seine junge Stimme war bemerkenswert ruhig.

»Sehr gut.« North klang gefühllos, und so sah er auch aus. »Machen Sie weiter, Mr. Hazard!«

Die Bootsmannsmaaten setzten die Pfeifen an, und die Kettenglieder klickten durch die Ankerklüse, als der Befehl ausgeführt wurde. Die *Trojan* lief hinter der *Retribution* her auf den kaiserlichen Hafen von Odessa zu. Ihnen folgten die anderen acht britischen und französischen Dampffregatten, die das Geschwader bildeten. Phillip stand bewegungslos auf dem Achterdeck und fühlte seine Bauchmuskeln wie einen harten, schmerzenden Knoten. Als er zu North hinüber schaute, entdeckte er, daß der Mann, dessen Gesicht ständig gerötet war, jetzt leichenblaß aussah, doch maskenhaft wie immer.

Jede Kanone, die sie anvisieren konnte, eröffnete von der Küste her das Feuer, als die *Trojan* und die *Retribution* sich der Mole näherten. Die ersten Salven waren viel zu kurz. Die *Retribution* hielt unbeirrt ihren Kurs, feuerte die erste Breitseite und legte Ruder. Die *Trojan* folgte ihr mit betäubendem Kanonendonner und Decks, die in Pulverdampf gehüllt waren. Er verwehte nur langsam, als sie abdrehte und der französischen Fregatte *Descartes* den Platz überließ. So feuerten nacheinander alle zehn Schiffe ihre Steuerbord-Breitseiten, und jedes lief, wie Admiral Lyons es sich vorgestellt hatte, im Kielwasser des Schiffes voraus.

Der unorthodoxe Plan des Admirals erwies sich als äußerst erfolgreich. Die Kanoniere an Land waren geübt, auf feste Ziele oder ankernde Schiffe zu feuern. Angreifer, die ständig ihre Position änderten, verwirrten sie ebenso wie das schwere Feuer, mit dem sie selber belegt wurden. Sie hatten kaum die richtige Entfernung auf das feuernde Schiff gefunden, da war es auch schon verschwunden. Und in einem sich ständig drehenden Kreis erschien das nächste. So kam es zu einer fast ununterbrochenen Kanonade. Jedes Schiff feuerte auf seinem Kreis von dem Punkt, an dem es dem Feind am nächsten stand, und drehte und lud die Kanonen sofort nach dem Abfeuern neu und lief wieder in den Angriff. Trotz dieser Bewegung und der wachsenden Zielgenauigkeit der Stückführer an Bord antworteten die Russen mit einer lobenswerten Beständigkeit. Die Kanoniere, die die Batterie mit den 26-Pfündern auf der kaiserlichen Mole bedienten, feuerten ununterbrochen: rotglühende Kugeln, Granaten und Kettenkugeln. Selbst wenn die Kettenkugeln weit über Kopfhöhe einschlugen, richteten sie Rahen und Riggs der angreifenden Schiffe übel zu.

Innerhalb einer Stunde stand die französische Fregatte *Vauban* mit zwanzig Kanonen in Flammen, war von einer glühenden Kugel getroffen worden, loderte heftig, mußte den Kreis verlassen und ihr Heil außerhalb der Reichweite suchen. Als Boote der Flotte ihr zu Hilfe eilten, nahm HMS *Highflyer* mit 26 Kanonen ihre Stelle ein. Ein kleiner Dampfer, der eigentlich nur Nachrichten aus Konstantinopel brachte, stritt sich mit ihr um die Ehre. Phillip meinte, im Pulverdampf den Kleinen als die *Banshee* mit zwei Kanonen zu identifizieren. Erst ein Signal vom Flaggschiff, dem sie mit deutlichem Zögern gehorchte, rief sie zurück.

Etwas weiter entfernt von dem im Kreis laufenden Dampfergeschwader hatte die Segelfregatte *Arethusa* mit fünfzig Kanonen die Aufgabe, jedes Schiff abzufangen, das auszulaufen versuchte. Sie wurde von einem Küstenfort unter Feuer genommen. Brillant von ihrem Kommandanten, Kapitän William Mends, geführt, nahm die *Arethusa* unter vollen Segeln den Angriff an. Majestätisch lief sie an und feuerte eine Backbordbreitseite, drehte und ließ ihre Heckkanonen feuern, drehte dann weiter und feuerte eine Breitseite von Steuerbord. Diese klassischen Manöver setzte sie, von der ganzen Flotte dafür bewundert, fort, bis auch sie von einem Signal der *Britannia* zurückgerufen wurde. Sie reagierte noch zögernder als die *Banshee*. Man begrüßte sie jubelnd, als sie zu der ankernden Flotte zurückkehrte.

Im Laufe des Vormittags wurde die *Retribution* getroffen, doch sie kämpfte weiter, konzentrierte ihr Feuer auf die Batterie am Kai des sogenannten Port de Pratique, von dem ein gefährlicher Hagel rotglühender Geschosse gut gezielt zu kommen schien. Phillip machte Kapitän North auf diese Batterie aufmerksam und erhielt die Erlaubnis, die langen 52-Pfünder der *Trojan* auf sie zu richten. Zufrieden konstatierte er einige Treffer, die schließlich sieben der acht schweren Kanonen zum Schweigen brachten.

Die Kanonen auf der Südseite des Forts der kaiserlichen

Mole schossen sich auf die Entfernung der im Kreise fahrenden Schiffe ein, und obwohl der Kreis vergrößert wurde, wurden die *Retribution* und die *Sampson* ein halbes dutzendmal im Rumpf getroffen. Der Fockmast eines französischen Schiffes ging über Bord, und der Kapitän dampfte davon. Die *Trojan* schien zunächst wie von einem Zauber geschützt. Doch dann erhielt sie einen direkten Granatentreffer an Steuerbord des Achterdecks, der nur knapp die Mannschaft des achteren 52-Pfünders verfehlte. Er riß beim Explodieren die Decksplanken auf, und fliegende Splitter verwundeten drei Matrosen.

Sie waren nicht schwer verwundet, aber einer schrie gotteslästerlich laut vor Schmerzen, und Phillip, der zu Hilfe eilte, war entsetzt von dem, was er an seinem Kommandanten entdeckte. Kapitän North hatte einige Schritte entfernt gestanden und war durch das explodierende Geschoß nie gefährdet gewesen, aber jetzt stand er wie angenagelt. Er starrte auf das verkohlte Holz, das zurückgeblieben war, war aschfahl und zitterte völlig unkontrolliert. Doch er riß sich fast sofort wieder zusammen und rief nach dem Arzt. Phillip war überzeugt, daß er in diesem unbewachten Augenblick den wahren North hinter der Fassade des Schikaneurs entdeckt hatte. Er unterdrückte aufsteigende Wut. Wenn das der wahre North gewesen war, dann kann nur Gott der *Trojan* helfen, dachte er resignierend, wenn sie je in härtere Kämpfe als in dieses Gefecht verwickelt werden sollte.

Er kniete neben dem Mann, der so laut geschrien hatte, und tröstete ihn: »Ist ja gut, mein Junge, der Arzt ist gleich da. So schlimm ist es ja nicht.«

North sagte nichts. Nachdem die Verwundeten nach unten gebracht worden waren, wo sie verbunden wurden, verlangte er sofort Ersatz für die Ausgefallenen an der Kanone, drehte sich um und verschwand abrupt. Zehn Minuten später war er wieder an Deck und roch deutlich nach Rum.

Das Bombardement wurde fortgesetzt, scheinbar mit wenig Erfolg. Da signalisierte kurz vor ein Uhr HMS *Terrible*, einundzwanzig Kanonen, Kapitän James McCleverty, sie würde – als die am schwersten bewaffnete britische Fregatte – die Distanz verkürzen und versuchen, das Fort auszuschalten. Sie dampfte bis dicht unter die Mole und hielt ihren Kurs, obwohl ein Schauer von Kugeln und Granaten sie begrüßte und fast zwei dutzendmal auch traf. Sie feuerte nicht, bis sie sieben- bis achthundert Yard vor dem Fort stand.

Die Kühnheit ihres Kommandanten wurde belohnt. Aus ihren vier Schornsteinen stieg dicker fetter Qualm auf, und ihre Räder peitschten wie wild das Wasser. Sie drehte und zielte mit ihrer schweren 68-Pfünder-Lancaster-Kanone und feuerte mit tödlicher Genauigkeit. Dazu kam ein Schauer von Raketen. Die landeten auf einem Schuppen hinten im Fort, der sofort in Flammen aufging. Die Flammen wehten ins Magazin, und das flog mit dumpfem Wummern in die Luft. Die Wucht der Explosion ließ einen Teil des äußeren Walls des Forts zerbröseln, und dann geschah alles weitere in allgemeiner, wilder Verwirrung. Die Garnison floh vor Schrecken, weil eine Explosion nach der anderen alles in die Luft jagte. Die *Terrible* wurde laut jubelnd von den Mannschaften der anderen Schiffe begrüßt, als sie wieder ihren Platz einnahm.

Ein Signal vom Flaggschiff, das die *Sanspareil* weitergab, befahl dem Geschwader, dichter heranzudampfen und die Bombardierung fortzusetzen. Es sollte sich dabei auf die Zerstörung oder Eroberung der russischen Schiffe konzentrieren, die im kaiserlichen Hafen oder in der Werft dahinter lagen. Ein Schiff nach dem anderen gehorchte. In Kiellinie liefen sie an und wurden jetzt Opfer der Kanonen der Quarantänemole, die sie bislang nicht effektiv bestreichen konnten. *Retribution* löste sich, um die Quarantänebatterien zu bekämpfen, und wurde dabei von der *Sanspareil* unterstützt. Obwohl ihr Angriff die russischen Kanonen nicht zum Schweigen brachte, gelang es einer Reihe britischer und französischer Handelsschiffe in dem allgemeinen Durcheinander, aus dem Quarantänehafen auszulaufen. Mutig ließen sie dabei ihre Nationalflaggen auswehen.

Alle anderen Fregatten dampften weiter auf ihr ursprüngliches Ziel zu. Ihnen folgten die Raketenboote, die in Position gerudert oder geschleppt wurden. Eine russische Korvette, die von ihrer Mannschaft aufgegeben worden war, war das erste Opfer. Eine Granate der *Tiger* traf ihr Magazin und blies sie in Stücke. Zwei neue Kriegsschiffe und andere Schiffe, die noch im Bau waren, verbrannten in den Helligen. Eine Brigg, eine Kriegsslup und ein bewaffneter Schoner wurden versenkt. Ein halbes Dutzend anderer Schiffe, bis obenhin voll mit Vorräten, wurde durch das siegreiche Geschwader aufgebracht und in die Bucht geschleppt. Die *Trojan* nahm einen bewaffneten Schoner und machte fünfundzwanzig Gefangene.

Binnen kurzem liefen die Raketenboote in den kaiserlichen Hafen ein. Ein Trupp bespannter Artillerie war zwar erschienen, war abgesessen und hatte unerwartet das Feuer vom Kai aus eröffnet. Doch die Boote wurden hervorragend vom Kommandanten der *Agamemnon* geführt. Im Hafen zerstörten sie Marine- und Armeearsenale und Munition und setzten die Werft in Brand. Eine starke Brise trieb das Feuer vor sich her bis zum unteren Ende der Stadt. Weil die Feuerwehr von Odessa nicht gut und nicht schnell genug war, breitete es sich dort aus. Als bei Beginn der Dämmerung der Befehl zum Abbruch der Aktion und zur Rückkehr zum Ankergrund kam, standen große Teile der Stadt in hellen Flammen. Und flammenzüngelnder Rauch hing schwer über dem Rest.

Phillip blickte zurück auf die Zerstörung, die sie hinter sich ließen. Sein Herz war schwer. Die Erregung, die er während des Einsatzes empfunden hatte, machte Sorgen Platz. Admiral Lyons hat vorgehabt, die Stadt und ihre zivilen Bewohner zu verschonen, dachte er traurig, aber der starke Wind, mit dem er nicht gerechnet hatte, hat das verhindert. Das Feuer hatte sich viel zu schnell ausgedehnt, so daß der Schaden nicht auf militärische Ziele begrenzt bleiben konnte. Unweigerlich würde also, trotz der guten Absichten des Admirals, die Zivilbevölkerung leiden. Das Wissen darum bedrückte ihn sehr. Er fragte sich, ob Mademoiselle Sophie wohl in Odessa geblieben war. Und falls ja – wo mochte sie wohl jetzt sein? Er spürte plötzlich den intensiven Wunsch, ja eine Sehnsucht, an Land zu gehen und nach ihr zu suchen, ein Ansinnen, das ihm nie gestattet worden wäre, wie er wohl wußte.

Neben sich hörte er den Kommandanten mit pulververschmiertem Gesicht und ungewöhnlich zufrieden lächelnd sagen: »So, den Russen haben wir's aber gegeben, Mr. Hazard. Das werden sie sobald nicht vergessen. Und wir haben kaum Schaden genommen. Die meisten Schäden können wir selber in weniger als vierundzwanzig Stunden beheben. Und wir haben keinen einzigen Mann verloren.« Er deutete mit verächtlicher Gebärde auf die verkohlten Ruinen achteraus: »Hoffentlich werden wir Sewastopol bald ähnlich hinter uns lassen. Ich gebe zu, auf den Tag freue ich mich schon.«

»Ich glaube, wir werden es in Sewastopol nicht ganz so leicht haben wie in Odessa, Sir«, widersprach Phillip. »Wir sind heute auf keinen Widerstand der russischen Flotte gestoßen. Aber wenn wir Sewastopol angreifen, ihren Heimathafen, wird das ganz anders aussehen, denke ich, ganz abgesehen davon, daß die Befestigungen sehr beachtlich sein sollen. Kapitän Drummond berichtete, von See her seien sie nicht zu zerstören und ...«

»Fehlt Ihnen der Mut für solch einen Kampf, Mr. Hazard?« unterbrach ihn North mit leiser Verachtung. »Sollen die russischen Schlachtgeschwader nur kommen, je früher, desto besser, sage ich. An uns werden sie sich die Zähne ausbeißen, Schiff für Schiff!«

Phillip vermied seinen Blick. »Vielleicht ist das so, Sir«, begann er, »doch ich glaube kaum ...«

Kapitän North überhörte das. »Nichts gleicht der Ausbildung und der Disziplin in der Royal Navy«, konstatierte er mit voller Überzeugung. »Heute haben Sie den Beweis gesehen, nicht wahr! Oder haben Sie diese Lektion nicht begriffen?«

»Ich habe sie schon begriffen, Sir!«

»Nur weil ich auf strenger Disziplin an Bord dieses Schiffes beharrt habe«, fuhr North fort. »Die Mannschaft hat sich gut geschlagen und getan, was von ihr erwartet wurde. Zwar bin ich noch keineswegs zufrieden mit unserem Standard, aber er ist besser als an dem Tag, als ich das Kommando übernahm. Also schicken Sie alle Mann zum Essen, sobald die Kombüsenfeuer wieder brennen, Mr. Hazard. Und lassen Sie an alle eine doppelte Ration Grog ausschenken als Zeichen meiner Anerkennung für die Art, wie sie sich heute geschlagen haben.«

»Aye, aye, Sir«, bestätigte Phillip. Er durfte nicht an den Ausdruck lähmenden Schreckens im Gesicht seines Kommandanten vor ein paar Stunden zurückdenken. »Danke, Sir,« sagte er pflichtschuldig, »ich werde die Offiziere bitten, das ihren Divisionen auszurichten, Sir!«

Der junge Leutnant Sutherland erschien in diesem Augenblick. Er sah unendlich erschöpft aus, meldete, daß alle Kanonen gesichert seien, und bat um Erlaubnis, seine Stückmannschaften wegtreten zu lassen. North gab mit knappem Nicken die gewünschte Erlaubnis, und weil er kein Lob aussprach, sagte Phillip, wobei er seine Worte sehr sorgfältig abwog: »Der Kapitän hat seine Anerkennung geäußert über die Art, in der Ihre Männer sich heute geschlagen haben, Mr. Sutherland. Er wünscht, daß Sie sie entsprechend informieren, und er hat angeordnet, daß als Zeichen seiner Anerkennung die Grogration heute abend verdoppelt wird.«

Sutherlands erschöpftes, schweißverschmiertes Gesicht leuchtete vor Freude auf, und er dankte.

Als er gegangen war, meinte North mit deutlicher Betonung: »Daß wir im Kampf waren, Mr. Hazard, ist keine Entschuldigung dafür, die Zügel schleifen zu lassen. Das ist hoffentlich völlig klar, auch Ihnen! Nur wenig Dank gebührt Ihnen für den Einsatz und die Disziplin, die inzwischen erreicht wurde. Ich hoffe immer noch, daß ich in Zukunft mit besserer Zusammenarbeit rechnen kann.«

Phillip fürchtete sich vor seiner eigenen Antwort, zog es vor zu schweigen und hoffte, daß er das Deck verlassen würde. Als nichts dergleichen kam, fragte er unverbindlich: »War es das, Sir?«

»Nein, Mr. Hazard, das ist nicht alles. Ich erwarte einen vollständigen Schadensbericht, sobald wir ankern.« Der Kommandant sah mit zusammengekniffenen Augen in den Himmel. »Wir haben heute Mondschein, also werden Sie zum Arbeiten genügend Licht haben!«

»Zum Arbeiten, Sir?« Phillip starrte ihn mit unverhohlenem Entsetzen an. »Aber die Männer sind erschöpft, Sir, sie ...«

North brachte ihn mit einer Handbewegung zum Schweigen. »Es sind Seeleute, keine Kinder, Mr. Hazard, und dies ist ein Kriegsschiff.« Er klang kühl. »Die Wache oben beginnt sofort mit dem Ausbessern von Rahen und Rigg. Geben Sie ihnen eine Stunde zum Essen, und schicken Sie sie dann an die Arbeit.« Es folgte eine ganze Reihe von Befehlen. Mit dünnem Lächeln sagte North dann: »Ich will, daß die *Trojan* das erste Schiff im Geschwader ist, das wieder seeklar meldet. Dann kann der Admiral meinen Wunsch nach einer unabhängigen Patrouille kaum ablehnen. Ich brauche einige Prisen, die ich nicht mit drei oder vier Kommandanten teilen muß.« Er nickte mit dem Kopf, entließ damit Phillip, ohne noch eine Entgegnung zuzulassen. »Also, machen Sie weiter, Mr. Hazard. Ich erwarte, daß das Schiff morgen nachmittag seeklar ist!«

Mit Ausnahme einiger kleiner Ersatzteile für verbrannte und zersplitterte Decksplanken hatte die *Trojan* ihre Reparaturen am folgenden Abend beendet, als die erste Hundewache aufzog. Doch ihr Kommandant war wütend und enttäuscht zugleich, als Admiral Dundas trotzdem seinen Wunsch nicht erfüllte, ohne es zu begründen. Statt dessen wurde sie nach Konstantinopel geschickt als Begleitung für ein paar beschädigte britische Handelsschiffe, die während des Beschusses aus dem Quarantänehafen auslaufen konnten. Zusätzlich nahm sie ein paar Prisen mit, die auf Auktionen den Türken verkauft werden sollten. Am 4. Mai sollte sie mit allen Mannschaften zur vereinten britisch-französischen Flotte vor Sewastopol stoßen.

7

Die vereinten Flotten ankerten bereits seit einer Woche vor der russischen Marinebasis. Doch die feindlichen Linienschiffe hatten klugerweise den Fehdehandschuh nicht aufgegriffen, sondern waren im Schutz ihrer Forts geblieben. Sie unternahmen keinen Versuch, die Kriegsfackel anzuzünden. Admiral Dundas gab schließlich den Forderungen seines Stellvertreters nach, um sie zu Kampfhandlungen zu provozieren. Er gab ihm den Auftrag, ein vereintes Dampfergeschwader in eine Reihe von Überfällen an die Küsten der Krim, Georgiens und Tscherkessiens zu führen.

Admiral Lyons teilte seine Streitkräfte. Er schickte die *Highflyer*, die *Trojan*, *Niger* und *Firebrand* in die Straße von Kertsch im Eingang zum Asowschen Meer. Kapitän Moore von der *Highflyer* hatte das Kommando. Sein Befehl lautete, feindliche Handelsschiffe zu versenken, zu verbrennen oder aufzubringen und militärische Vorräte an Land zu zerstören. Ein zweites Geschwader mit drei französischen Schiffen stand unter dem persönlichen Kommando des Admirals und lief mit ähnlichem Auftrag in die Kaffa-Bucht nordöstlich der Krim-Halbinsel aus.

Keiner der beiden nahm Prisen. *Niger* hatte einen türkischen Lotsen an Bord. Sie entdeckte zwei russische Handelsbriggs, die um Kap Takti segelten, und verfolgte sie, bis sie auf einer Felsbank, die auf keiner Karte eingetragen war, auf Grund lief. Die Mannschaften ihrer Begleiter hatten volle fünf Stunden zu tun, sie von dort zu befreien. Admiral Lyons entschied, mit der *Agamemnon* nach Anapa zu laufen und die *Highflyer* und die *Firebrand* mitzunehmen. Seine Absicht war es, die Küste zu erkunden und zu überfallen und wenn möglich Kontakt mit Schamyl, dem Anführer der Tscherkessen, aufzunehmen, der gerade gegen die Russen revoltierte.

Zu Norths unendlicher Enttäuschung bekam die *Trojan* den Befehl, mit der beschädigten *Niger* zur Flotte zurückzukehren. Widerwillig gehorchte er, beklagte sein Mißgeschick, doch dann blühte seine Hoffnung wieder. Am 11. Mai kam der Befehl, daß die *Trojan* zusammen mit *Tiger*, *Niger* und *Vesuvius* vor der Küste von Odessa patrouillieren sollte.

»Wenn wir es schaffen, uns auf eigene Faust davonzumachen«, verriet er mit ungewohnter Vertraulichkeit Phillip, »können wir vielleicht immer noch ein paar lohnende Prisen aufbringen. Ich denke, wir laufen selbständig nach Odessa. Melden Sie das Mr. Burnaby. Er soll, ehe wir segeln, mit seinen Karten zu mir kommen.«

Die vier Fregatten verließen den Ankerplatz der Flotte gegen Mittag. Kapitän Giffard von der *Tiger* übernahm als der Dienstälteste das Kommando und signalisierte kurz vor Dunkelheit den Kurs, den er die Nacht über zu steuern vorhatte. Man einigte sich zur vollen Zufriedenheit von Kapitän North, daß sich alle vier, wenn sie getrennt werden sollten, am nächsten Tag vor Odessa treffen würden. Doch eine feste Stunde für das Treffen gab es nicht. Als es dunkel wurde, zog North, der seinen eigenen Kurs abgesetzt hatte, sich in so guter Laune zurück, wie man sie seit Monaten nicht bei ihm erlebt hatte.

Doch bei Tagesanbruch lag ein dichter Nebel vor der Küste, und vom Achterdeck des Schiffes konnte man nicht einmal bis zum Bug sehen. Duncan Laidlaw hatte die Morgenwache, und als Phillip kurz nach fünf Glasen zu ihm an Deck kam, hüllte ein undurchsichtiger Vorhang aus weißem Dampf die *Trojan* von allen Seiten ein. Sie lief unter Maschine, wie der Kommandant befohlen hatte, doch mit langsamer Fahrt. Die Ausgucks waren verdoppelt worden, ein Mann stand vorn und warf das Lot. Regelmäßig sang er die Tiefe aus, und Laidlaw fragte, als er diese Vorsichtsmaßnahmen gemeldet hatte, ob er die Fahrt nicht überhaupt aus dem Schiff nehmen sollte, bis der Nebel sich gehoben hatte.

»Man kann ja die Hand vor Augen nicht sehen, die reinste Erbsensuppe«, meinte Laidlaw, und Phillip stimmte stirnrunzelnd zu. Um die Schraube anzuheben, brauchte er die Erlaubnis des Kapitäns. Also ging er, um sich mit dem Master zu beraten und die Karten zu studieren. Sie waren augenscheinlich nicht in Gefahr, auf Grund zu laufen. Doch er mußte an die *Niger* denken und entschied sich, kein Risiko einzugehen. Also schickte er den Fähnrich der Wache mit einer Meldung zum Kommandanten, um dessen Wünsche zu erfahren. Sollten die Maschinen weiter laufen? North kam nicht an Deck, sondern befahl nur »Maschinen aus«.

Um acht Uhr wechselte die Wache, und Anthony Cochrane löste Laidlaw ab. Das Schiff lag beigedreht, und Phillip ging zum Frühstück nach unten. Endlich hatte er mal Zeit, diese Mahlzeit in Ruhe einzunehmen. Martin Fox leistete ihm Gesellschaft. Als er an Deck zurückkehrte, hörte er überrascht Kanonenschüsse reichlich nahe, und er pfiff Cochrane an, daß er ihn nicht sofort informiert hatte.

»Es tut mir leid, Sir«, entschuldigte sich der. »Aber es begann eben erst, und ich habe nicht sonderlich darauf geachtet. Wir sind ja nur ein paar Meilen von Odessa entfernt, und da nahm ich an, die Garnison macht Probeschüsse. Das sind doch keine Schiffskanonen, Sir!«

Phillip lauschte. Der wirbelnde Nebel verzerrte jeden Laut. Doch er war überzeugt, daß der Kanonendonner nicht aus Odessa kam, das immer noch vier oder fünf Meilen westlich von der Schiffsposition lag. Er konnte das Krachen von Musketen hören und das dumpfe Grollen von Kanonen. Er dachte angestrengt nach und versuchte, sich die Küste vorzustellen. Wenn seine Erinnerung ihn nicht täuschte, dann gab es auf dieser Seite kein Fort. Hier fanden sich hohe Klippen und eine felsenreiche Uferlinie, hinter der niemand lebte. Es gab also für den Kanonendonner, der jetzt die Stille des Nebels zerriß, keine logische Erklärung.

Es sei denn, ein britisches Schiff wäre dort auf Grund gelaufen, eines der drei, die wie die *Trojan* zum verabredeten Treffen in Odessa unterwegs waren.

»Holen Sie bitte den Kapitän, Mr. Cochrane«, befahl er kurz. »Hier übt keine Garnison, ich habe keine Zweifel.«

North, der ein paar Minuten später an Deck stand, stimmte ihm zu. Phillip war aber überrascht, als der Kommandant seinen Vorschlag akzeptierte, daß die *Trojan* sich vorsichtig nähern und den Grund für die Schüsse herausfinden sollte. Also wurde die Schraube wieder abgesenkt. Mit drei Knoten Fahrt führte Phillip das Schiff näher ans Ufer. Die Mannschaften gingen auf Station, die Kanonen wurden bemannt. Nach ungefähr einer Meile wurde es so schnell flach, daß der Kommandant sich weigerte, näher unter Land zu dampfen.

»Unsere Karten sind nicht genau genug«, sagte er, »und ich habe keine Lust, in diesem teuflischen Nebel auf Grund zu laufen. Wir können nur ankern und abwarten, bis der Nebel verschwindet.«

»Aber nehmen Sie mal an, ein Schiff unseres Geschwaders ist vor dem Ufer aufgelaufen, Sir«, widersprach Phillip, »dann müssen wir doch etwas unternehmen, um zu helfen.«

»Und was schlagen Sie vor, Mr. Hazard?«

»Mit Ihrer Erlaubnis, Sir, könnte ich mit dem Kutter nahe genug herankommen«, bot Phillip an, und zu seiner Überraschung nickte Kapitän North wieder, zögerte nur ganz kurz.

»Ich teile Ihre Besorgnis, Mr. Hazard«, gab er zu. »Also führen Sie den Kutter, und finden Sie raus, was da los ist.

Aber verwickeln Sie den Gegner nicht in ein Gefecht, wenn er nur exerziert. Wenn *Trojans* Hilfe gebraucht wird, kehren Sie sofort um, und machen Sie mir Meldung. Ich werde in Fünf-Minuten-Abständen ein Horn blasen lassen, damit Sie die Richtung zum Schiff wiederfinden.«

Der Kutter wurde zu Wasser gelassen. Der alles verhüllende Nebel war so dick, daß die *Trojan* bereits nach weniger als einem Dutzend Riemenschlägen aus der Sicht verschwunden war. Phillip stand im Bug, ließ sich durch das Kanonenfeuer leiten und rief Fähnrich O'Hara am Ruder die Richtung zu. Nachdem sie eine Meile gerudert waren, hörten sie Stimmen und nackte Füße, die über ein hölzernes Deck liefen. Doch die Stimmen waren noch zu weit weg, als daß man die Sprache verstanden hätte. Und dann übertönte sie eine lange Salve von Kanonenschüssen. Als sie sich näherten, wurde ihnen klar, daß einige Schüsse von einem Schiff kamen, das auf Grund gelaufen zu sein schien. Phillip war froh, daß sein Instinkt ihn nicht getrogen hatte. Ein Schiff war gestrandet, sicherlich ein britisches aus dem eigenen Geschwader. Er rief den Männern zu, ihr Bestes zu geben, und sie warfen sich mit noch mehr Kraft in die Riemen.

Etwa einhundertfünfzig Meter vor dem Ufer lichtete sich der Nebel. Phillip konnte im fahlen Sonnenlicht oben auf der Klippe sieben oder acht Feldgeschütze ausmachen und grün uniformierte russische Kanoniere, verstärkt durch mindestens zwei Kompanien Infanterie und eine Kavallerie-Schwadron. Die Feldkanonen feuerten nach unten auf die *Tiger*, die hilflos wie ein gestrandeter Wal auf der felsigen Küste lag, einhundertzwanzig Meter von der Steilküste entfernt. Ihr Fockmast war schon weggeschossen worden, und sie konnte sich praktisch kaum verteidigen. In dem vergeblichen Versuch, einen entsprechenden Schußwinkel für seine Steuerbordkanonen zu finden, um zurückzufeuern, hatte Kapitän Giffard sie fast ganz auf die Seite gelegt. Sie lag jetzt auf der Backbordseite. Die Kanonen an Steuerbord zeigten in einem so steilen Winkel in den Himmel, daß sie kaum mit Wirkung abgefeuert werden konnten. Ein einziger 32-Pfünder, der auf dem Oberdeck stand, verteidigte sich tapfer gegen den Gegner. Phillip erkannte sofort, daß die Flagge noch nicht gestrichen war. Zwar wehrte sich die einzige Kanone heroisch, aber gegen die acht dort oben auf der Klippe hatte sie keine Chance. Scharfschützen mit Musketen und Minié-Gewehren lagen am Klippenrand und zielten auf jeden von der Mannschaft, der sich in ihrem Schußbereich sehen ließ. Ein Anker, der achtern hinter der gestrandeten Fregatte auslag, und zwei gekenterte durchlöcherte Boote waren stumme Zeugen des Versuchs der Mannschaft, das Schiff freizuwarpen.

Phillip verlor fast den Mut, als er das Bild sah. Gerade in diesem Augenblick schlug eine Granate in das Vorschiff der *Tiger* und zerfetzte eine Gruppe Matrosen und Seesoldaten, die eine zweite Kanone in Position zerren wollten. Dann folgte ein Hagel glühender Kugeln, und sofort krochen Flammenzungen bedrohlich über das hölzerne Deck. Phillip zögerte, erkannte – oder glaubte es wenigstens – seinen Bruder Graham, der mit anderen zusammen mit einem Schlauch nach vorne rannte, um die Flammen zu bekämpfen.

Sein erster Gedanke war, so nahe wie möglich heranzukommen und so viele Männer wie möglich aufzunehmen. Doch im nächsten Augenblick besann er sich anders. Der Kutter konnte, ohne sich selbst in Gefahr zu bringen, höchstens ein Dutzend Männer aufnehmen. Von der Mannschaft der *Tiger* waren wahrscheinlich viele verwundet. Da ihm sein Verstand sagte, daß auch der Kutter zur Zielscheibe werden würde, wenn die Soldaten an Land ihn erst einmal ausgemacht hatten, wollte er nichts riskieren.

»Drehen Sie um, Mr. O'Hara«, befahl er. »Wir müssen in den Nebel zurück und versuchen, die *Trojan* herbeizulotsen. Wenn sie mit ihren Kanonen die Batterie an Land bestreichen kann, kann sie sie vielleicht vertreiben. Die *Tiger* hat keine andere Chance. Und wir auch nicht. Also rudert um euer Leben, Männer, ehe man uns entdeckt.«

Als Antwort kam ein knappes »Aye, aye, Sir« von O'Hara, doch noch ehe sie den Befehl ausführen konnten, hatten Beobachter oben auf der Klippe den Kutter entdeckt. Rufe waren zu hören, und ein paar Kanoniere richteten ihre Feldkanonen auf dieses neue Ziel aus. Zwischen der *Tiger* und dem Kutter spritzte das Wasser plötzlich unter einem Hagel Schüsse auf, als die Infanteristen das Feuer eröffneten. Eine Granate kreischte über die Köpfe der Männer, eine andere explodierte viel zu früh und fiel ins Wasser, aber zwei Kugeln schlugen ungemütlich nahe ein zu beiden Seiten des Bugs des Kutters. Die Männer pullten wie wild und brauchten die Aufforderung von O'Hara nicht. Der wendete den Kutter, und Phillip rief dem Bootsführer zu, eine Notrakete abzufeuern. Er hatte die vage Hoffnung, daß ihr heller orangefarbener Streifen trotz des Nebels auf dem Achterdeck der *Trojan* erkannt würde.

Es gelang dem Bootsführer, die Zündschnur der Rakete zu entflammen. Der Nebelvorhang, in dessen Schutz sie hineineilten, kam deutlich näher. Die Feldkanonen feuerten von oben eine zweite Salve, weniger genau und breiter streuend als die erste. Die Schüsse gingen harmlos über ihre Köpfe hinweg, mit Ausnahme einer einzigen Kugel, die kurz hinter dem rasenden Boot aufs Wasser schlug. Sie schien völlig ungefährlich, doch dann prallte sie auf dem Wasser ab und näherte sich so langsam, daß Phillip fasziniert und gleichzeitig erschrocken beobachtete, wie sie mittschiffs den Kutter traf, einen Riemen zerschmetterte und in die Backbordseite ein gähnendes Leck riß, genau zwischen Dollbord und Wasserlinie. Wie durch ein Wunder wurde nur einer der beiden hart rudernden Matrosen verletzt, zwischen denen die Kugel verschwand, doch die Bodenbretter waren zerschlagen, und der Bootssteuerer wurde über Bord geschleudert mitsamt Rakete und Lunte.

Wasser drang durch die Löcher ins Boot, und trotz des Versuchs der Mannschaft, das Loch zu stopfen, das die russische Kugel geschlagen hatte, stieg das Wasser schneller als man es ausösen konnte. Phillip wußte, daß sie in wenigen Minuten sinken würden. Wenn das Boot keine Mannschaft mehr tragen müßte, würde es vielleicht lange genug über Wasser bleiben, um den Nichtschwimmern und Verwundeten Halt zu geben, hoffentlich lange genug, bis der Nebel sich soweit gelichtet hatte, daß die *Trojan* sie auffischen konnte. Er zögerte, das Boot aufzugeben, und wußte, daß er schnell handeln mußte, wenn er den Kutter nicht ganz verlieren wollte.

Über dem Krachen einer neuen Musketensalve der Scharfschützen an Land und über dem Stöhnen des Verwundeten hörte er in der Ferne das Signalhorn und erinnerte sich an Kapitän Norths Versprechen, alle fünf Minuten ein Signal blasen zu lassen, um sie zurück zum Schiff zu leiten. Er entschied sich jetzt schnell, trat neben den Verwundeten und griff ihm fest unter die Arme, um ihn in den Bug des Kutters zu heben. Der junge Vollmatrose Lacey, Phillip erkannte in ihm einen Toppgast vom Kreuzmast, sah zu ihm auf und versuchte ein schiefes Grinsen. Sein rechtes Bein war in eine formlose blutige Masse verwandelt worden, um die jemand einen Gürtel geschlungen hatte in der offensichtlich vergeblichen Hoffnung, die Blutung zu stillen. Doch es blieb keine Zeit, sich darum zu kümmern, wenn sie alle überleben wollten.

»Wir müssen schwimmen, Männer«, sagte er. Er mußte brüllen, um sich verständlich zu machen. »Wer gut schwimmen kann, schwimmt auf die *Trojan* zu. Sie steht ungefähr eine Meile südwestlich von uns, und das Hornsignal gibt euch alle fünf Minuten die Richtung. Auch die Nichtschwimmer gehen ins Wasser. Haltet euch am Boot fest. Es sollte oben bleiben, wenn ihr nicht zu viele seid. Der Rest schwimmt in Richtung *Tiger.* Viel Glück. Also ab ins Wasser, der Schlagmann zuerst.«

Phillip hatte vor zu warten, bis die gesamte Mannschaft

den sinkenden Kutter verlassen hatte. Weil er ein guter Schwimmer war, würde er versuchen, die *Trojan* zu erreichen. Aber er fand sich plötzlich bis zur Brust im Wasser. Der verwundete Lacey klammerte sich mit der Kraft des Verzweifelten an ihn. Mit Mühe konnte er sich aus dem atemabschnürenden Griff befreien und schwamm dann in Richtung *Tiger*, wobei er Lacey hinter sich her zog. Etwas, das er zunächst für Regen hielt, schlug in seiner Nähe ins Wasser. Doch dann stellte er ungläubig fest, daß die Russen vom Klippenrand her auf ihn schossen – und Schrapnells benutzten. Glücklicherweise zielten sie schlecht, und er blieb unverletzt. Schließlich erreichte er nach langem Schwimmen endlich die *Tiger*. Zwei Matrosen an den Großrüsten halfen ihm an Bord und erlösten ihn von seiner kraftlosen Last.

Keuchend und atemlos erreichte Phillip die Relingspforte und blickte zurück. Er hoffte – wider besseres Wissen –, daß seine Männer dem mörderischen Hagel von Schrapnellen und Schüssen entkommen waren. Aber er sah keine Köpfe mehr, das Wasser war leer.

Der Matrose, der seinem Blick gefolgt war, sagte dumpf: »Die meisten sind umgedreht, Sir, als die Russen auf sie feuerten. Sie sind zurück in den Nebel. Und sie versuchten, den Kutter hinter sich herzuziehen. Damit haben sie wenigstens eine Chance, eine bessere als wir hier, gegen die mörderischen Teufel da oben, Sir.« Er nickte mit dem Kopf in Richtung Klippen. »Sie benutzen uns zum Üben, nehm' ich mal an. Denn wir haben nichts, mit dem wir zurückfeuern könnten, Sir, und das ist die verdammte Wahrheit.«

Phillip spürte, wie Wut seine Kehle zuschnürte. Natürlich war es so. Er sagte nichts, bis er endlich wieder ruhig atmete und sich ohne Hilfe aufrichten konnte. Er bat, zum Kommandanten gebracht zu werden. »Und dann kümmern Sie sich bitte um meinen Kameraden hier. Er hat viel Blut verloren!«

Die beiden Matrosen der *Tiger* wechselten vielsagende Blicke.

»Ihr Kamerad ist tot, Sir«, sagte der ältere der beiden. »Und Kapitän Giffard wurde schon gleich zu Anfang getroffen, als das Feuer losging. Er ist schwer verletzt, haben wir gehört. Ich bringe Sie zum Ersten Offizier, der hat jetzt das Kommando, Sir.«

Der Erste Offizier der *Tiger* war oben an Deck und leitete, ohne sich um seine eigene Sicherheit zu kümmern, einen Löschtrupp. Er versuchte, die lodernden Flammen zu stoppen, die das Vorschiff der Fregatte einhüllten. Als Phillip ihm zurief, die *Trojan* sei ganz in der Nähe, lächelte er aus rauchgeschwärztem Gesicht.

»Wenn wir durchhalten, bis dieser vermaledeite Nebel endlich verschwindet und die *Trojan* uns zu Hilfe kommen kann, dann hätten wir eine Chance. Aber ich glaube nicht, Mr. Hazard, daß wir ohne große Verluste noch lange aushalten können. Ich wollte schon die Flagge streichen, als ich Ihren Kutter sah. Da glaubte ich, jetzt wäre Hilfe ganz nah. Wenn die *Trojan* uns nicht sofort hilft, dann ...« Er hob müde die Schultern. »Der Kommandant ist schwer verwundet, er hat das linke Bein verloren. Sein junger Neffe, John Griffard, hat beide Beine verloren und stirbt. Ein Bootsmannsmaat und ein Junge sind gefallen, und wir haben mindestens ein Dutzend Verwundete.« Dann deutete er über das verkohlte, zersplitterte Deck. »Unseren Zustand sehen Sie selbst. Wenn das Feuer unser Magazin erreicht, wird keiner am Leben bleiben, der unsere Geschichte erzählen kann. Seien Sie offen, wie groß ist die Chance, daß Ihr Kommandant mit der *Trojan* hier ist, ehe der Nebel steigt?«

Phillip starrte zur See hin. *Trojan* war vielleicht weniger als eine Meile entfernt, aber ohne das Hornsignal, das nicht mehr zu hören war, konnte er nicht einmal die Richtung bestimmen. Die dort an Bord waren, hatten keine Ahnung vom verzweifelten Zustand der *Tiger* und wußten sicher nicht einmal, wie nötig sie gebraucht wurden. Es sei denn, daß jemand aus dem Kutter die *Trojan* erreicht hatte. O'Hara vielleicht, ein guter Schwimmer, tapfer und entschlossen. Phillip seufzte. Es wäre schon ein Wunder, wenn sie ihr Schiff gefunden hätten. Kapitän North würde nicht riskieren, noch dichter unter Land zu laufen, nichts könnte das rechtfertigen, außer dem Beweis, wie gefährdet die *Tiger* wirklich war. Und dann würde er ein Boot haben wollen, das sie führte. Phillip wandte sich an den Ersten Offizier der *Tiger*.

»Kapitän North wird nur dann zu uns stoßen, wenn er die Lage überblickt«, sagte er bedauernd. »Aber wenn Sie mir ein Boot geben könnten, dann, glaube ich, könnte ich meinen Weg zurückfinden und ...«

»Tut mir leid, Hazard.« Müde unterbrach ihn sein Gegenüber. »Wir haben keine seetüchtigen Boote mehr. Sie sind alle zerschossen. Eins haben wir verloren, als wir versuchten, das Schiff loszuwarpen, nachdem wir auf Grund gelaufen waren. Drei Stunden haben wir geschuftet, wissen Sie. Dann haben sie uns gesehen. Eine Kavalleriepatrouille an Land entdeckte uns und schlug Alarm. Sie holten Artillerie, und seitdem liegen wir unter Beschuß.«

»Ohne daß Sie die Möglichkeit hatten, sich zu ergeben?« rief Phillip erschrocken.

Der jetzige Kommandant der *Tiger* wischte sich Schweiß von der Stirn. »Man hat uns die Wahl gelassen, uns entweder mit intakten Kanonen zu ergeben oder zu Staub zerschossen zu werden«, antwortete er verbittert. »Das verlangte so ein arrogantes russisches Prinzchen, das da oben das Sagen hat. Sie können ihn erkennen. Auf dem grauen Pferd. Oberst Prinz Andrei Narishkin oder so ähnlich. Der Kommandant akzeptierte seine Bedingungen nicht und ...« Er unterbrach sich und brüllte dem Löschtrupp etwas zu, als neue rotglühende Kugeln in das geschwärzte Deck schlugen. In wenigen Minuten hatten Rauch und Hitze die Mannschaften von ihren Kanonen vertrieben. Wie ihnen ihr Erster Offizier befohlen hatte, schleppten sie die gefüllten Kartuschen mit sich und warfen sie über Bord.

Ziemlich verzweifelt sagte der Erste Offizier: »Es hat keinen Zweck zu versuchen, noch länger auszuhalten. Ich kann doch nicht zusehen, wie alle meine Männer sterben, während ich nicht einmal das Feuer erwidern kann.«

»Nein«, stimmte Phillip ihm zu. »Sie haben alles in Ihrer Kraft getan, auch alles, was die Ehre verlangt.«

»Ich werde Kapitän Giffard um Erlaubnis fragen, die Flagge zu streichen«, entschied der Erste Offizier, »falls er bei Bewußtsein ist. Falls nicht, nehme ich es auf meine Kappe, um weitere nutzlose Verluste zu vermeiden. Die Hälfte unserer Kanonen ist schon über Bord. Wir werden den Rest vernageln und sie auch über Bord werfen. Die Russen werden sie nicht bekommen, sie haben schon zu viel von uns genommen.« Er schaute in den Großmasttopp. Dort wehte immer noch die Nationale. Sein Stimme klang heiser. Er unterdrückte seine Gefühle und sagte: »Wenn doch bloß der Nebel sich heben würde. Dann könnte die *Trojan* uns sehen. Aber er wird sich nicht rechtzeitig genug heben, Hazard, was meinen Sie?«

Phillip konnte nur den Kopf schütteln. Allein gelassen schloß er sich dem Löschtrupp an, half an einem der Schläuche und fand plötzlich Graham neben sich, den er erst nach einer Weile unter einer dicken, verschmierten, schwärzlichen Schicht im Gesicht erkannte. Sie sahen sich an, und Graham lächelte müde mit aufgesprungenen Lippen.

»Schön, daß wir uns wiedersehen, Phillip. Ich wünschte nur, es wäre irgendwo anders.«

»Finde ich auch«, stimmte Phillip zu.

Graham wischte sich mit der Hand über das verschwitzte, verschmierte Gesicht. »Wo ist die *Trojan*? Zu weit weg, um uns zu retten, oder?«

»Sie ist weniger als eine Meile entfernt, Graham. Aber bei diesem verdammten Nebel könnten es ebensogut fünfzig sein.«

»Genau das habe ich befürchtet«, erwiderte Graham, seine Stimme war rauh vor Enttäuschung, während er auf die Flammen schaute, die sich schnell ausbreiteten. »Was meinst du, werden wir den Flammentod sterben, während wir die britische Flagge heroisch verteidigen? Oder sollen wir uns ergeben und als russische Kriegsgefangene bis zum Ende des Krieges schmachten? Nur weil ...«

Ein lauter Befehl vom Achterdeck übertönte seine Worte. Die britische Flagge wurde gestrichen und nach kurzem Zögern an ihrer Stelle die russische gesetzt. Das Feuer von Land aus wurde weniger und erstarb schließlich ganz, als ein löchriges Boot mit weißer Flagge die *Tiger* verließ.

Als das Boot nach längerem Verhandeln mit den Russen zurückkehrte, erhielt die Mannschaft der *Tiger* den Befehl, an Land zu gehen und sich zu ergeben. Wie zum Tort hob sich plötzlich, gerade als das erste Boot unterwegs zum Ufer war, der Nebel, und weniger als eine Meile entfernt achteraus war die *Trojan* zu erkennen und noch eine Meile weiter draußen die *Vesuvius*. Beide lagen noch vor Anker, aber schon unter Dampf. Vom Mast der *Trojan* sah Phillip ein Signal auswehen, das er bitter entzifferte: »Wie kann ich Ihnen helfen?«

»Vor einer halben Stunde hätte ich Gott auf den Knien für diese Erlösung gedankt. Jetzt ...«, sagte der Erste Offizier der *Tiger*, das Glas am Auge. Er setzte es ab und vollendete den Satz nicht. »Ihr Kutter ist dort, oder was von ihm übriggeblieben ist, Hazard. Also werden auch ein paar von Ihren Männern zurück an Bord gekommen sein. Leider nicht rechtzeitig genug, schlimm für uns ...« Wieder vollendete er den Satz nicht.

Mit hängenden Schultern ging er wie ein alter Mann davon, um zu überwachen, wie der Kommandant und die anderen Verwundeten in das wartende Boot getragen wurden.

Phillip blieb, wo er war. Er beobachtete, wie die *Niger* aus Richtung Odessa herandampfte und wie auch sie ein Signal setzte, mit dem sie Hilfe anbot – tragischerweise viel zu spät. Weil alle drei Fregatten keine Antwort von der *Tiger* erhielten, die sich ergeben hatte, näherten sie sich vorsichtig. Die Stückpforten standen offen, und die Mannschaften waren auf ihren Plätzen. Gläser suchten den Strand und die Klippen ab, die Signale wurden wiederholt. Die *Niger* änderte den Kurs und rannte ihre Backbord-Kanonen aus, richtete sie auf die Batterie auf den Klippen, aber feuerte nicht.

Phillip maß die Entfernung bis zur *Trojan* und zog seine tropfnasse Uniformjacke aus. Er gehörte nicht zur Mannschaft der *Tiger* und glaubte, er würde die Vereinbarung, sich zu ergeben, nicht brechen, wenn er versuchte, zu seinem eigenen Schiff zurückzuschwimmen. Er hatte mit der Jacke über dem Arm gerade die Reling erreicht, als Graham, der offenbar seine Absicht erkannte, ihm etwas zurief, was er nicht verstand. Er deutete aufgeregt auf das Ufer. Entsetzt stellte Phillip fest, daß die russischen Kanoniere sich wieder an ihren Kanonen sammelten. Das erste Gerät, das noch immer auf das qualmende Deck der *Tiger* gerichtet war, eröffnete mit einer Granate wieder das Feuer. Die anderen Kanonen folgten ihrem Beispiel, und ein Hagel von Geschossen, darunter glühende Kugeln, prasselte auf das Vorschiff.

Die Schüsse sollten offenbar die anderen britischen Schiffe warnen, näher zu kommen oder zu versuchen, die Männer der *Tiger* zu retten. Die meisten von ihnen waren zu diesem Zeitpunkt entweder schon an Land oder bewegten sich in den schwerbeschädigten Booten dahin. Phillip holte tief Luft. Ein paar Männer, sein Bruder Graham eingeschlossen, waren hiergeblieben. Er zögerte mit seinem Vorhaben, über die Seite ins Wasser zu gleiten. Die letzte Salve der russischen Batterie an Land hatte das Feuer wieder entfacht, das sie so verbissen zu löschen versuchten. Zwei Verwundete, um die sich der Assistent des Arztes aufopfernd kümmerte, lagen gefährlich nahe an der Stelle, an der das Feuer wieder aufgelodert war. Wenn man sie nicht holte, würden sie vom hinteren

Teil des Decks abgeschnitten werden und damit von den Booten.

Auch Graham erkannte die Lage. Er ging nach vorn. Obwohl er wußte, daß er damit seine eigene Chance zu entkommen gefährdete, konnte Phillip seinen Bruder in dieser Situation nicht allein lassen. Phillip ließ seine Jacke fallen und folgte ihm. Er sah und hörte die Granate nicht, die wenige Schritte hinter ihm ins Deck schlug. Er hörte sie nur explodieren und fühlte einen brennenden Schmerz in seiner rechten Seite. Er stolperte, unterdrückte einen Schmerzensschrei und versuchte vergeblich, sein Gleichgewicht zu halten. Dann spürte er, wie ihn alle Kraft verließ, und er fiel, wie er meinte, aus großer Höhe.

Seine letzte Erinnerung, ehe das Bewußtsein ihn ganz verließ, wár ein durchdringender Schrei, den er nicht mehr als seinen eigenen erkannte. Und dann griffen Hände nach ihm, wollten ihn halten, doch er versuchte, ihnen zu entkommen.

Von ganz weit her fragte eine freundliche Stimme: »Und wie geht es Ihnen heute, alter Freund?«

Eine zweite Stimme beantwortete aus größerer Nähe die Frage. »Er ist nicht bei Bewußtsein, Sir, sein Zustand hat sich nicht verändert. Die Kopfverletzungen sind schwer, leider. Gestern abend habe ich ihm die Granatsplitter aus der Hüfte entfernt, nachdem sie uns hierher gebracht hatten. Aber die Wunde ist zu weit oben, als daß ich amputieren könnte. Wenn er Wundbrand am Bein bekommt, dann ...« Die Stimme verstummte.

Phillip konnte raten, was der unvollendete Satz meinte, und konnte sich das resignierende Schulterzucken vorstellen, das ihn begleitete. Er hatte schon Wunden gesehen mit Wundbrand und fragte sich mitleidig, über wen die beiden Männer wohl sprachen.

Die erste Stimme, die ihm bekannt vorkam, obwohl er sich nicht erinnern konnte, wo er sie schon gehört hatte, fuhr fort: »Dann schickt er also mit der *Vesuvius* keine Briefe, fürchte ich. Und wie ist's mit Ihnen, Dr. Lawless? Wenn Sie sie fertig haben, kann ich sie mitnehmen und sie zusammen mit meinen an Bord schicken lassen.«

»Ich danke Ihnen sehr, Sir, aber der Arzt hat vor etwa einer Stunde schon alles mitgenommen, was ich geschrieben hatte. Wir glaubten, die *Furious* würde gleich auslaufen. Ich wußte nicht, daß die *Vesuvius* noch hier ist.«

Furious? Vesuvius? Phillip wunderte sich über die Namen und hörte die beiden Stimmen immer noch wie aus weiter Ferne. Er hörte die erste Stimme: »Commander Powell war einverstanden, auf Neues von Kapitän Giffard zu warten, und der Gouverneur war einverstanden. Ich wünschte nur, daß die Nachrichten etwas hoffnungsvoller klängen. Seine Frau ist in Therapia, wissen Sie. Dies wird für sie ein schlimmer Schock sein.«

»Ja, Sir, zweifellos. Ich fürchte, er wird's nicht sehr viel länger machen. Der Arzt ist an seinem Bett, falls Sie mit ihm reden wollen.«

»Ich habe ihn schon gesprochen, Doktor, und auch kurz mit dem Kapitän geredet. Er hat nur ein Thema: die Freundlichkeit und das Entgegenkommen des Gouverneurs seit seiner Gefangennahme. Er wollte wissen, ob man sich um seine Männer genauso kümmert. Ich konnte ihm versichern, daß das der Fall ist, und er schien erleichtert. An sich denkt er offenbar überhaupt nicht.«

»Nein, das tut er in der Tat nicht, Sir. Der Gouverneur hat ihn heute morgen höchstpersönlich besucht, wie Sie vielleicht wissen. Mit der Baronesse Osten-Sacken. Ihre Exzellenz brachte alle denkbaren Delikatessen aus ihrer eigenen Küche mit in der Hoffnung, daß man Kapitän Giffard zum Essen überreden könnte, aber ...« Wieder blieb der Satz unvollendet wie eben, doch die Andeutungen waren nur allzu deutlich. »Sie hat sogar angeregt, ob nicht Mrs. Giffard hierher kommen könnte.«

Phillip versuchte, sich aufzurichten, doch das gelang ihm nicht. Ihm schien, als drücke ihn ein großes Gewicht auf der Brust nieder. Der Versuch, mit den beiden in seiner Nähe Kontakt aufzunehmen, mißlang auch. Der Raum war abgedunkelt, und er konnte keinen der beiden sehen. Doch er fuhr fort, ihrem Wortwechsel zu lauschen, und identifizierte die erste Stimme als die des Ersten Offiziers der *Tiger.* Er erinnerte sich auch, daß Baron Osten-Sacken Gouverneur von Odessa war. *Odessa?* Verwirrt versuchte er wieder, sich aufzurichten, doch das Gewicht auf seiner Brust drückte ihn nieder.

»Der arme Kerl ist bewußtlos«, sagte der Arzt, »aber so weiß er wenigstens nichts von allem.«

»Der junge Giffard tot, der junge Hood, Trainer, Tanner und der Junge von der *Trojan*, der Kapitän und mit hoher Wahrscheinlichkeit auch Ihr Patient hier«, sagte der Erste Offizier bitter, »das ist gewiß ein hoher Preis, Mr. Lawless, den wir für den Irrtum zahlen müssen. Und alles nur wegen des Nebels und aufgrund einer ungenauen Karte. Doch wenigstens haben sie das Schiff nicht erobert. Sie ist ausgebrannt, also kann man sie auch als Prise nicht mehr nehmen. Sie konnten ganze drei Kanonen erobern und zwei auch noch aus dem Wasser hieven. Ich sah, wie man sie in die Stadt brachte. Die Leute säumten den Weg und jubelten wie verrückt, als gelte es, einen bedeutenden Sieg zu feiern.«

»Sie dürfen sich also ziemlich frei draußen bewegen?«

»Ja, Mr. Lawless, das darf ich. Ich habe mein Ehrenwort gegeben. Das würde ich auch allen Offizieren anraten, wenn man ihnen Bewegungsfreiheit anbietet, was wohl bald der Fall sein wird, wie ich glaube. Wir wissen nicht, wie lange wir hier als Gefangene bleiben müssen.«

»Und die Männer, Sir?« hörte Phillip Doktor Lawless fragen.

»Die Männer dürfen sich innerhalb der Stadt frei bewegen. Ich sehe sie täglich. Mit vollem Einverständnis des Gouverneurs.«

»Und diese Stadt haben wir vor weniger als drei Wochen bombardiert und in Flammen aufgehen lassen. Der Gouverneur zeigt sehr viel christliche Vergebung, oder etwa nicht?«

»In der Tat sehr viel, Doktor. Ich gebe zu, ich bin überrascht, wie zuvorkommend Seine Exzellenz einen Gegner behandelt, aber der Gouverneur ist ein Herr der alten Schule. Ich bin eingeladen, heute abend mit ihm zu speisen. Wir wollen dann besprechen, ob es sinnvoll ist, Kapitän Giffard in seine Residenz zu verlegen und die Fähnriche und Kadetten ebenso. Seine Exzellenz meint, wegen ihrer Jugend sollten sie nicht länger als nötig hier bei den Kranken und Verwundeten bleiben. Man spricht sogar davon, sie nach St. Petersburg zu schicken, wenn ihre Gefangenschaft noch länger dauern sollte.«

»Es ist fast unglaublich, Sir!« rief Lawless aus. »Nach all den Geschichten, die man über russische Barbareien hört.«

»Aus allem, was der Gouverneur mir sagte, entnehme ich«, fuhr der Erste Offizier der *Tiger* fort, »daß er dankbar dafür ist, daß wir unseren Angriff nur auf militärische Ziele richteten und nur Fregatten für die Bombardierung einsetzten. Das Feuer, das einen Teil der Stadt zerstörte, brach zufällig aus. Seine Exzellenz weiß das und ebenfalls, daß seine eigene Feuerwehr nicht geübt genug war, es unter Kontrolle zu bringen. Seine Exzellenz erzählte mir, daß er erwartete, wir würden die ganze Stadt zerstören aus Rache für Sinop ...«

Plötzlich verstummte die Stimme, und Phillip mochte sich anstrengen, wie er wollte, er konnte nichts mehr hören. Da ihn jetzt nichts mehr ablenkte, sank er in Schlaf zurück.

Danach lief alles sehr durcheinander. Er schlief und wachte, hörte Stimmen und verstand manchmal, was sie sagten. Doch häufiger war das nicht der Fall, und sein Leben wurde einem Traum immer ähnlicher, indem er jedes Gefühl für Zeit verlor und jedes Gespür für die Realität. In seinen seltenen wachen Augenblicken spürte er Schmerzen, die manchmal unerträglich schienen. Aber sie hörten wieder auf, und er fühlte sich wohl, außer wenn er tief Luft holen wollte. Dann lag wieder das Gewicht auf seiner Brust. Sein Körper wurde taub und träge, er spürte kaum noch etwas, und seine Sinne wanderten losgelöst durch eine Traumwelt voller Geister, in der es weder Tag noch Nacht gab.

Einige Geister konnte man an Stimmen oder durch Berührungen identifizieren. Er erkannte die sanften, erfahrenen Hände von Lawless, dem jungen Assistenzarzt von der *Tiger*, die ihm Erlösung brachten, wenn der Schmerz sich in ihn grub. Manchmal drang auch die Stimme seines Bruders Graham durch den Nebel, der sein Gehirn umgab. Doch er verstand nur selten, was sein Bruder sagte. Alle anderen Stimmen waren fern und unverständlich, benutzten eine fremde Sprache, der er nicht folgen und die er nicht übersetzen konnte. Er spürte, daß man ihn freundlich und mitfühlend behandelte, aber das war alles, was ihm an Eindrücken blieb.

Der einzige Geist, der durch seine Träume zog, dessen Stimme ihn erreichte und dessen Gegenwart real schien, war ironischerweise der, von dem er mit absoluter Sicherheit wußte, daß es sich wirklich nur um einen Geist handeln konnte. Oder es war ein Phantasiegespinst. Phillip sagte sich, daß Mademoiselle Sophie nicht hier sein konnte. Es war völlig unvorstellbar, daß eine russische Großfürstin, Mitglied der Familie des Zaren, stundenlang an seinem Bett saß und sich nur bewegte, wenn es sein mußte, um einen Schluck Wasser an seine ausgetrockneten Lippen zu halten oder ihm mit ihrer Hand die heiße Stirn zu kühlen. Es war sicherlich nicht vorstellbar, daß Mademoiselle Sophie zu ihm mit ängstlicher Zuneigung sprach, daß sie ihn mit Namen rief und ihn mit tränenerstickter Stimme bat, ihr zu antworten. Und es war noch weniger vorstellbar, wie Phillip sehr genau wußte, daß sie, wenn seine Schmerzen unerträglich wurden, mit ihrer Hand seine Hand umklammerte und weinte.

Doch diese Träume waren für ihn reines Glück, er fühlte sich wohl und klammerte sich mit allen schwachen Kräften an sie. Er ließ seiner Phantasie freien Lauf, er sah ihr Gesicht, hörte ihre Stimme und fand Vergnügen an der Vorstellung, daß sie ihm nahe war und sich um ihn sorgte. In seiner Phantasie unterhielt er sich lange mit ihr, beantwortete ihre mitfühlenden Fragen über seine Fortschritte, führte mehrmals mutig ihre Hand an seine Lippen und küßte sie. Er kümmerte sich nicht um die gemurmelten Proteste der Baronesse von Mauthner und einer zweiten älteren Dame, die er nicht kannte. Deren gelegentlicher Auftritt machte seine Träume weniger angenehm. Doch meistens spürte er nur Mademoiselle Sophie, und er erwartete sie fiebernd. Die Zeit zwischen ihren Besuchen schien immer endlos.

Dann endete der Traum so plötzlich, wie er begonnen hatte. Mademoiselle Sophies Besuche hörten überraschend auf, und Phillip fühlte sich allein gelassen. Sie kam eines Tages – oder war es in einer Nacht, er war sich nicht sicher – zu ihm, blieb nur einige kurze Augenblicke und setzte sich nicht, wie sie es sonst tat, auf den Stuhl an seinem Bett. Ihr Gesicht lag im Schatten, und er konnte nicht erkennen, was sie bewegte.

»Phillip.«

Er hörte ihre Stimme. Sie war unklar, schien aus weiter Ferne zu kommen. Und obwohl er sich mit aller Kraft zwang, zu verstehen, was sie sagte, bedeuteten ihre Worte nichts.

»Phillip, ich weiß nicht, ob du mich verstehen oder hören kannst. Morgen ist mein Hochzeitstag. Ich werde hier in der Kathedrale heiraten und muß dann abreisen. Ich kann nicht anders, verstehst du. Ich muß meinen Mann begleiten. Zuerst nach St. Petersburg, wo wir uns Onkel Nikita vorstellen, um seinen Segen zu empfangen. Und dann: Ich weiß nicht. Wir reisen vielleicht nach Sewastopol oder nach Georgien, überall wird gekämpft.«

Sie klang überaus traurig, Phillip streckte seine Hand aus, um die ihre zu finden, weil er ihr Trost spenden wollte. Sie fühlte sich kalt an und zitterte. Sie ließ ihn einen Augenblick gewähren und zog sie dann zurück.

»Wir werden uns nicht wiedersehen, Phillip«, sagte ihm Mademoiselle Sophie mit Endgültigkeit. »Wir können uns nie mehr treffen, ich kenne meine Pflichten.«

Ihr Gesicht war nicht länger das eines Kindes. In seiner Trauer war es das einer erwachsenen Frau, mutig und entschlossen, und Phillip begriff, daß sich etwas geändert hatte, ohne den Grund zu kennen.

Sie fuhr fort: »Diesmal ist es nicht ›au revoir‹, diesmal muß ich mich von dir verabschieden. Du wirst wieder gesund und kräftig werden, um meinetwillen, Phillip. Du mußt leben.« Ihre Stimme schien zu kippen. »Es wird mich trösten, wenn ich weiß, daß du irgendwo auf der Welt lebst. Ich werde an dich denken und für dich beten, für dich und deine tapfere *Trojan*. Und eines Tages werde ich wissen, daß du ihr Kommandant bist. Mein Herz wird es mir sagen. Das Herz vergißt nie, Phillip, wie traurig auch immer. Wenn wir wieder Frieden haben, werde ich dir mit den Augen meines Herzens folgen auf deinem Weg zurück nach England. Möge Gott jetzt und immer bei dir sein, mein geliebter englischer Matrose ...«

Sie beugte sich über ihn, und Phillip fühlte, wie ihre Lippen seine Wange streiften.

Auch nachdem sie gegangen war, begriff er kaum, was sie ihm gesagt hatte, und er konnte nicht glauben, daß er sie nie wiedersehen würde. Ihre Worte waren in seiner Erinnerung eingeschlossen, waren wie ein Schatz für ihn, obwohl er sie lange nicht verstehen konnte. Es waren die letzten, die er von ihr gehört hatte. Ganz langsam kam er wieder zu Kräften, und sein Traum, der ihm während seines Fiebers so viel bedeutet hatte, verblaßte langsam. Es war, machte er sich immer wieder klar, eben doch nicht mehr als ein Traum. Als sein Fieber sank und seine Kräfte wuchsen, brauchte er diese Phantasien, die ihn hielten, nicht mehr. Menschen wurden wieder als Menschen erkennbar, nicht nur als Stimmen, die Geister nahmen feste Gestalt an und traten aus den Schatten hervor, und schließlich konnte Phillip sie deutlich erkennen und wieder mit ihnen kommunizieren.

Der erste, mit dem er ein vernünftiges Gespräch führen konnte, war der junge Assistenzarzt der *Tiger*, der ihm vom Tod Kapitän Giffards berichtete.

»Es war eine Tragödie«, sagte Dr. Lawless. »Auf die persönliche Einladung von Baronesse Osten-Sacken kam seine Frau. Die *Retribution* brachte sie so schnell wie möglich hierher, die Arme, aber sie kam zu spät, um ihren Mann noch lebend vorzufinden. Wir taten alles, was wir konnten. Der Arzt verließ ihn kaum, doch der Kapitän hatte nicht Ihre robuste Konstitution, Mr. Hazard. Er erlag der Infektion seiner Wunden und wurde mit allen militärischen Ehren am 2. Juni begraben. Die gesamte Mannschaft nahm an dem Begräbnis teil, die Offiziere trugen den Sarg, die Truppen der Garnison säumten die Straßen wie die Stadtbewohner. Alles zu seinen Ehren. Es war ein bewegendes Ereignis.«

»Die Leute von Odessa standen an den Straßen seinetwegen?« fragte Phillip erstaunt.

»Sie sind uns nicht böse gesinnt«, versicherte der Arzt. »Wir dürfen uns frei in der Stadt bewegen, Offiziere und Mannschaften, und niemand läßt auch nur das kleinste Zeichen von Feindseligkeit uns gegenüber erkennen. Die Offiziere sind gesellschaftlich sehr begehrt und werden häufig zu Bällen, Konzerten oder in Privathäuser eingeladen. Besonders die Fähnriche und Kadetten wurden mit Einladungen förmlich überschüttet, ehe sie nach St. Petersburg in Marsch gesetzt wurden. Unsere Männer haben hier in Odessa erheblich mehr Freiheiten als in Portsmouth oder Plymouth, und kaum einer mißbraucht sie. Und selbst diese Tunichtgute werden von den russischen Behörden sehr sanft behandelt.« Er lächelte. »Das ist natürlich alles dem Gouverneur und seiner lieben Frau zu verdanken. Ihre Güte ist geradezu überwältigend, Mr. Hazard. Sie zum Beispiel liegen jetzt in der Residenz Seiner Exzellenz in einem seiner Gästezimmer.«

Phillip sah sich um. »In der Residenz des Gouverneurs, Doktor? Ich verstehe nicht, ich dachte … Ich bin wohl noch ein bißchen durcheinander!«

»Darüber dürfen Sie sich nicht wundern. Sie waren ziemlich krank, Mr. Hazard«, erklärte Dr. Lawless sanft. »Wir hatten Sie einmal schon fast aufgegeben. Als Seine Exzellenz der Gouverneur davon hörte, ließ er Sie aus dem Lazarett hierher bringen, damit man Sie besser betreuen kann. Und er stellte Ihnen seinen eigenen Arzt zur Verfügung. Seinem Können verdanken Sie Ihr Leben, weniger meinem. Er ist ein brillanter Mann, und er hat sich um Sie gekümmert, seit Sie hier sind.«

»Bin ich schon lange hier?« wollte Phillip wissen.

Der Assistenzarzt nickte.

»Seit fast acht Wochen, Mr. Hazard. Eine explodierende Granate hat Sie verwundet. Splitter drangen in Ihren Kopf, in Ihre Brust und in Ihr rechtes Bein – sehr hoch im Oberschenkel. Eine Infektion entwickelte sich, und Sie bekamen hohes Fieber, das nur wenige Männer überlebt haben würden. Aber Sie haben eine bemerkenswert starke Konstitution … und Sie wollten weiterleben. Das und der Arzt des Gouverneurs haben Sie durchgebracht. Und dann die Fürsorge, mit der die Damen des Hauses Sie umgaben.«

»Die Damen des Hauses?« wiederholte Phillip. Sein Mund war plötzlich sehr trocken.

»Ja, Mr. Hazard, die Baronesse eingeschlossen«, bestätigte Lawless mit Wärme. »Sie waren natürlich noch sehr schwach, aber Sie haben sich hervorragend erholt. In einem Monat etwa werden Sie wieder bei vollen Kräften sein und sich fühlen wie immer. Selbst die Wunde in Ihrem Bein verheilt ausgezeichnet.«

Phillip dankte ihm und stellte weitere Fragen, die ihm der junge Assistenzarzt offen und vollständig beantwortete. Aber Mademoiselle Sophie erwähnte er nicht, sondern fügte nur hinzu, daß Graham viel zu seiner Genesung beigetragen hatte.

»Er vertraute mir an, daß er Ihr Bruder ist. Und er hat sich ununterbrochen um Sie gekümmert, als Sie noch bei uns im Lazarett lagen. Ich habe gehört, daß unser Erster Offizier sein Verhalten bei nächster Gelegenheit dem Befehlshaber melden wird. Er hat sehr viel Mut gezeigt und während des Angriffs auf die *Tiger* mehr als seine Pflicht getan. Und dann hat er noch zwei verwundeten Matrosen das Leben gerettet und auch meines, wie ich sicher weiß. Wir stehen also alle tief in der Schuld Ihres Bruders, Mr. Hazard. Vielleicht wird er wieder zum Offizier bestallt, aufgrund des Berichts des Ersten Offiziers ... wenn wir wieder entlassen sind.«

Auch Phillip gab dieser Hoffnung Ausdruck. »Haben wir Aussicht, bald entlassen zu werden, Doktor?« wollte er wissen.

»Über den Austausch von Gefangenen wird verhandelt«, antwortete Lawless. »Doch wann es soweit sein wird, kann ich Ihnen nicht sagen. Einigen unserer Leute wird die Entlassung überhaupt nicht behagen, so gut sind sie hier behandelt worden.« Er legte ihm beschwichtigend die Hand auf die Schulter. »Aber Sie sollten jetzt zu schlafen versuchen, Mr. Hazard. Es ist nicht ratsam, Ihre Kräfte zu überanstrengen, jetzt, da Sie so gute Fortschritte machen. Viel Ruhe und gutes Essen werden Sie auf die Beine bringen, so daß Sie Ihrem Dienst wieder nachgehen können, wenn wir erst frei sind. Machen Sie also aus Ihrer Genesung in dieser schönen Umgebung das Beste.«

Phillip war dankbar für diesen Rat. Während der nächsten Tage ruhte er nur, speiste gut und kam wieder zu Kräften. Täglich besuchten ihn der Gouverneur und sein Leibarzt, und Diener versorgten ihn von Kopf bis Fuß. Phillip mochte Baron Osten-Sacken und seine gütige und bezaubernde Frau zusehends mehr. Überrascht erfuhr er, daß der Baron aktiver General der russischen Armee war und mehr als dreißigtausend Soldaten unter sich hatte: die Garnison von Odessa. Sie sprachen über den Krieg – und wieder war Phillip überrascht, wie offen der Gouverneur ihm gegenüber war. Er gab zu, daß die russische Armee beim Versuch, Silistria an der Donau zu erobern, eine schmachvolle Niederlage erlitten hatte, und bedauerte außerordentlich, daß ihre Länder sich miteinander im Krieg befanden.

»England hat seine Verbündeten nicht klug gewählt, Mr. Hazard. Es sollte das christliche Rußland, nicht die heidnischen Türken unterstützen. Ein Krieg zwischen unseren großen Völkern kann uns nur beide schwächen und tut letzten Endes keinem von uns gut. Wenn Rußland, Frankreich und England vereint wären, anstatt gegeneinander zu kämpfen, dann wären wir den kranken Mann am Bosporus – wie unser Zar Ihren Verbündeten treffend charakterisiert hat – längst los und könnten das osmanische Reich zwischen uns aufteilen zu unserem Vorteil. Christliche Völker, die so lange schon unter der barbarischen und unmenschlichen Herrschaft des Sultans leiden, wären aus der Sklaverei befreit. Das Schwarze Meer wäre für alle Staaten offen, wenn die türkische Herrschaft über die Pforte am Bosporus erst einmal gebrochen ist.« Bedauernd hob der Gouverneur die Schultern. »Aber so wie es ist, werden Sie die Blüte Ihrer jungen Männer verlieren, wenn Sie versuchen, uns Sewastopol zu entreißen. Und der Krieg wird sich hinziehen. Der russische Bauer wird heldenhaft kämpfen und sein Land bis zum Tod verteidigen. Schon Napoleon mußte diese Lektion teuer bezahlen!«

Phillip hörte ihm aufmerksam zu und dachte später über seine Worte nach. Seine Argumente waren logisch und richtig. Die Russen waren an der Donaufront geschlagen worden und zogen sich auf ganzer Linie zurück. Omar Pascha, der türkische Oberbefehlshaber, nahm siegreich Silistria ein und errichtete sein stark verteidigtes Hauptquartier in Schumla. Konstantinopel war nicht mehr in Gefahr, die britischen und französischen Truppen sammelten sich in großer Zahl in Warna an der bulgarischen Küste, und die alliierte Flotte beherrschte das Schwarze Meer. Die Dampfergeschwader von

Admiral Lyon hatten bei Überfällen an der tscherkessischen Küste kleine Erfolge errungen, doch Sewastopol war noch nicht angegriffen worden, und die russische Schwarzmeerflotte wartete dort hinter beachtlichen Küstenbefestigungen auf die Schlacht, die eines Tages kommen mußte. Das hatte Admiral Lyons geäußert, und der Gouverneur von Odessa schätzte die Lage ebenso ein.

Phillip fühlte sich in seinem Luxuslager nicht mehr recht wohl. Trotz des Komforts seiner Gefangenschaft und der Freundlichkeit seiner Gastgeber sehnte er sich auf das Achterdeck der *Trojan* zurück. Denn wenn der entscheidende Kampf begann, wollte er gern dabeisein.

Der Gouverneur machte ihm ein paar Tage später Hoffnung mit der Nachricht, daß über den Austausch von Gefangenen verhandelt würde. So gab Phillip sich noch größere Mühe, seine Krankheit hinter sich zu lassen. Es war ein schmerzhafter, mühsamer Prozeß, denn er hatte immer noch kaum mehr Kraft als ein Kind. Wenn er versuchte, auf seinem rechten Bein zu stehen, knickte es unter seinem Gewicht ein. Wenn er sich auf einen Stuhl stützte, seine Schmerzen unterdrückte und ein paar Schritte zu gehen versuchte, dann drehte sich der Raum um ihn und ihn schwindelte. Der russische Arzt riet ihm besorgt zu Geduld, auch die beiden Ärzte der *Tiger* drängten ihn, seine Genesungszeit zu verlängern, aber Phillip weigerte sich beharrlich, ihren Rat anzunehmen. Nur gesunde Männer sollten ausgetauscht werden, und er war entschlossen, gesund zu sein, zu welchem Preis auch immer, wenn der Gouverneur die Verhandlungen beendet haben würde. Aus einer zufälligen Bemerkung, die der Erste Offizier der *Tiger* hatte fallenlassen, wußte er, daß hundertachtzig russische Kriegsgefangene repatriiert werden sollten. Also würden rund dreißig Männer der *Tiger* hierbleiben müssen.

»Sie sind herzlich willkommen hierzubleiben, Mr. Hazard«, lud ihn der Gouverneur ein, der zusah, wie sein

Schützling schmerzverzerrt versuchte, ohne Hilfe den Raum zu durchqueren. »Gerade Sie bedürfen besonderer Beachtung, mehr als Ihre Offiziersbrüder. Wenn Sie es wünschen, kann ich dafür sorgen, daß Sie nach St. Petersburg kommen. Dort könnten Sie wie die Fähnriche, die kürzlich noch meine Gäste waren, auf unserer kaiserlichen Marineakademie einen Kurs belegen, bis Sie wieder so gesund sind, daß Sie aktiven Dienst tun können.«

»Euer Exzellenz schlagen vor, daß ich freiwillig hierbleibe?« Endlich hatte er den Stuhl erreicht, der sein Ziel war. Mit beiden Händen klammerte er sich an der Lehne fest, richtete sich kerzengerade auf und sah fragend den russischen Gouverneur an. »Aber warum, Sir ... was habe ich Besonderes getan, daß ich besser als meine Offiziersbrüder behandelt werden soll?«

»Sie wissen das doch sicher, Mr. Hazard.« Baron Osten-Sacken sah ihn verschmitzt lächelnd an. »Sie besitzen doch einen Ring, einen Smaragdring mit einem ungewöhnlichen Zeichen, nicht wahr?«

Phillip fühlte Blut in seine Wangen strömen. Der Ring, den Mademoiselle Sophie ihm geschenkt hatte! Bis zu diesem Augenblick hatte man ihm keine Frage, die Mademoiselle Sophie betraf, beantwortet, hatte sie umgangen oder höflich überhört. Es schien, als seien alle, vom Gouverneur abwärts, verschworene Schweiger. Sein Besucher von der *Tiger* hatte keinerlei Hinweise auf die Rolle gegeben, die sie bei seiner Genesung gespielt hatte. Aus diesem Grund war Phillip zu der Überzeugung gelangt, daß die Wache, die sie an seinem Bett gehalten hatte, nur ein Wahn gewesen war, ein Traum – wie er ja immer schon vermutet hatte, aus fieberndem Delirium geboren. Doch plötzlich war er sich dessen gar nicht mehr sicher. Der Gouverneur sah ihn immer noch an. Hatte Phillip sich selbst etwas vorgemacht? Und wenn es so wäre? Wenn die Anwesenheit von Mademoiselle Sophie an seinem Bett keine Halluzination gewesen war, dann ... sein Herz schlug plötzlich schneller. Doch weil er wußte, daß Baron Osten-Sacken ihn genau beobachtete, hielt er seine Gefühle unter strenger Kontrolle.

»Der Ring war ein Geschenk, nicht wahr, Mr. Hazard? Ein Geschenk als Zeichen der Dankbarkeit für persönliche Dienste einem Mitglied der Familie des Zaren gegenüber?« beharrte der Gouverneur, ohne seine Stimme zu erheben.

Obwohl er weiter lächelte, waren seine dunklen Augen unter den schweren Brauen wach und aufmerksam. Phillip wurde klar, daß er jetzt aufpassen mußte. Offenbar hatten die Diener des Gouverneurs den Ring unter seinen wenigen Besitztümern gefunden und ihren Fund ihrem Herrn gemeldet. Ebenso sicher schien ihm, daß Mademoiselle Sophies Besuche – wenn sie denn wirklich stattgefunden hatten – dem Gouverneur gemeldet worden waren. Sie hatten unter seinem Dach stattgefunden, und deswegen suchte er jetzt nach Bestätigung. Phillip packte die Stuhllehne noch fester, richtete sich wieder auf und fühlte den Ring in seiner Tasche.

»Den Ring erhielt ich als Geschenk von einer Dame, die ich nur unter dem Namen Mademoiselle Sophie kenne, Exzellenz«, sagte er ruhig. »Die Dame reiste als Passagier an Bord Ihrer Majestät Dampffregatte *Trojan* von England nach Konstantinopel. Ich habe die Ehre, Erster Offizier der *Trojan* zu sein. Nur der Kommandant kannte die Identität der Dame, Sir, und«, Phillip zögerte, doch Baron Osten-Sacken schwieg und sah ihn erwartungsvoll an. Seine nächsten Worte wählte Phillip sehr sorgfältig, »das Vergnügen, das ich daraus zog, daß ich ihr diente, war mehr als eine reichliche Belohnung. Ich habe wenig getan. Wenn es der Wunsch Eurer Exzellenz ist, werde ich den Ring zurückgeben und persönlich noch einmal versichern, daß die Dame, um die es geht, mir nur als Mademoiselle Sophie bekannt ist. Und nur so kennt man sie auch an Bord!« Er bot ihm den Ring, der immer noch in dem Samtkästchen lag, und fügte hinzu, ohne sich durch den dunklen Blick des großen Russen beeindrukken zu lassen: »Ich habe keinerlei Erinnerungen, Sir, Mademoiselle Sophie nach dem Verlassen unseres Schiffes in Konstantinopel je wieder gesehen zu haben.«

»Ich merke, daß wir uns verstehen, Mr. Hazard«, sagte der Gouverneur. Er schien erleichtert, und sein Lächeln war warm und ohne alle Vorbehalte. »Natürlich gibt es keinen Grund, den Ring zurückzugeben. Ihre Bestätigung reicht mir, Ihr Wort als Offizier und Gentleman. Ihnen ist aber sicher bekannt, daß Mademoiselle Sophies Hochzeit kürzlich hier in der Kathedrale von Odessa feierlich begangen wurde?«

»Ich habe davon gehört, Exzellenz«, gab Phillip zu. »Mademoiselle Sophie selbst sagte mir, ehe sie die *Trojan* verließ, daß sie bald heiraten würde. Sie sagte mir nicht, wen, und ich ... Darf ich seinen Namen erfahren?«

»Ihr junger Ehemann ist Prinz Andrei Stepanovich Narishkin, Oberst des Jägerregiments von Odessa.« Die Stimme Osten-Sackens verriet nichts von seinen Gefühlen, aber das Lächeln, das er so lange gezeigt hatte, war plötzlich verschwunden. »Seine Hoheit ist Adjutant von Prinz Menschikoff, Gouverneur der Krim und Befehlshaber von Heer und Flotte. Vielleicht hat man Ihnen gesagt, Mr. Hazard, daß es Prinz Narishkin war, der die *Tiger* zerstörte und Sie gefangennahm.«

Das arrogante junge Prinzchen auf dem grauen Hengst, erinnerte Phillip sich, von dem der Erste Offizier der *Tiger* so bitter gesprochen hatte, nachdem seine Kanonen die hilflose Fregatte zu einem brennenden Wrack zerschossen hatten. Phillip fühlte sich schlecht, sein Magen wollte revoltieren. Das war also der Mann von Mademoiselle Sophie, dem sie schon als Kind anverlobt worden war und der jetzt ... Er mußte sich Mühe geben, seine Enttäuschung auf diese Nachricht nicht merken zu lassen, aber es gelang ihm, bleich und mit zusammengepreßten Lippen. Baron Osten-Sacken war über seine plötzliche Blässe besorgt und bestand darauf, daß er sich setzte.

»Ich danke für Ihr Mitgefühl, Sir. Aber ich ...« Phillip drehte sich auf dem Stuhl, um ihn anzusehen. »Wenn ich irgend etwas Besonderes verdient haben sollte, Exzellenz, dann möchte ich darum bitten, zu den Offizieren zu gehören, die ausgetauscht werden. Ich brenne darauf, auf mein Schiff zurückzukehren und meine Pflicht zu tun.«

»Sehr gut. Wenn Sie unbedingt wollen, werden wir Ihren Wunsch erfüllen. Ihr Wunsch, wieder Ihren Dienst anzutreten, ist höchst lobenswert, aber«, der Gouverneur in seiner eleganten Uniform hob die Schultern, »es tut mir leid. Ich habe Sophia Mikailovna – ich meine natürlich Mademoiselle Sophie – versprochen, daß ich für Ihre vollständige Wiederherstellung sorgen werde. Ich habe alles getan, mein Versprechen zu halten. Ich kann Sie natürlich nicht zwingen, gegen Ihren Willen hierzubleiben. Ein ähnliches Angebot habe ich, auch auf Wunsch von Mademoiselle Sophie, Ihrem Bruder gemacht, Mr. Hazard. Er dient als Matrose, nicht als Offizier, in der Englischen Marine?«

»Ja, Sir, das stimmt. Aber ich kann mir kaum vorstellen ...«

»Wie kam es dazu?« wollte Baron Osten-Sacken wissen. »Ihr Vater ist meines Wissens Admiral, und Ihr Bruder war offensichtlich einer der Helden während des Angriffs auf die *Tiger.*«

Phillip erklärte ihm alles, so kurz und sachlich er konnte, und fügte dann, allerdings ohne Überzeugung, hinzu: »Ich glaube nicht, daß mein Bruder hierbleiben möchte, Exzellenz.«

»Seien Sie nicht so sicher, Mr. Hazard. Wir haben ihm nicht nur angeboten hierzubleiben, sondern auch nach St. Petersburg zu gehen und an der Kaiserlichen Marineakademie zu studieren.« Der Gouverneur klang sehr sachlich. »Dort wird man ihn wie einen Offizier behandeln und seine

Dienste annehmen, wenn er sie anbietet, doch natürlich niemals gegen seine eigenen Landsleute. Wir haben schon immer englische und schottische Offiziere in der russischen Marine gehabt, Mr. Hazard, und viele haben sich verdient gemacht und sind sehr hoch aufgestiegen.«

Allen voran Admiral Sir Samuel Greig, dachte Phillip, den man den Vater der russischen Marine nennt, seine Söhne und die Admiräle Mackenzie, Drysdale, Tait und Alexander Elphinstone – alle hatten in den letzten siebzig Jahren ihre Flagge im Schwarzen Meer gesetzt. Ein britischer Kapitän, Adolphus Slade, war jetzt Flaggoffizier in der türkischen Marine mit dem Titel Muchaver Pascha. Es war also keineswegs ungewöhnlich, daß britische Offiziere fremden Mächten dienten, aber galt sicherlich nicht für Graham.

Also sagte Phillip mit voller Überzeugung: »Sie sind sehr gütig, Exzellenz, meinem Bruder dieses Angebot zu machen. Aber aus tiefster Überzeugung glaube ich, Sir, daß er, genau wie ich, zur britischen Flotte zurückkehren möchte.«

»Um wieder ausgepeitscht zu werden, Mr. Hazard?« fragte der Gouverneur. Er erhob sich, zeigte ein kurzes Lächeln. »Ihre Hoheit, die Prinzessin Narshkina, berichtete mir von dem Zwischenfall. Es hat sie, glaube ich, sehr entsetzt. Wahrscheinlich wird die Entscheidung Ihres Bruders Sie schockieren, aber ich gebe Ihnen Gelegenheit zu einem Treffen, wenn er sich entschieden hat. Au revoir, Mr. Hazard!«

Die Vermutung des Gouverneurs erwies sich als richtig. Ein paar Tage später meldete Graham sich im Krankenzimmer und erklärte ohne Entschuldigung oder Erklärung, daß er vorhabe, das Angebot von Baron Osten-Sacken anzunehmen. Er breche heute abend zu der langen Reise über Land nach St. Petersburg auf.

Ungläubig und entsetzt starrte Phillip ihn an.

Graham fuhr immer noch ohne weitere Erklärung fort: »Einige von uns müssen hierbleiben, Phillip. Ich habe mich freiwillig gemeldet, mehr nicht.«

»Ausgerechnet du! Ich kann das nicht glauben«, antwortete Phillip schließlich mit einiger Mühe.

»Wirklich nicht? Nun ja. Du glaubst doch nicht ernsthaft, daß mir das Leben unter Deck als einfacher Matrose Freude macht? Du hast dieses Dasein ja nie kennengelernt.« Graham gab sich keine Mühe, seine Bitterkeit zu verhehlen. »Sieh mich um Gottes willen nicht so entsetzt an, Phillip. Was hat mir die Royal Navy zu bieten, wenn ich zurückkehre? Dienst unter einem Kommandanten wie North? Oder die Hängematte eines Vollmatrosen, vielleicht mit der Aussicht, mal Bootsmannsmaat zu werden, wenn ich mich benehme und fünfzigmal am Tag Offiziere grüße, deren Können lächerlich im Vergleich zu meinem eigenen ist? Nein, danke. Ich ziehe vor, was mir die Russen bieten.«

»Der Erste Offizier der *Tiger* hat vor, dein vorbildliches Verhalten nach oben zu melden«, erinnerte ihn Phillip. »Du hast unter gegnerischem Feuer zwei Menschen gerettet, das wird Admiral Dundas erfahren. Er ...«

»Werde ich dadurch wieder Offizier werden?« fragte Graham grob.

»Vielleicht. Nach all dem.«

»Sei nicht naiv, Phillip. Du weißt genau wie ich, daß nichts von dem, was der Erste Offizier der *Tiger* meldet, auch nur den leisesten Eindruck auf die Lords der Admiralität machen wird. Und die entscheiden schließlich und endlich. Man wird das Protokoll meiner Kriegsgerichtsverhandlung heranziehen und die Empfehlung zurückweisen, selbst dann, wenn Admiral Dundas sie weitergeben würde. Die Navy hat ein gutes Gedächtnis.«

Phillip war gezwungen zuzugeben, daß das alles realistisch klang. Dennoch brachte er jedes Argument vor, das ihm einfiel, um die Entscheidung seines Bruders zu ändern. Doch Graham blieb beharrlich.

»Nein«, sagte er so entschlossen, daß jedes weitere Argument überflüssig wurde, »ich reise nach St. Petersburg, Phillip. Ich bin nur gekommen, um dir das zu sagen und um mich zu verabschieden. Ich hoffe, wir trennen uns ohne Bitterkeit.«

»Möchtest du, daß ich Vater darüber informiere?« fragte Phillip und wußte, daß dies seine letzte Karte im Spiel war.

Graham zuckte mit den Schultern. »Das mußt du selbst entscheiden. Mir würde es reichen, wenn du ihm nur sagst, daß ich Kriegsgefangener bin, und das bin ich ja auch. Es würde ihn unnötig verletzen, wenn du ihm mehr erzählst. Er würde die Gründe für meine Entscheidung nicht verstehen können.«

»Ich kann sie selber auch nicht verstehen.«

»Ich bitte dich, Phillip, du verstehst sie doch genau.«

»Vielleicht, ja, kann sein«, mußte Phillip zögernd zugeben.

Graham lächelte ihm zu. »Ich habe Freunde in St. Petersburg, ganz oben in der Gesellschaft«, meinte er leichthin. »Weißt du, was ich glaube? Unsere Mademoiselle Sophie ist eine Nichte des Zaren, und sie ist jetzt mit einem der reichsten Landbesitzer in diesem Teil von Rußland verheiratet.«

»Ich habe davon gehört«, antwortete Phillip kühl.

Er ergriff die ausgestreckte Hand seines Bruders und wünschte ihm alles Gute. Ab jetzt trennte sie ein Abgrund, und sie spürten es beide. Phillip war mehr erleichtert als enttäuscht, als Graham sich schnell verabschiedete. Tieftraurig sah er ihn gehen und war überzeugt, sie würden sich nie wieder treffen.

Die Vorbereitungen zum versprochenen Austausch der Kriegsgefangenen wurden ein paar Tage später abgeschlossen. Am 11. Juli lief der kleine Dampfer *Fury*, sechs Kanonen, unter weißer Flagge in den Hafen von Odessa ein, um hundertachtzig russische Soldaten an Land zu setzen, die Admiral Lyons' Geschwader bei Überfällen an der tscherkessischen Küste gefangengenommen hatte.

Phillip konnte noch immer nicht richtig gehen. So half man

ihm an Bord. Er war unter den Männern der *Tiger*, die wieder in die Freiheit gelangten. Man schickte ihn zur vollständigen Wiederherstellung nach Therapia, und er fand sich als Gast von Lord Stratford de Redcliffe wieder – in dessen angenehmer Sommerresidenz am Bosporus.

Admiral Lyons, der Sir George Brown mitbrachte, den Kommandeur der Leichten Division, kam am 2. August mit der *Agamemnon* an und übernahm Phillip sofort. Die Alliierten Befehlshaber hatten sich auf einen Landangriff auf Sewastopol geeinigt, berichtete ihm der Admiral, und er hatte jetzt die wahnwitzige Aufgabe, genügend Schiffsraum zur Verfügung zu stellen, um dreißigtausend Mann der britischen Expeditions-Streitkräfte von Warna, an der bulgarischen Küste, auf die Halbinsel Krim zu transportieren und sie dort mit Kanonen und Pferden sicher an Land zu bringen.

»Sir George Brown und ich haben zusammen mit General Canrobert und Oberst Trochu die Küste der Krim erforscht, Phillip«, berichtete Sir Edmund. »Unser Ziel war, die Lage von Küstenbefestigungen und Batterien in der Nähe von Sewastopol ausfindig zu machen, die unsere Landung vereiteln könnten. Außerdem mußten wir sicherstellen, daß es genügend Trinkwasser an Land gab. Die Bucht von Katcha scheint all das zu bieten, was wir für eine ordentliche Landung brauchen.« Er zeigte alles auf einer Karte und verbrachte die nächste halbe Stunde mit der Erläuterung seines Landungsplans und mit der Aufzählung der Vorteile, die zur Entscheidung für diesen Platz geführt hatten. »Eine halbe Meile vom Strand hatten wir sieben Faden Wasser. Das heißt, die Flotten können in die Mündung einlaufen, um die Landung zu decken und um die Truppen zu versorgen. Wenn das Heer dann auf die Stadt zumarschiert, können wir von See aus die russische Flotte im Hafen angreifen, falls sie es immer noch vorziehen sollte, drinnen liegenzubleiben statt draußen zu kämpfen. Wenn sie unseren Geleitzug auf dem Weg zum Katcha angreift, sind wir stark genug dagegenzuhalten.«

Phillip schien der Plan brillant. Er studierte die Karten. Admiral Lyons hatte an alles gedacht. Jetzt, da die Entscheidung, Sewastopol anzugreifen, endlich gefallen war, machte er sich mit ganzer Kraft und höchster Effektivität an die Aufgabe, genügend Schiffe zu finden, damit der Angriff an Land ablaufen konnte. Lyons' Organisationsfähigkeit überwand, wie immer, alle Schwierigkeiten, und Phillip, der in diesem kleinen Stab mitarbeitete, wurde Zeuge, wie, scheinbar durch Zauberkraft, eine Armada entstand.

Aus Malta kamen einige Dampfer, die flachbödige Boote schleppten. In Konstantinopel beschafften Admiral Boxer und seine Transportoffiziere weitere. Und sie begannen, hölzerne Pontons zu bauen, die aus türkischen Booten bestanden, die man paarweise zusammengebunden und mit Planken überdeckt hatte. Sie konnten eine Batterie tragen oder eine Infanteriekompanie. Dazu kamen noch die Transportschiffe – Dampfer und Segler –, die das Heer von Malta nach Gallipoli und Scutari transportiert hatten und von dort nach Warna. Auf dem Papier wurde diese Flotte jeden Tag größer. In ständig wachsender Zahl verließen im August Schiffe den Bosporus in Richtung Baltchik und die Buchten von Kavarna. Phillip hatte Berge von Papier zu bearbeiten, entweder an einem Schreibtisch an Bord der *Agamemnon* oder an Land im Büro von Admiral Boxer. Trotz Mangel an Schlaf und langer Arbeitszeiten heilte die Wunde an seinem Bein, und er konnte endlich auch größere Entfernungen allein zurücklegen, wenn auch mit leichtem Hinken. Ungeduldig wollte er den aktiven Dienst wieder aufnehmen. Doch dann wurde ihm klar, daß die Arbeit, bei der er hier half, viel wichtiger war als das, was er auf See hätte tun können, und er zügelte seine Ungeduld.

In Warna war eine Choleraepidemie ausgebrochen und hatte zahlreiche Tote gefordert in Heer und Marine. Doch die Vorbereitungen für die Invasion der Krim gingen weiter. Man glaubte allgemein, Warna sei der Herd dieser Epidemie.

Wenn die Alliierten erst einmal die ungesunde Kleinstadt hinter sich gelassen hatten, wäre es auch mit den Verlusten vorbei.

Sir Edmund Lyons bemerkte einmal: »Es gibt Männer, ich will keine Namen nennen, die jede Entschuldigung suchen, um bloß nicht Sewastopol anzugreifen. Dennoch bin ich überzeugt, daß der Angriff Erfolg haben wird, wenn wir vor Ende August beginnen und wenn die vereinten Kräfte von Heer und Marine mit genügend Mut und Kraft den Angriff vorantragen, nachdem sie gelandet sind. Aber wenn der Kampf um drei oder vier Wochen verschoben wird, fürchte ich sehr um den Ausgang. Ich bin besorgt, die Landung könnte sich verzögern, wenn ich nicht selbst dabei bin und sie vorantreibe. Ich werde also jetzt nach Warna zurückkehren und zu den endlosen Konferenzen und Sitzungen, die wir mit unseren Alliierten halten. Sie führen selten zu anderen Ergebnissen als zu der halbherzigen Absicht, Vorsicht walten zu lassen. Aber Kriege werden nicht dadurch gewonnen, daß man Vorsicht walten läßt. Der kühne, entschiedene Angriff ist das einzige, mit dem man Erfolg hat.« Er seufzte und sah Phillip nachdenklich an. »Möchten Sie mich begleiten, Phillip? Oder wollen Sie lieber hierbleiben in Admiral Boxers Nähe, wo man Sie in den nächsten paar Wochen noch sehr brauchen wird? Vielleicht nur noch zwei, wenn es nach mir geht.«

»Ich werde tun, was Sie befehlen, Sir«, versicherte ihm Phillip.

»Dann bleiben Sie hier«, sagte der Admiral. »Ich lasse Sie nachkommen, wenn die Landung beginnt. Was halten Sie davon, wenn ich Sie als Dank für Ihre aufopfernde Tätigkeit auf die *Agamemnon* versetze?«

Ungläubig sah ihn Phillip an. Das Angebot, auf die *Agamemnon* kommandiert zu werden, war mehr, als er je gehofft hatte. Doch obwohl er sehr dankbar war, nahm er es nicht sofort an.

Der Admiral las offenbar seine Gedanken und meinte lächelnd: »Sie können natürlich auf die *Trojan* zurückkehren, wenn Sie das lieber wollen. Sie ist ja Ihr Schiff – oder?«

Ja, sie ist mein Schiff, dachte Phillip bedrückt. Oder war sie sein Schiff gewesen, bis North sie ihm abgenommen hatte? Er hatte kaum Sehnsucht danach, unter Norths Kommando auf die *Trojan* zurückzukehren. Ja, er scheute sogar vor der Vorstellung zurück. Das Leben in Konstantinopel war angenehm gewesen, trotz der vielen Arbeit bis in die Nächte hinein. Er hatte während dieser Zeit das Vertrauen des Admirals genossen, ja sogar seine Freundschaft. Es wäre kein Vergnügen, nach der glücklichen Zusammenarbeit mit Admiral Lyons zu Norths bissigen Bemerkungen und Beleidigungen zurückzukehren, soviel war ihm klar. Außerdem war inzwischen Kapitän Mends von Kapitän Symonds abgelöst worden und kommandierte jetzt als Flaggkapitän die *Agamemnon*. Es gab wenige, unter denen er lieber dienen würde. Phillip sah auf, lächelte zurück und hatte sich entschieden.

»Ich bin sicher, daß Leutnant Fox mehr als gut geeignet ist als Erster Offizier der *Trojan*, Sir. Also, wenn Sie mir erlauben, Sir, dann würde ich nichts lieber tun, als unter Ihrem Kommando und dem von Kapitän Mends auf der *Agamemnon* zu dienen, Sir. Ich bin Ihnen sehr dankbar, daß Sie mir dazu die Gelegenheit geben.«

»Gut.« Admiral Lyons klopfte ihm auf freundschaftliche und väterliche Art auf die Schulter. »Ich freue mich, daß Sie bei mir bleiben, und Jack wird es gerne hören, wenn ich ihm sage, daß ich Sie mitbringe. Er hat sich im Weißen Meer hervorragend mit der *Miranda* geschlagen. Ich zeige Ihnen mal seinen letzten Brief, den ich vor ein paar Tagen bekam.« Der Admiral sah auf seine Uhr. »Ich muß gehen. Kapitän Mends wird es eilig haben, ankerauf zu gehen.« Er schob die Uhr in die Tasche zurück und bot Phillip die Hand. »Sie haben sich richtig entschieden, Phillip. Es bleibt zwischen uns, aber ich habe irgendwie beunruhigende Berichte über die *Trojan* gehört, sie ist kein glückliches Schiff, oder? Und auch kein sehr gutes, wie immer man es sieht. Der Befehlshaber hat von einigen Offizieren Gesuche um Versetzung erhalten, wie ich hörte. Einer von ihnen, Leutnant Cochrane, steht unter Arrest. Ihn erwartet ein Kriegsgericht. Sein Kapitän klagt ihn der Insubordination an. Der Admiral erwähnte das in seinem Brief an mich, der heute morgen mit der *Banshee* kam.«

Der junge Anthony Cochrane also. Phillip war unglücklich. Ihm war wohl das Temperament durchgegangen, und er hatte zuviel gesagt. Die Nachricht bedrückte Phillip, obwohl sie ihn nicht überraschte. Einen Moment bedauerte er seinen Entschluß, nicht auf die *Trojan* zurückgekehrt zu sein. Doch selbst dann hätte er für Cochrane nichts tun können, soviel war ihm klar. Solange er unter North gedient hatte, hatte er niemanden vor einer Bestrafung retten können, nicht einmal seinen eigenen Bruder. Zurückzukehren würde bedeuten, dabeizustehen und zuzuschauen, wie Cochrane zerbrach. Phillip hatte, er war sicher, die richtige Entscheidung getroffen. Er nahm Haltung an und grüßte. Der Admiral sah ihn forschend an und entließ ihn mit dem Versprechen, daß er ihn nachkommen lassen würde, sobald die Einschiffung in Warna begann.

8

Zwölf Tage später erhielt Phillip den Befehl, sich auf der *Agamemnon* zu melden, und als der Dampfer, der die Nachrichten überbrachte und ihn von Konstantinopel mitnahm, in der Bucht von Kavarna ankerte, sah er, daß die Einschiffung der britischen Expeditionstruppen bereits begonnen hatte. Sie dauerte bis zum 4. September. Dreißigtausend Männer, zweitausend Pferde und vierundfünfzig Kanonen wurden in einer offenen Bucht – behindert von einer starken Dünung – auf die wartenden Transporter geladen mit Zelten, Verpflegung, Waffen und Ausrüstung. Jeder Offizier und jeder Matrose in der britischen Flotte schuftete ununterbrochen von morgens bis abends unter der persönlichen Aufsicht von Admiral Lyons und seinem Hauptverantwortlichen für den Transport, Kapitän Christie.

Die Einschiffung war ein Meisterstück effizienter, ja sogar genialer Organisation. Phillip wurde klar, daß all das dem Kopf des Mannes entsprungen war, der sich das mit unermüdlicher Energie vorgestellt und vorbereitet hatte. Und jetzt wurde aus diesen Plänen Wirklichkeit.

Admiral Dundas kreuzte mit Linienschiffen und ein paar kleinen Fregatten bereits vor Sewastopol, um die russische Flotte abzufangen oder sie zu bekämpfen, sollte der russische Befehlshaber sich entschließen, den Geleitzug mit den Invasionstruppen anzugreifen. Admiral Lyons hatte daher den Oberbefehl über die Einschiffung und war überall, an Land, zu Fuß und zu Pferde, in seiner Barkasse in der Bucht und manchmal sogar auf der *Agamemnon*. Er benutzte sie in dem dichten Schiffsverkehr wie ein Schäfer seinen Hund beim Sammeln der Herde. Auf Kapitän Mends ruhte die volle Verantwortung für sein eigenes Schiff und für viele Einzelheiten, die die komplizierten Bewegungen von über hundert Fahrzeugen betrafen. Er vollbrachte kleine Wunder an Stabsarbeit, und Phillip, der als einer seiner Assistenten eingesetzt war, fand sogar nachts kaum Schlaf.

Am 4. September war die Operation erfolgreich beendet. Die einzigen Verluste waren die Toten, die tragischerweise, aber scheinbar unvermeidlich, an der Cholera starben. Die britische Flottille formierte sich in sechs Linien mit je fünfzehn Schiffen. Jede Linie transportierte eine vollständige Armeedivision mit Waffen und Ausrüstung. Ein Dampfer zog immer ein Paar Segelschiffe. Ein kleines Geschwader von sechs Transportern, die auch von Dampfern geschleppt wurden, transportierte die Lazarette, das Belagerungsgerät und die Reservemunition, aus Platzmangel nur wenige Lazarette. Aus dem gleichen Grund mußten die Brigade Schwere Kavallerie, die Krankenfahrzeuge, die Transportwagen, die Packpferde und die Maulesel in Warna zurückbleiben. Sie würden nachkommen, nachdem die Dampfer ihre Fracht zum Ziel gebracht hatten.

Nach ein paar Verspätungen ging der britische Konvoi am Morgen des 7. September ankerauf. Man beabsichtigte, die französischen und türkischen Schiffe vierzig Meilen nordwestlich von Kap Tarkan zu treffen, dem westlichsten Punkt der Krim. Um halb elf hatten die Schiffe ihre Position eingenommen und stachen in See. Die Ordnung war kompakt. Vier Kabellängen trennten jedes Schiff von dem vorauslaufenden und dem nachfolgenden, und die gleiche Entfernung galt für die sechs Linien. Phillip war vom Anblick all der Schiffe, die er von der Poop der *Agamemnon* beobachtete, sehr beeindruckt. Stolz und Erregung verdrängten seine Erschöpfung. Die Sonne stand vor einem blauen, wolkenlosen Himmel; der Gegenwind, der die lange Verzögerung verschuldet hatte, schlief ein, und an Bord der Schiffe spielten Musikkapellen. Soldaten in ihren scharlachroten Uniformen überfluteten die Decks und jubelten, als die Dampfer sie zu schleppen begannen.

Von den Russen war nichts zu sehen. Die siebenundzwanzig Kriegsschiffe, aus denen die französische und türkische Flotte bestand und in denen die meisten ihrer Truppen transportiert wurden, sah man am Morgen des 8. September. Bei ihnen war das Kampfgeschwader von Admiral Dundas – etwa dreißig Meilen südlich der Schlangeninsel. Der britische Konvoi hatte sie gerade eben erreicht, da bat Admiral Hamelin Lord Raglan und Admiral Dundas zu einer Konferenz mit dem französischen Oberkommandierenden Marshall St. Arnaud auf die *Ville de Paris*. Als die Nachricht bestätigt wurde, verlegte man die Konferenz auf die *Caradoc*, einen Dampfer mit zwei Kanonen, auf dem Lord Raglan reiste. Admiral Lyons, Admiral Bruat, Sir George Brown und General Canrobert wurden ebenfalls zu der Besprechung eingeladen.

»Das gefällt mir nicht.« Sir Edmund Lyons war unruhig, während er auf seine Barkasse wartete, die zu Wasser gelassen und bemannt wurde. »Eine Konferenz zu diesem Zeitpunkt kann nur eine Verschiebung bedeuten, und Verzögerung ist das einzige, was wir uns nicht leisten können.«

Als er ein paar Stunden später auf die *Agamemnon* zurückkehrte, war er ungewöhnlich verschlossen und bedrückt. »Die Franzosen wollen den Landeplatz wechseln«, informierte er die Offiziere, die um ihn standen. »Jetzt, in der elften Stunde, nachdem alles besprochen und besiegelt war, ehe wir Warna verließen. Oberst Trochu, der den Marschall vertritt, der offenbar zu krank ist, um sein Schiff zu verlassen, ist dafür, in Kaffa zu landen. Und das, meine Herren, bedeutet, daß wir den Angriff auf Sewastopol ins nächste Jahr verschieben müssen.«

Es gab entsetztes Murren, und ungläubig fragte Kapitän Mends: »Aber Lord Raglan hat doch sicherlich nicht zugestimmt?«

»Das hat er tatsächlich nicht«, versicherte Admiral Lyons heftig. »Ebensowenig wie Admiral Bruat oder unser eigener Befehlshaber. Doch es hieß, die neuen Überlegungen zu Katcha stammten von den Admirälen. Ich wollte wissen, von welchen Admirälen, aber wie zu erwarten war, konnte mir das niemand sagen.« Er seufzte überaus frustriert. »Nach Stunden fruchtloser Diskussion wurde die letzte Entscheidung, wo wir schließlich landen werden, Lord Raglan übertragen. Doch ehe er eine Entscheidung fällen wird, will Seine Lordschaft selbst die Küste inspizieren. Morgen früh werden die *Agamemnon* zusammen mit der *Primagaut* mit den französischen Kommandanten an Bord und die *Caradoc* mit unseren Leuten Segel setzen, um einen Landeplatz auszusuchen. Das bedeutet eine Verschiebung, die zu einem Desaster führen kann, wenn das Wetter umschlägt, aber ...«, hilflos breitete er seine Arme aus, drehte sich auf dem Absatz und verschwand in seiner Kajüte.

Nach kurzem Zögern folgte ihm Kapitän Mends.

Es dauerte fast drei Tage, bis man sich auf einen Landeplatz für die Invasionstruppe geeinigt hatte. Während der Rest des gewaltigen Konvois vor Anker liegenblieb, um auf Lord Raglans endgültige Entscheidung zu warten, segelte die *Caradoc* mit den Alliierten Kommandanten von Heer und Marine an Bord zur Erkundung der Küste die Krim ab. Die *Agamemnon* blieb weiter draußen, um die Schiffe vor möglichen Angriffen zu schützen. Der kleine Dampfer fuhr fast nach Sewastopol hinein. Sein Erscheinen löste bei den Russen keinen Alarm aus. Wie später einer der Offiziere Phillip berichtete, kamen sie nahe genug, um die Glocken läuten zu hören und die russischen Linienschiffe zu identifizieren, die im Hafen ankerten. Die Küste wurde zunächst nach Süden, dann nach Norden erkundet – von Balaclava nach Eupateria.

Am Morgen des 11. September stieß die *Caradoc* wieder zur Flotte. Der Befehl, ankerauf zu gehen mit Kurs auf die Krim, kam zur Mittagsstunde, und man nahm an, der britische Befehlshaber sei zu einem Entschluß gekommen.

Sir Edmund Lyons, obwohl anscheinend von seiner Enttäuschung genesen, war offensichtlich immer noch beunruhigt. Als er von der *Caradoc* auf sein Flaggschiff zurückgekehrt war, diktierte er seinem Sekretär und Phillip, der ihm zusammen mit dem Flaggleutnant assistierte, neue Befehle, machte dann eine Pause und sah sehr besorgt aus. Er zog die Augenbrauen zusammen und hatte Falten auf der Stirn.

»Die Landung wird am Strand von Old Fort in der Bucht von Kalamita auf 45 Grad Nord stattfinden, vorausgesetzt selbstverständlich, daß Marschall St. Arnaud zustimmt«, sagte er langsam. »Nach Lord Raglans Ansicht ist dies der am besten geeignete Ort zur Ausschiffung des Heeres. Seine Lordschaft ist auch der Überzeugung, daß Eupatoria, das verteidigungslos zwanzig Meilen nördlich liegt, vor der eigentlichen Landung besetzt werden sollte. Natürlich kann ich seine Taktik nicht kritisieren, abgesehen von unserer großen Entfernung vom Ziel und der Tatsache, daß es wahrscheinlich wenig Wasser geben wird. Der Strand am Alten Fort ist nicht durch hohe Klippen begrenzt. Aus diesem Grunde hatte Seine Lordschaft meinen Vorschlag, in der Mündung des Katcha zu landen, abgelehnt. Außerdem gibt es dicht unter Land genügend tiefes Wasser, so daß unsere Schiffsartillerie die Landung decken kann, aber …«, er unterdrückte ein Seufzen und wandte sich an seinen Sekretär, »geben Sie mir bitte die Karte, Mr. Cleeve.«

Frederick Cleeve breitete sie vor ihm aus, und der Admiral zeigte immer noch besorgt auf den vorgesehenen Landeplatz.

»Das hier macht mir Sorgen, meine Herren. Von der Stelle aus, an der unsere Truppen an Land gesetzt werden sollen, müssen vier Flüsse überquert werden, ehe der Angriff auf Sewastopol beginnen kann, der Bulganak, der Alma, der Ktacha und der Balbec …« Bei jedem dieser Namen tippte er auf die Karte. »Jeder einzelne ist eine natürliche Verteidigungslinie für den Gegner, jeder von nahegelegenen Hügeln einsehbar, und außerdem haben wir ein großes feindliches Heerlager im Tal der Alma entdeckt«, fuhr er ungewöhnlich verbittert fort.

Seine Zuhörer tauschten vielsagende Blicke, als sie die Konsequenzen seiner Erklärungen begriffen.

Mit müder Bewegung schob Admiral Lyons die Karte zur Seite. »Wir haben die Aufgabe, das Heer an Land zu setzen«, bemerkte er, »es von See aus zu unterstützen und zu versorgen und Verletzte aufzunehmen, die es auf dem Marsch nach Sewastopol geben könnte. Diese Aufgabe werden wir erfüllen. Kapitän Mends hat einen Plan zur Ausschiffung entwickelt, ehe wir Warna verließen. Sie haben ihn doch sicher hier, Mr. Cleeves?«

»Der Plan ist hier«, versicherte ihm Cleeves.

»Dann formulieren Sie daraus die nötigen Befehle und sorgen Sie dafür, daß sie übermittelt werden, wenn wir am Landepunkt ankern. Ich möchte, daß alle Boote der Flotte genutzt werden. Wenn sie beladen sind, sollen sie auf Kommando eine Dwarslinie bilden und so auf den Strand zulaufen. So werden etwa siebentausend Männer gleichzeitig an Land gehen, und es werden von Anfang an Kanonen an Land sein, um den Feind zu stoppen, falls er der Landung Widerstand leistet. Kapitän Dacres von der *Sanspareil* ist Strandkommandant, assistiert von Commander Heath von der *Tiger* und Commander Powell von der *Vesuvius*.« Der Admiral erhob sich und lächelte den Herren seines kleinen Stabes zu. »Sie werden wieder eine Nacht Schlaf darüber verlieren, meine Herren, aber es muß erledigt werden. Wenn wir ankern, werde ich Ihnen Commander Heath als Assistenten zuordnen. Und ich werde Leutnant Johnson das Kommando über die erste Reihe der Boote geben.« Dann legte er Cleeves die Hand auf die Schulter und sagte dankbar: »Sie alle haben großartig gearbeitet, und ich werde nicht vergessen, was Sie geleistet haben.«

Doch trotz ihrer Bemühungen wurde die Ausschiffung verschoben. Der Konvoi ankerte am 13. September vor der alten ottomanischen Stadt Eupatoria, statt zu den vorgesehenen Landeplätzen zu laufen. Auf Befehl von Admiral Dundas blieben die Schiffe liegen, bis die *Retribution* und die *Vesuvius* die Übergabe der Stadt verhandelt hatten und sich ein starkes Kommando Marinesoldaten von der *Sidon* ausschiffte, um unter Hauptmann Brock die Stadt zu besetzen. Die *Trojan* wurde zusammen mit zwei französischen Dampffregatten detachiert, das russische Lager in der Mündung der Alma zu erkunden. Phillip spürte einen ungewohnten Kloß im Hals, als er das Schiff Fahrt aufnehmen sah.

Zur unendlichen Erleichterung von Admiral Lyons bewegte sich am nächsten Morgen beim ersten Frühlicht der Konvoi wieder. Die *Agamemnon* führte ihn. Zwei Stunden später ankerte man vor dem alten Fort in der Kalamita-Bucht. Das Wetter blieb weiterhin gut, und die Ausschiffung begann mit den Booten des Konvois und seinen Begleitschiffen. Es verzögerte sich etwas, bis alle Boote der deckenden Linienschiffe aus zwei Meilen Entfernung herangekommen waren. Kein Gegner behinderte die Aktion. Nur ein paar Kosaken, die sich in sicherer Entfernung hielten, beobachteten alles. Wieder einmal waren der organisatorische Genius und die Energie von Admiral Lyons und seinem Flaggkapitän für die Geschwindigkeit und Glätte der Operation verantwortlich. Die Boote der Flotte verkehrten ununterbrochen zwischen Schiffen und Strand, und bei Sonnenuntergang waren die gesamte Infanterie an Land, ein Großteil der Pferde und mehr als ein Dutzend Kanonen.

Lord Raglan setzte auf die *Agamemnon* über und blieb den ganzen Tag an Bord, um die Ausschiffung zu beobachten, häufig genug in Phillips Nähe, der somit hören konnte, wie der Admiral die Arbeit der Matrosen bewunderte.

»Ihre Männer sind großartig, Admiral«, sagte er, als er sich anschickte, von Bord zu gehen. »Ohne auf Gefahren zu achten und ohne zu ermüden, hatten sie nur eins im Sinn: ihre schwere Aufgabe zu erfüllen. Sie haben jedes Hindernis überwunden und meine Infanterie schnell und sicher an Land gebracht.«

»Gebe Gott, daß das Wetter sich hält, Mylord«, antwortete Admiral Lyons lächelnd. »Dann habe ich morgen abend Ihre ganze Kavallerie und Artillerie an Land und die Transporter auf dem Weg zurück nach Warna, um den Rest zu holen.«

Doch das Wetter verschlechterte sich in der Nacht. Nach langem Regen erhob sich ein südlicher Wind, der eine schwere Dünung in die Bucht laufen ließ. Sie machte die Ausschiffung von Kavallerie oder Artillerie extrem schwierig und gefährlich. An diesem Tag wurde also wenig erreicht. Am 16. lief um die Mittagszeit kaum noch ein Schwell, und indem jeder Offizier und jeder Mann der Flotte sein Bestes gab, konnten die meisten restlichen Kanonen und Pferde an Land geschafft werden. Die Arbeit ging am nächsten Tag weiter, begann um drei Uhr morgens und endete um acht Uhr abends. Am Mittag des 18. September war alles an Land. Die erschöpften Blaujacken wollten sich gerade von ihren Mühen erholen, als der Befehl kam, die Zelte wieder an Bord zu nehmen. Das Heer war nicht in der Lage, an Land genügend Pferde zu requirieren, um sich weiterzubewegen. Den Zelten folgte Infanteriegepäck, das die Männer nicht tragen konnten. Und als das alles wieder an Bord war, wurde dringend um Wasser gebeten. Das Wasser an Land war Brackwasser, untrinkbar, und die Feldflaschen der Soldaten waren leer.

Als Tom Johnson, dem die Boote der *Agamemnon* unterstanden, davon erfuhr, meinte er unglücklich zu Phillip: »Das ist bestimmt noch nicht das Ende, selbst wenn wir ihnen das Wasser beschafft haben. Die armen Kerle brechen zusammen wie die Fliegen mit Cholera und Durchfall. Vor Sonnenuntergang, fürchte ich, transportieren wir sie sicher zu Hunderten wieder auf die Schiffe zurück. Und der Himmel soll wissen, was wir für sie tun können.«

Unglücklicherweise wurde seine düstere Prophetie wahr. Die ganze Nacht über und den ganzen nächsten Tag lang wurden die Kranken auf die Schiffe zurückgebracht, die sie erst vor kurzem in bester Laune verlassen hatten. Die Schiffsärzte arbeiteten rund um die Uhr, um ihre Leiden zu lindern. Viele starben, ehe man sie auf die wartenden Boote verladen hatte, und Hunderte starben am Ende der kurzen, aber schmerzhaften Rückführung.

Trotz dieser Gegenschläge begannen die alliierten Armeen am Morgen des 19. September ihren Marsch auf Sewastopol. Die Franzosen marschierten rechts, nahe am Strand, dann kamen die Türken und die Briten links, am weitesten von der See entfernt. Die Kriegsschiffe und die Transporter der vereinten Flotten folgten, hielten sich vor den Franzosen und so nahe am Ufer, wie das Meer es erlaubte. Die meisten leeren Transportschiffe und eine Reihe von Dampffregatten waren nach Warna zurückgeschickt worden, um Verstärkungen zu holen und außerdem die Schwere Kavallerie-Brigade. Fünf französische und drei britische Dampfschiffe, die *Trojan* eingeschlossen, wurden zur Erkundung der Mündungen von Bulganak und Alma vorausgeschickt. Wie beim erstenmal spürte Phillip auch diesmal wieder ein Ziehen in der Brust, als die *Trojan* in Erfüllung ihres Auftrags an der *Agamemnon* vorbeizog. Er war viel zu sehr mit Stabsarbeit von Admiral Lyons eingedeckt worden und hatte keinen Augenblick Zeit gefunden, nicht einmal für einen ganz kurzen Besuch bei der Ausschiffung. Doch als er sie jetzt sah und Martin Fox auf dem Achterdeck erkannte, nahm er sich fest vor, das bei nächster Gelegenheit nachzuholen.

Der Bericht der Fregatten – ein paar Stunden später – war nicht ermutigend. Die Alliierten hatten den Bulganak um die

Mittagszeit überschritten, ohne auf Widerstand zu stoßen. Aber es schien, daß sich die Russen in großer Zahl auf dem linken Ufer des Alma sammelten. Man hatte Infanterie in großer Zahl beobachtet, die die vorspringenden Berge besetzten, von denen man den Fluß überblicken konnte. Kavallerie unterstützte sie. Auf einer Front von zwei Meilen war Artillerie postiert, die die Annäherung an die Furten schützte. Es war also klar, daß die Russen sich vorbereiteten, den Vormarsch der Alliierten zu stoppen. Von See aus konnte man ihre Zahl nicht genau schätzen, aber fünfundvierzig- bis fünfzigtausend war die allgemeine Meinung. Alle Berichte waren sich einig, daß die Russen einige beachtliche natürliche Vorteile auf ihrer Seite hatten. Das Land mit seinen steilen Bachläufen und Erdfalten, die hohen Klippen zum Meer hin und die Größe und Stärke der befestigten Artilleriestellungen schienen, wie es ein Kommandant einer französischen Fregatte ausdrückte, »so gut wie unüberwindlich bei einem frontalen Angriff«.

Am Morgen des 20. September, als die britischen und französischen Linienschiffe vor der Mündung ankerten, konnte man die russische Armee ganz deutlich erkennen. Phillip beobachtete ihre Vorbereitungen zum Kampf aus dem Topp des Besanmasts, in das er mit anderen Offizieren gleich nach Hellwerden geklettert war. Die Russen standen seiner Schätzung nach etwa zweieinhalb bis drei Meilen von der Mündung des Alma entfernt – und damit außerhalb der Reichweite selbst der stärksten Schiffskanonen. Das hieß also, daß die Marine zuschauen würde, wenn die alliierten Armeen angriffen, stellte er bedrückt fest. Daß ein Angriff vorbereitet wurde, wurde im Tagesverlauf immer deutlicher. In seinem Glas erkannte er, wie erst die Franzosen, dann die Briten zum Marsch antraten und dabei die Ordnung vom Vortag beibehielten. Die Franzosen marschierten in ihrer bekannten Formation, die an einen Diamanten erinnerte, die Türken bildeten die Reserve. Die Briten traten in großem Stil an, die leichten Divisionen waren vorn, und vor ihnen gab es einzelne Stoßtrupps. Das Gros der Infanterie marschierte in Doppelreihen über eine Breite von zwei Divisionen. Die Kavallerie und die Artillerie deckten die linke Flanke.

Selbst auf diese Entfernung, in der die Männer auf die Größe von Zinnsoldaten geschrumpft waren, boten sie den Beobachtern in den Mastspitzen auf den Rahen und in den Webleinen der ankernden Schiffe einen herzbewegenden Anblick. Die gut geordneten Reihen bewegten sich in ihren leuchtenden Uniformen langsam vorwärts auf den abfallenden zwei Meilen, die sie vom Alma trennten. Fahnen wurden entrollt, Hornsignale waren zu hören, und in der hellen Morgensonne blitzten Tausende von Lanzenspitzen, Säbeln, Bajonetten und gezogenen Degen. Immer wieder traten Männer aus der Reihe, und immer wieder wurde auch gehalten. Um zehn Uhr dreißig gab es für alle eine lange Rast, als Mittag gegessen wurde. Doch dann ging der Marsch weiter, gleichmäßig auf das Ziel zu. Rechts von der Linie marschierte die führende französische Division – General Bosquets Zuaven mit den Türken und ihrer Artillerie hinter sich – zum Schlag der Trommeln schnell voran, und acht französische Dampfer mit wenig Tiefgang liefen dichter unter Land, um sie zu verstärken.

Den Angriffsplan hatte Marschall St. Arnaud entworfen. Einzelheiten waren dem Marineoberkommando früh an diesem Morgen in einer Depesche bekanntgegeben worden. Phillip hatte gehört, wie der Plan diskutiert wurde. Ihm war klar, daß Bosquet die Aufgabe hatte, die russische linke Flanke aufzurollen. Um das zu erreichen, mußte seine Division die kaum verteidigten, aber fast senkrecht abfallenden Klippen am Nordufer kurz vor der Mündung des Flusses erklimmen und ihre Kanonen mit sich nehmen. Das konnten nur die für Gebirgskämpfe ausgebildeten Zuaven. Nachdem sie oben angekommen waren, sollten die restlichen französischen Divisionen das russische Zentrum angreifen. Die Briten wollten unterdessen versuchen, die rechte Flanke des Gegners aufzurollen. Die stark verteidigten Positionen auf den Bergen vor ihnen sollten mit dem Bajonett erobert werden.

Um ein Uhr zwanzig begannen die acht französischen Fregatten, die Höhen über der Mündung unter Feuer zu nehmen. Und als auf dem Achterdeck der *Agamemnon* drei Glasen geschlagen wurde, beobachtete Phillip mit angehaltenem Atem, wie die erste Brigade Zuaven den Fluß überquerte und sich an die himmelhohen Klippen warf. Ihr Verachtung von Gefahren war heroisch, und schnell und geschickt wie Bergziegen stiegen sie auf und eroberten den Kamm. Sie bugsierten auch ihre schweren Feldkanonen nach oben. Die russischen Scharfschützen, die ihren Aufstieg behindert hatten, zogen sich vor ihnen zurück. Ein Trupp russischer Kavallerie, der versuchte, die Kameraden zu verstärken, wurde durch das präzise Feuer der Bugkanonen der *Vauban* zerstreut und in völliger Auflösung zurückgetrieben. Ihr Kommandant hatte sie auf wenige Kabellängen an die Küste gebracht. Als der Widerstand schmolz, setzten die Zuaven tapfer nach, und eine zweite Welle folgte der ersten. Phillip schien unglaublich wenig Zeit vergangen zu sein, bis die französische Trikolore triumphierend von der höchsten Klippe wehte. Doch als er auf seine Uhr sah, merkte er, daß das über eine Stunde gedauert hatte. Die zahlreichen, bewegungslos liegenden, rot- oder blauuniformierten Körper waren stumme Zeugen für den Zoll, den die Zuaven für ihren Erfolg zahlen mußten.

Jemand berührte Phillip am Arm. Er blickte sich um und erkannte Tom Johnson.

»Da!« Johnson zeigte weiter ins Land.

Dort hatte das Zentrum der alliierten Angriffslinie sich in Bewegung gesetzt. Links hatten sich die britischen Divisionen in zwei parallele Linien entwickelt, und die in der ersten Division warfen sich mit dem Gesicht zur Erde hin – offensichtlich auf Befehl ihres Kommandeurs. Sie wurden von den russischen Kanonen unter schweres Feuer genommen, ohne sich zur Wehr setzen zu können. Phillip bewunderte ihre Ruhe und Disziplin, als er sie beobachtete.

»Die Franzosen beginnen den Angriff, wie es scheint«, sagte Tom Johnson. »Das sind die Divisionen von Canrobert und Prinz Napoleon, die da gerade den Fluß durchqueren wollen.« Er stieg in den Webleinen weiter nach oben, suchte mit dem Glas einen weiten Bogen ab, ließ es sinken und sah Phillip leicht verwirrt an. »Unsere Männer legen sich hin. Die russischen Batterien haben sich auf sie eingeschossen. Es muß fürchterlich sein, sich unter so konzentriertem Feuer nicht bewegen zu dürfen.«

Es wird sicherlich noch schlimmer kommen, wenn unser eigener Angriff beginnt, dachte Phillip. Vor den britischen Truppen lagen nördlich des Flusses zwei Ketten von Höhenzügen, steil und grün der erste. Auf ihm konnte man dichtgedrängt in großen Vierecken russische Infanterie sehen. Die Sonne spiegelte sich auf ihren Bajonetten. Hinter und über ihr erhoben sich zahlreiche Felsenplateaus, auf denen Artillerie stand, die von dort aus das ganze flache, niedrig liegende Land bestreichen konnte, über das die Briten marschieren mußten, ehe sie den Fluß überqueren konnten. Auf dem höchsten, steilen und rauhen Kamm der Berge lagerte Infanterie als Reserve zwischen Batterien. Dunkel war Kavallerie zu erkennen – an der linken Seite.

Diese Stellungen sollte die britische Armee mit dem Bajonett erobern. Phillips Mund wurde trocken. Der Angriff der Zuaven war tapfer vorgetragen worden, sie waren auf verhältnismäßig wenig Widerstand gestoßen, weil die Russen die hundert Fuß hohen Klippen für unbesteigbar eingeschätzt hatten. Doch die Briten würden mehr als Tapferkeit brauchen, um den Gegner von den Höhen zu vertreiben, die er in so großer Zahl und in solcher Dichte besetzt hielt. Phillip seufzte und setzte das Glas ab. Er hatte sich mit vielen Soldaten angefreundet und fragte sich bedrückt, wie viele von ihnen er wohl wiedersehen würde, wenn der Angriffsplan von Marschall St. Arnaud buchstabengetreu ausgeführt wurde.

Die beiden französischen Divisionen durchquerten den Fluß zum südlichen Ufer hin und wurden bald durch starkes Feuer von oben auf den Boden gezwungen. Eine der beiden – Canroberts, der Lage nach – fand ein bißchen Schutz durch überhängende Felsen und machte den heroischen Versuch, die Klippen zu erklimmen. Man sah Reiter vorpreschen und zurückjagen, höchstwahrscheinlich Adjutanten, die dem französischen Befehlshaber Meldungen über den Fortgang des Angriffs brachten.

»Phillip«, Tom Johnson klang gequält, »unsere Männer bewegen sich jetzt wieder.«

»Ja«, bestätigte Phillip, »ich sehe sie auch.«

Jubeln war von den Fähnrichen der *Agamemnon* zu hören, die in den Webleinen standen und jetzt sahen, wie die rotberockten Reihen sich endlich wieder erhoben. Doch das Feuer, das sie so stoisch erduldet hatten, hatte schwere Opfer verlangt. Viele Männer blieben dort liegen, wo sie sich befehlsgemäß vor einer Stunde hingeworfen hatten. Der Befehl aufzustehen erreichte sie nicht mehr. Der Rest schloß sich wieder in makelloser Formation zusammen – zwei Reihen tief. Auf breiter Front begannen die britischen Divisionen ihren Vormarsch. Russische Scharfschützen, die sie aus einem Dorf am Südufer des Flusses unter Feuer genommen hatten, zogen sich vor ihnen zurück und ließen die Häuser in Flammen aufgehen. Eine dicke Rauchwolke stieg gen Himmel, und Phillip unterdrückte einen Schreckensruf, als er sah, wie die marschierenden Linien sich auflösten.

Männer überquerten unter schwerem Feuer links den Fluß, und die erste Welle, die das hohe Südufer erreichte und sich dort festklammerte, hatte jede Ähnlichkeit mit einer Linie verloren. Doch andere folgten ihnen schnell. Trotz eines Hagels von Kartätschen und Kugeln von oben formierten sich die Linien neu und setzten ihren Vormarsch fort. Hinter ihnen erreichte die zweite Division den Fluß und begann die Überquerung. Phillip konnte die schwarzen Bärenmützen der Garden erkennen und die Kappen der Hochland-Brigade von Sir Colin Campbell.

»Die greifen die Kanonen direkt an!« schrie Tom Johnson. »Mein Gott, schauen Sie hin, haben Sie jemals solche Standhaftigkeit gesehen?«

Zwei Regimenter formierten sich zu Karrees mit der Front nach Osten. Sie blieben am Ufer, um einen Angriff russischer Kavallerie abzuwehren, die versuchte, die linke Flanke der Briten aufzurollen. Der Rest hielt nur einmal an, um zwei Salven zu feuern, marschierte dann die erste grüne Hügelkette empor und trieb die russische Infanterie in völliger Unordnung davon. Als die Kanonen oben aus ihren gut befestigten Stellungen das Feuer eröffneten, rissen sie große Lücken in die Reihen. Doch die Lücken wurden durch andere Männer gefüllt, die die Plätze der Gefallenen einnahmen, indem sie sich das Ufer hinaufkämpften. Nach und nach gerieten die engstehenden Karrees russischer Infanterie, die die unteren Abhänge besetzt hielten, ins Wanken. Sie suchten lieber den Schutz der eigenen Kanonen statt den Stahl britischer Bajonette.

Zäh erkämpften sich die lückenhaften, unregelmäßigen Linien scharlachrot gekleideter Soldaten ihren Weg nach oben. Sie erreichten die erste Stellung und zogen sich auf die Umwallung. Eine Regimentsfahne wehte plötzlich dort oben, in tapferer Verachtung von den Körpern derer gehalten, die sie so mutig vor die Mündungen der Kanonen getragen hatten. Phillip jubelte mit den anderen Zuschauern spontan, als sie beobachteten, wie die Russen die Kanonen herausrollten und sie in wilder Flucht nach hinten zogen.

Die gegnerischen Reserven marschierten nach vorn. Aber es gelang ihnen nicht, den Angriff zum Halten zu bringen, zu sehr hatte sie der ungebrochene Vormarsch der Briten aus der Fassung gebracht. Die britische Angriffslinie war nirgendwo tiefer als zwei Mann, wurde immer wieder zurückgeworfen, bildete sich neu, aber sie brach nicht. Wenn die Männer durch den fürchterlichen Hagel von Kugeln und Granaten aus nächster Nähe niedergemäht wurden, nahmen andere sofort ihren Platz ein und setzten den Angriff fort. Der Rauch der Schlacht war so dick, daß Phillip sich immer wieder sehr anstrengen mußte, um überhaupt etwas zu erkennen.

Doch dann sprangen sie über den Rand der Erdbefestigungen, die ein Dutzend schwerer Kanonen geschützt hatte, und ihr Jubelgeschrei war über das Feuer hinweg bis auf die Schiffe zu hören. Das Feuer kam jetzt von britischer Artillerie, die mit Pferden heraufgaloppiert kam und nun ihr tödliches Feuer in die fliehenden Russen strömen ließ.

Im Zentrum der Linie hatten auch die Franzosen ihr Ziel erreicht. Die hohen Klippen hatten sie oft verborgen. Oben auf dem Plateau, das sie so heroisch angegangen waren, wehte jetzt die Trikolore. Canroberts Feldartillerie, die man unter den größten Mühen die steilen Abhänge hinaufbugsiert hatte, eröffnete jetzt das Feuer auf den Feind. Um vier Uhr war die Schlacht geschlagen, der Sieg war sicher, und die russischen Verbände strömten in ungeordneter Flucht nach Sewastopol und ließen Tausende von Toten und Verwundeten zurück.

»Es ist vorbei!« sagte Tom Johnson und atmete erleichtert auf. »Und obwohl ich weiß, daß dies für unsere Armeen ein glorreicher Sieg war, bete ich zu Gott, daß ich nie wieder etwas ähnliches beobachten muß, Phillip«, er verzog seinen Mund zu einem bitteren Grinsen, »ganz bestimmt nicht als Zuschauer vom Mast meines Schiffes. Die Rechnung wird teuer, fürchte ich. Melden wir uns an Deck zurück. Wir werden zu tun bekommen.«

Er kletterte nach unten. Phillip streckte seine verkrampften Glieder und folgte ihm sofort. Die Zuschauer auf den Schiffen würden genug zu tun bekommen mit der Versorgung der Verwundeten und mit ihrem Transport zurück auf die Schiffe.

Admiral Lyons begann seine Arbeit umgehend und mobilisierte all seine Möglichkeiten, um die Armee zu unterstützen, wo Hilfe am dringendsten nötig war. Kapitän Mends und Kapitän Dacres wurden zusammen mit Frederick Cleeve, dem Sekretär des Admirals, an Land geschickt, um Lord Raglans Absichten zu erfragen. Auch alle Ärzte, die auf den Schiffen entbehrt werden konnten, wurden an Land geschickt, wo sie den Kollegen des Heeres in den Lazaretten und auf den Verbandsplätzen halfen. Wo es keine Hütte oder anderen Schutz gab, wurden Zelte als Operationsplätze errichtet, in denen die Ärzte nahe am Schlachtfeld arbeiten konnten. Obwohl nur noch wenige Stunden Tageslicht herrschte, wurden ganze Gruppen von Seeleuten und Seesoldaten an Land geschafft, die mit Hilfe ihrer Hängematten und Riemen Tragen improvisierten, auf denen sie so viele Verwundete wie möglich zu den Ärzten trugen.

Phillip führte eine dieser Gruppen. Er hatte für die beiden Assistenzärzte der *Agamemnon* einen behelfsmäßigen Operationsplatz am Fuß des Hügels eingerichtet, den die Leichte und die Zweite Division erstürmt hatten. Er und seine Männer trugen verwundete Füsiliere und Gardisten zur Versorgung. Sie arbeiteten, solange noch Tageslicht herrschte. Sie waren entsetzt vom Blutzoll. Bald waren das Operationszelt und seine Umgebung übervoll von den verstümmelten Soldaten, die so tapfer gekämpft hatten. Die beiden Ärzte amputierten und extrahierten Minié-Geschosse, bis ihre Vorräte an Verbandsstoff erschöpft waren. Doch die Zahl der Männer, die ihre Hilfe brauchten, wuchs immer noch. Und so arbeiteten sie im Licht von Laternen, die von Bord der *Agamemnon* geholt worden waren, mit aufgerollten Ärmeln weiter. Trotz der Kühle der Nacht schwitzten sie, und der

Schweiß strömte ihnen über die bleichen, erschöpften Gesichter und machte sie fast blind.

Für die Verletzten gab es keine richtigen Transportmöglichkeiten, nur die jämmerlich wenigen Tragen der Regimentsmusiker und die Hängematten der Seeleute, an den Riemen befestigt. Die Krankenwagen waren mit den Transport- und Packpferden der Armee in Warna zurückgelassen worden. Phillip sah bei seinen Gängen kreuz und quer über den Hügel, daß die Franzosen für ihre Verwundeten eine hervorragende Ambulanzversorgung hatten. Sie funktionierte schon gleich nach dem Ende der Kampfhandlungen. Für die unglücklichen Briten hatte es solche Vorsorge nicht gegeben, und wie das Verbandsmaterial gingen auch die Vorräte an Brandy und Wasser schnell zur Neige. Männer mit frisch amputierten Armen oder Beinen wurden auf Heu- oder Strohlager gelegt, ihre Stümpfe waren auf roheste Weise mit dem gleichen Material bedeckt wie ihr Lager. Es gab keinen Trost für sie. Doch immer wieder trennte sich ein warmherziger Matrose von seiner Pfeife und seinem Tabak.

Als der Tag dämmerte, wurden die Verwundeten, die die Nacht und die Operation der Ärzte überstanden hatten, auf den Schultern ihrer Marinekameraden fünf oder sechs Meilen an den Strand getragen. Doch auch dort mußten sie bis zu einer Stunde warten, um Platz in einem der Boote zu finden, die zwischen Strand und Schiffen hin und her fuhren. Nur die Boote von Admiral Lyons' Geschwader standen dafür zur Verfügung. Die des Schlachtgeschwaders, das zwei Meilen weiter ankerte, wurden erst nach wiederholten Appellen geschickt – und dann auch nur in geringer Zahl.

Phillip arbeitete den ganzen Tag mit seinen Krankenträgern. Er war unrasiert, schmutzig und fühlte sich wie ein Schlafwandler. Niemand bat um Ablösung, keiner um Essen oder Rast. Immer wieder gab es Gerüchte, daß verwundete Russen auf die Retter geschossen hatten oder sie mit dem Bajonett angriffen. Doch er sah, daß seine Männer mit ihnen genauso vorsichtig und freundlich wie mit den eigenen Landsleuten umgingen. Zu Dutzenden wurden sie an den Strand gebracht. Zu Beginn der Dämmerung versuchte ein Trupp Türken, die russischen Verwundeten zu durchsuchen und auszuplündern. Die britischen Seesoldaten trieben sie wütend mit der Spitze ihrer Bajonette davon.

»Das ist ja wohl nicht in Ordnung«, sagte ein großer Bootsmannsmaat und deutete auf die Türken, die sich mit ein paar Seesoldaten herumstritten. »Die Russen sind sicher unsere Gegner, aber letztlich sind die Türken Heiden. Und so benehmen sie sich auch. Wie die Heiden.«

Phillip mußte dem grimmig zustimmen. Er fühlte sich schlecht vor Müdigkeit und Mangel an Essen. Die grausigen Bilder setzten ihm zu im Nachklang der Schlacht. Der Hügel, der so wild umkämpft und so teuer erobert worden war, war blutgetränkt. Am meisten bedrückte ihn, wie wenig er denen helfen konnte, die in der Schlacht verwundet worden waren. Er sah, wie Männer, die er und seine Gruppe zum Strand getragen hatten, dort in der Sonne starben, weil nicht genügend Boote kamen, um sie zu den wartenden Schiffen zu transportieren. Und er sah sie schmerzgekrümmt sterben, weil es nichts gab, das ihre Pein lindern konnte.

Verwundete verbluteten, weil es kein Material gab, das ihr Blut stillte. Sie hatten wahnsinnige Schmerzen bei den Amputationen erduldet ohne auch nur einen einzigen Schluck Brandy oder Rum, den man Verletzten gewöhnlich verabreichte, um den Schock zu übertönen. Viele, allzu viele blieben einfach unbeachtet liegen, weil es nicht genügend erfahrene Männer gab, die sich um sie kümmern konnten. Cholerakranke lagen neben Verwundeten aus der Schlacht, wurden mit ihnen in die gleichen Boote verladen und kamen auf die gleichen Schiffe. Die Infektionen wüteten weiter. Man hätte weinen können, wenn man Tränen gehabt hätte. So blieb Phillip nur die bittere Wut über die Zustände, die er mitansehen mußte, ohne sie verhindern oder verbessern zu können.

Bei Sonnenuntergang schickte Phillip seine Gruppe auf die *Agamemnon*. Die Männer mußten essen und ruhen. Angezogen von den Toten und Sterbenden stolperte er auf das Schlachtfeld zurück. Er nahm eine Flasche Whisky und ein paar Feldflaschen mit Wasser mit, die er von einem Bootsführer bekommen hatte. Damit wanderte er wie betäubt durch die Gruppen von Verwundeten, meistens Russen, die immer noch auf dem Hügel lagen. Bald kniete er neben einem Gequälten, dem er die Flasche an die Lippen hielt, bald half er einem seit seinem Sturz verkrampft Liegenden zu einer bequemeren Lage. Von allen Seiten hörte er Rufe nach Wasser gegen den brennenden Durst. Er half, wo er konnte. Er merkte, daß auch andere seinem Beispiel gefolgt waren, und schleppte sich müde weiter. Es waren Offiziere von Heer und Marine, Unteroffiziere und Mannschaften, mit Laternen ausgerüstet, die wahrscheinlich genauso vom Mitleid und Schock angetrieben wurden wie er selbst.

Ihm hatte sogar jemand erzählt, daß Lord Raglan nach der Schlacht über das Feld geritten war – sein Gesicht eine Trauermaske. Man sagte, daß er trotz Marschall St. Arnauds Drängen, die fliehende russische Armee zu verfolgen, darauf bestanden hatte, erst die Verwundeten zu versorgen und die Toten zu begraben. Phillip hatte keinen Grund, daran zu zweifeln, nach all dem, was er vom britischen Oberbefehlshaber gesehen und gehört hatte. Lord Raglan war ein sanfter, mitfühlender Mann. Er war derjenige, der entschieden hatte, die Krankenwagen und die britischen medizinischen Vorräte in Warna zu lassen und sie erst mit den Verstärkungen zu holen. Diese Entscheidung, eine bittere Notwendigkeit, bereute er jetzt sicher aus vollem Herzen.

Phillip seufzte. Ein Beerdigungskommando stampfte vorbei, und er trat zur Seite, um die Männer passieren zu lassen. Sie trugen Hacken und Spaten anstelle von Gewehren. Ein

Armeegeistlicher begleitete sie. Phillip beneidete keinen von ihnen um seine traurige Aufgabe. Seine letzte Wasserflasche war fast leer, und er hatte auch nur noch wenige Tropfen Whisky. Er drehte um, wollte zum Strand zurückkehren, um die Flaschen neu zu füllen, als er eine Stimme hörte, die ihn heiser auf Englisch anrief.

»Wasser. Bitte, Wasser. Haben Sie Wasser? Ich bin fast verdurstet.«

Phillip zuckte zusammen, hob die Laterne und schaute sich um, woher die Stimme kam. Tote Russen lagen oben auf einer Bodenwelle. Ein Mann bewegte sich noch, als er näher kam, hob schwach die Hand. Phillip trat zu ihm, beugte sich über ihn und drehte ihn sanft auf den Rücken. Goldlitzen glänzten im schwachen Licht der Laterne und das Gold eines kaiserlichen Adjutanten von den Schulterstücken. Seine schwerbestickte grüne Uniformjacke eines Jägers war von Blut und Matsch verschmutzt. Jemand hatte einen Streifen seiner Gürtelschärpe um seinen rechten Ärmel geknotet. Aber das hatte nicht gereicht, die Blutung des zerschmetterten Arms vollständig zu stoppen. Auch der Ärmel war jetzt blutdurchtränkt. Der Mann sprach trotz seiner Schmerzen Phillip sehr förmlich an. Sein Englisch war überaus korrekt und hatte fast keinen Akzent.

»Verzeihung, Sir. Ich habe nach Ihnen gerufen in der Hoffnung, daß Sie einen Tropfen Wasser für mich haben. Ich habe lange hier in der Sonne gelegen. Der Durst peinigte mich maßlos. Sonst hätte ich Sie nicht behelligt.«

»Sie behelligen mich nicht.« Phillip kniete nieder, legte ihm den Arm um die Schulter und half ihm in eine halb sitzende Position. Er nahm die Feldflasche und bedauerte, daß sie kaum mehr als den Tropfen enthielt, um den der russische Offizier gebeten hatte. »Versuchen Sie, langsam zu trinken«, sagte er warnend, »leider ist nicht mehr viel Wasser da.«

»Selbst das bißchen ist willkommen, Sir«, bestätigte der Russe. »Ich stehe tief in Ihrer Schuld.«

Er trank das Wasser, schmeckte ihm nach und murmelte vor jedem Schluck seinen Dank. Er bekleidete einen hohen Rang, obwohl er sehr jung war. Als die Flasche leer war, sah er dankbar hoch zu Phillip. Es war ein starkes, angenehm anzuschauendes Gesicht, wenn auch bleich und mit Stoppeln an Kinn und Wangen. Irgend etwas schien Phillip an diesem Gesicht bekannt, aber – er runzelte die Stirn und wehrte sich instinktiv dagegen, an einen phantastischen Zufall zu glauben. Ich bin müde, sagte er sich, bis zur Grenze meiner Kräfte erschöpft ...

Wie auch immer, er hatte Prinz Narishkin nur aus der Ferne gesehen, vor vielen Wochen vom brennenden Deck der *Tiger*. Die Chance, ihn jetzt wiederzuerkennen, war dünn bis nicht vorhanden.

»Ich werde Sie zu unseren Booten bringen«, sagte Phillip und setzte die leere Flasche ab. Seine Stimme klang harsch und befehlend. Der russische Offizier bewegte überrascht den Kopf.

»Das ist sehr gütig von Ihnen, aber ... Ich kann nicht gehen, selbst mit Ihrer Hilfe nicht, fürchte ich. Ich habe ein Bein gebrochen, als mein Pferd mit mir stürzte. Wie auch immer, Sir, wir sind im Krieg miteinander. Sie haben mir Wasser gegeben. Ich kann von Ihnen wirklich nicht mehr erwarten.«

»Sie können medizinische Versorgung erwarten, Oberst«, antwortete Phillip. »Und die werden Sie auch bekommen, wenn ich Sie auf mein Schiff schaffen kann. Wir werden mal sehen, ob ich Sie angenehmer betten kann. Dann werde ich nach Helfern suchen, die Sie zum Strand tragen. Es ist bald Tag, und unsere Boote werden dort warten.«

Ohne sich um den Protest des anderen zu kümmern, zog er Jacke und Hemd aus. Mit Streifen, die er aus dem Hemd gerissen hatte, band er das gebrochene Bein fest an das andere, benutzte eine Muskete als Schiene und machte für den verwundeten Arm eine Schlinge. Die Blutung hatte aufgehört, und Phillip nahm den blutdrosselnden Streifen ab. Wahrscheinlich war der Arm nicht mehr zu retten. Der russische Offizier ertrug diese Behandlungen stoisch ruhig und drückte erneut seinen Dank aus, als die Verbände saßen.

»Sie sind sehr gütig, Sir. So etwas hatte ich von einem Gegner nicht erwartet.«

»Ich verdanke mein eigenes Leben einer Hilfe, die ich unter ähnlichen Umständen von Ihren Landsleuten empfing, Oberst«, antwortete Phillip kurz.

Die Brauen des Russen hoben sich, dann verstand er. »Wie heißt Ihr Schiff, Sir?« fragte er.

»Ihrer Majestät Schiff *Agamemnon*, Flaggschiff von Admiral Sir Edmund Lyons.«

»Ah ja, ein schönes Schiff, ein sehr schönes Schiff. Aber vor Ihrer Kommandierung auf die *Agamemnon*, wo waren Sie da?« Mit sicherem Blick musterte er Phillip. »Ganz sicher waren Sie auf der *Tiger*, nicht wahr?«

»Ja, das ist wahr, Oberst.«

Phillip versuchte sich zu entfernen, aber der Russe hielt ihn am Arm zurück.

»Bitte, warten Sie. Ihr Name ist Hazard, nicht wahr? Leutnant Hazard, ehemals auf Ihrer Majestät Dampffregatte *Trojan*?«

»Ja, ich bin Leutnant Hazard, aber ...«

Phillip konnte sich sein Zögern selbst nicht erklären, das ihn hinderte, den anderen zu identifizieren. Solange noch der kleinste Zweifel bestand, wollte er objektiv bleiben, diesen Mann wie jeden anderen hilflosen und besiegten Feind behandeln, mit Mitleid, mit Güte. Doch wenn der andere zugeben würde, daß er ... Phillip machte seinen Arm frei und erhob sich.

»Da drüben sind Soldaten«, sagte er, »ich werde sie um Hilfe bitten. Wir haben keine Zeit zu verlieren, Sie zu einem Chirurgen zu schaffen, Ihretwillen.«

Er rief die Soldaten heran. Es waren Hochländer, die auf seinen Ruf hin näher kamen, drei kräftige Soldaten der Dreiundneunziger und ein grauhaariger Sergeant. Alle trugen Wasserflaschen.

»Ja, Sir!« Der Sergeant nahm vorschriftsmäßig Haltung an.

Phillip deutete auf den verwundeten Russen. »Ich wäre Ihnen dankbar, wenn Sie und Ihre Männer mir helfen würden, Sergeant. Ich möchte diesen Offizier gern zu unseren Booten bringen.«

Der Sergeant zögerte, sah sich die Uniform des Russen genauer an. »Das ist ein wichtiger Gefangener, Sir!«

»Ein sehr wichtiger. Ich denke mir, daß Admiral Lyons sich mit ihm unterhalten möchte.«

»Sehr gut, Sir. Wir werden ihn zum Strand tragen. Wir schulden der Marine Dank, so oder so, Leute. Und vor allem dem Admiral.«

Die Soldaten machten aus ihren Gewehren und zwei Jakken eine Trage, auf die sie mit großer Zartheit den Gefangenen legten und die sie dann auf die Schultern hoben.

Sie gingen mit großer Umsicht über das rauhe Gelände, hielten ab und zu an, um den Verwundeten ruhen zu lassen. Und gaben ihm immer dann aus den Flaschen ein paar Schlucke zu trinken.

Trotz ihrer Fürsorge mußte er viel aushalten, aber er beschwerte sich nicht und öffnete den Mund nur, um sich zu bedanken.

Phillip humpelte neben dem Sergeanten her, hörte seinen Bericht der Schlacht und vermied weitere Gespräche mit dem verwundeten Russen, der bei Bewußtsein war und ihn mit dunklen Augen offensichtlich perplex musterte.

»Sir Colin Campbell, Sir, der ist ein ganzer Kerl«, sagte der Sergeant. Er lächelte. »Unsere Jungs wollten voran, als sie sahen, daß die Garde uns voraus war. Und was macht Sir Colin? Reitet zu uns zurück und läßt uns wieder zu den Waffen greifen. ›Was soll dieser Wettlauf, Männer‹, sagte er, ›ihr marschiert zusammen mit der Hochlandbrigade oder ihr bleibt hier.‹ Aber dann, Sir, als wir den Gipfel vom Kourgane erreicht hatten und die schottische Füsiliergarde mit uns um die Wette stürmte und die Grenadiergarde und die Coldstreamgarde, um als erste die Kanonen zu erobern, da sprengt Sir Colin heran. ›Wir wollen hier nur Männer aus dem Hochland sehen‹, ruft er, und beim Himmel, Sir, er bekam seinen Willen, und man ließ uns die Ehre. Wir haben ihn hochleben lassen, bis wir nicht mehr konnten. Sie müssen uns doch auf den Schiffen gehört haben, Sir!«

»Das haben wir, Sergeant«, bestätigte Phillip. »Und wir haben auch gesehen, wie ihr euch den Hügel hochgekämpft habt.«

»Wir haben die Russen geschlagen, Sir, Mann für Mann«, berichtete der Sergeant weiter. »Sie standen da in großen Karrees, wissen Sie, die aufgepflanzten Bajonette auf uns gerichtet. Wenn sie standgehalten hätten, hätten wir die Karrees nicht aufgebrochen, denk' ich mal. Aber sie fingen ganz hinten an wegzulaufen und alle drehten durch, ehe wir sie mit den Bajonetten berührt hatten. Unsere Ausfälle waren gering, Sir. Nur fünfzehn Tote und dreiundachtzig Verwundete.«

»Wie hoch sind insgesamt unsere Verluste, wissen Sie das, Sergeant?«

Der Sergeant hob seine breiten Schultern. »Unser Adjutant sagte etwas von ungefähr fünfzehnhundert, Sir, gefallen und verwundet, bei den Franzosen sind es etwa zwölfhundert. Die Russen haben doppelt so viele verloren, Sir, nehme ich an, sie haben viele Tote.« Er verzog sein Gesicht. »Tote gab es im Verhältnis von sechs zu eins, einer von uns, sechs von ihnen, schätze ich mal. Und so schlecht sind meine Schätzungen sicher nicht. Ich war seit dem Morgengrauen bei einem Beerdigungskommando, Sir. Es ist dennoch schlimm, Sir, daß wir sie nicht verfolgen durften am Tag nach der Schlacht. Wir wären jetzt schon in Sewastopol, wenn Lord Raglan uns gelassen und die Marine sich allein um die Verwundeten gekümmert hätte.«

Phillip fragte sich, ob der Mann recht hatte, aber er argumentierte nicht. Wenn die alliierten Armeen die Russen weiter verfolgt hätten und die Flotten die Verwundeten versorgt und die Toten begraben hätten, hätte man jetzt sicher schon Sewastopol erobert. Wäre andererseits die russische Flotte ausgelaufen und hätte die britischen und französischen Schiffe vor Anker liegend angetroffen, ohne Mannschaften, dann sähe es heute auch anders aus ... Die Schlachtgeschwader wären zerstört, die russische Marine beherrschte das Schwarze Meer, da hätte man Sewastopol nicht lange halten können.

Mit dem ersten Tageslicht erreichten sie den Strand. Die Soldaten setzte ihre Last neben den anderen Verwundeten ab, die darauf warteten, auf ein Schiff gebracht zu werden. Phillip entließ sie mit großem Dank.

»Wir kommen sicher wieder und bringen noch den einen oder anderen armen Hund mit«, versicherte ihm der Sergeant munter. »Und dann machen wir uns vielleicht auf den Weg nach Sewastopol. Guten Morgen, Sir, und viel Glück.«

Phillip sah ihm und den Männern nach, bis sie verschwunden waren. Noch waren die Boote nicht gekommen, aber er sah, wie sie bereits von den Schiffen ablegten, auch von der *Agamemnon*. Er ging zur Wasserlinie, um sie zu erwarten. Das erste Boot stand unter dem Befehl von Tom Johnson. Er stimmte sofort zu, Phillips Gefangenen mitzunehmen.

»Begleitest du deinen russischen Oberst nicht, Phillip?« fragte er. »Du siehst aus, als könntest du etwas zu essen vertragen und ein paar Stunden Schlaf. Die alte Wunde in deinem Bein macht dir doch sicher zu schaffen.«

Phillip gab das zerknirscht zu. »Hat der Admiral nach mir gefragt?«

»Er wollte wissen, wo du bist, aber er sagte nicht, daß er dich braucht.«

»Dann wäre ich dir dankbar, wenn du dafür sorgtest, daß mein Gefangener so schnell wie möglich ärztlich betreut wird, Tom. Ich bin in etwa einer halben Stunde wieder da. Übrigens wird sich der Admiral sicherlich gern mit ihm unterhalten wollen. Er ist ein Adjutant von Prinz Menschikoff, nehme ich an.«

Tom Johnson spitzte die Lippen zu einem stummen Pfiff. »Das ist ja eine richtige Prise. Weißt du, wie er heißt?«

Phillip zögerte. »Frag ihn«, schlug er vor. »Ich gebe zu, ich hab's versäumt. Ich nehme an, er hat auch die *Tiger* erobert.« Er zeigte in die Richtung des Obersten. »Da liegt er, grüne Kavallerieuniform, Arm in der Schlinge, ein gebrochenes Bein an ein Minié-Gewehr geschient.«

»Wohin gehst du, Phillip? Du mußt dir doch endlich mal ein bißchen Ruhe gönnen. Du bist noch nicht ganz auf den Beinen und ...«

Phillip fiel ihm ins Wort: »Ich sehe, ein Boot hat von der *Trojan* abgelegt, Tom. Ich möchte gern mit dem reden, der es führt. Es wird nicht lange dauern. Da du so besorgt um mich bist, werde ich beim nächsten Törn mit dir zurückfahren. Mein Wort darauf.«

»Ich verlasse mich darauf, Phillip«, antwortete Tom Johnson und wandte sich an den Bootsführer: »Ich brauche zwei Mann mit einer Trage, Sie sollen einen russischen Oberst holen, der da drüben liegt.« Er wiederholte Phillips Beschreibung. »Bitte Beeilung und Vorsicht, der Mann ist schwer verwundet.«

Tom Johnsons Boot war mit seiner Ladung verwundeter Russen auf dem Wege zurück zur *Agamemnon*, als ein Boot von der *Trojan* anlandete. Zu seiner Freude erkannte Phillip Martin Fox im Heck und Fähnrich O'Hara am Ruder. Sie begrüßten ihn herzlich, und O'Hara drückte Phillips Hand so heftig, daß er um Gnade bat.

»Sie kennen Ihre eigenen Kräfte nicht, Mr. O'Hara«, sagte er mit gespieltem Ernst. »Aber Ihrer Gegenwart entnehme ich, daß Ihnen das Schwimmen von der *Tiger* zur *Trojan* nicht geschadet hat.«

»Nein, Sir«, bestätigte O'Hara. »Wir sind alle zurückgekommen. Außer Ihnen und dem Vollmatrosen Lacey, Sir.« Unsicher sah er sich zu Martin Fox um und verschluckte, was er wohl gerade hatte sagen wollen. »Ich übernehme die Suchgruppe, Sir«, bot er an, »wenn Sie sich mit Mr. Hazard unterhalten wollen.«

Fox zögerte, seine Wangen liefen rot an. Dann ergriff er Phillips Arm und führte ihn außer Reichweite der Bootsmannschaft.

»Du siehst krank aus, Phillip«, sagte er nur. »Sollen wir dich wirklich mit einer langen Geschichte von unseren Problemen behelligen?«

»Sind es so viele, Martin?«

Martin Fox nickte mit zusammengebissenen Zähnen. Phillip sah ihn sorgenvoll an. Obwohl braungebrannt, sah der junge Mann nicht so aus, wie er aussehen sollte. Er machte den Eindruck, daß er sich zwar eisern unter Kontrolle hielt, doch die Grenze seiner Geduld schon erreicht hatte. Er war übermäßig gealtert. Als er Phillips forschende Blicke bemerkte, lächelte er zurück, aber es war ein gezwungenes Lächeln, dem alle Freude fehlte.

»Setzen wir uns!« schlug er vor. »Wir haben Zeit, bis das Boot beladen ist.«

Sie gingen zum anderen Ende des Strandes und setzten sich, so daß sie einander ansehen konnten.

»Nimm einen Schluck von dem hier, Phillip.« Martin bot ihm eine Taschenflasche an. »Ich habe sie für die Verwundeten mitgebracht, aber der Inhalt wird dir guttun.«

Der kräftige Inhalt vertrieb Phillips schmerzende Müdigkeit. Er steckte sich eine Zigarre an, die ihm sein Freund angeboten hatte, und sie rauchten ein paar Minuten schweigend.

»Du bist in Odessa fast gestorben, nicht wahr?« fragte Fox endlich. »Wir haben so was gehört, aber mal ehrlich, Phillip«, er atmete tief aus, »dies klingt vielleicht gewaltig übertrieben, aber ich hätte meinen Platz gern mit dir getauscht, nicht nur einmal, sondern hundertmal. Ich würde den Platz auch jetzt noch mit dir tauschen und auch dein Hinken in Kauf nehmen.«

»Ist es so schlimm?« entgegnete Phillip besorgt.

»Schlimmer als es je war«, bestätigte Martin Fox grimmig. »Die Männer sind gänzlich demoralisiert, verbittert, nachtragend, ablehnend. Selbst die Unteroffiziere und die Seesoldaten machen kaum noch mit, der Holzfraß sitzt in jeder Seele. In Konstantinopel sind beim letzten Besuch siebzehn Mann desertiert, elf haben wir wieder eingefangen, und jeder bekam zehn Dutzend Hiebe, an denen bisher zwei gestorben sind. Es gibt keinen Offizier mehr, der nicht seine Versetzung eingereicht hätte. Jetzt weigert sich der Kapitän, die Gesuche weiterzuleiten. Anthony Cochrane ist unter Arrest, ihn erwartet ein Kriegsgericht, vielleicht hast du davon gehört?«

»Ja, Martin, ich habe davon gehört.«

Fox atmete den Rauch ein. Verbittert fuhr er fort: »Die Verhandlung hat noch nicht stattgefunden, also ist Cochrane von seinen Pflichten noch nicht entbunden. Fünf Wochen lang ging er Wache um Wache. Laidlaw geht es jetzt ähnlich und den meisten Fähnrichen auch.«

»Cochrane ist wegen Befehlsverweigerung angeklagt, nicht wahr?« fragte Phillip nachdenklich.

Martin Fox nickte betrübt. »Wir könnten alle angeklagt werden«, gestand er. »Vielleicht werden wir's auch, denn wir sind am Ende mit unserem Latein. North ist ein Sadist und, ganz ehrlich, ich glaube, er ist krank. Die Cholera hat uns ziemlich erwischt, als wir im Juli nach Kavarna zurückkamen nach einer kurzen Teilnahme an der Blockade von Sewastopol. Wir hatten einmal fast achtzig Kranke, Cholera oder Durchfall. Die lagen in den Hängematten. Der Kommandant befahl der gesamten Mannschaft, um drei Glasen in der Mittelwache anzutreten. Er ließ Übungsalarm trommeln, als wir vor Anker in der Bucht von Kavarna lagen.

Selbst die armen Hunde, die krank waren, wurden gezwungen, an Deck zu erscheinen. Und weil sie länger brauchten als sonst, befahl North, daß alle Hängematten in den Finknetzen gestaut werden sollten. Cochrane hatte die Wache und weigerte sich, dem Befehl zu folgen, darum …« Hilflos breitete er die Arme aus. »Also wurde er der Befehlsverweigerung angeklagt. Jetzt wartet er nur noch auf den Tag der Verhandlung. Dann wird er dem Gericht erzählen, was es heißt, unter Kapitän North zu dienen.«

Scharf fragte Phillip zurück: »Weiß North das, Martin?«

Wieder zuckte der mit den Schultern. »Es scheint ihn nicht zu bedrücken. Darum glaube ich, daß er krank ist. Kein Mann mit gesundem Verstand kann sich so benehmen und sich einen Teufel um die Folgen scheren. Wenn die Männer von Natur aus nicht so sanftmütig wären, hätten sie längst versucht, ihn umzubringen.« Er lächelte unglücklich. »Ich habe darüber auch schon nachgedacht, als ich ganz unten war!«

Entsetzt und erschreckt starrte Phillip ihn ungläubig an. »Du, Martin? Um Himmels willen!«

»Vielleicht habe ich doch zuviel Angst vor ihm.«

»Ich nehme an, Ihr habt überlegt, den Befehlshaber zu bitten, ihn von seinem Kommando abzulösen!«

»Wir haben das überlegt«, gab Fox ernst zu. »Wir reden von kaum etwas anderem. Aber im Krieg ist das eine ernste Sache, Phillip, und wenn die Petition abgelehnt wird, kann sie uns alle zerstören. Im Augenblick haben wir beschlossen, als Zeugen der Verteidigung von Cochrane aufzutreten. Jeder von uns wird unter Eid vor Gericht sein Zeugnis ablegen. Das muß doch zu einer Untersuchung führen, glaubst du nicht auch?«

»Ich denke, es müßte reichen«, stimmte Phillip zu und versuchte, sein müdes Gehirn zu zwingen, andere Möglichkeiten zu finden. »Wann ist die Verhandlung?«

»Man hat uns noch nicht informiert, der Krieg hat sicher Vorrang. Wie auch immer, wir sind praktisch Gefangene auf der *Trojan*, wie du weißt.« Fox klang jetzt völlig verbittert und zynisch. »Kein Landurlaub, keine Besuche von Schiff zu Schiff, der Kapitän immer ausgenommen. Glaub mir, unsere Boote sind erst zum zweitenmal hier an Land. Gestern habe ich dich nicht gesehen, und wenn wir uns heute nicht zufällig getroffen hätten, hätte ich dir meine Sorgen nicht erzählen können. Wer sonst würde sie ernst nehmen? Du glaubst mir ganz bestimmt!«

»Selbstverständlich, Martin. Ich glaube dir. Und es tut mir leid.«

Mitfühlend legte Phillip seinem Freund die Hand auf die Schulter und packte sie fest. Von dem, was Martin Fox ihm erzählt hatte, war er wie erschlagen. Ihm war so schlecht wie kurz zuvor auf dem Schlachtfeld von Alma. Er zögerte. Sein ganzer Instinkt warnte ihn davor, das zu tun, was er tun mußte. Die *Trojan* war sein Schiff, die Männer waren seine Mannschaft ... Er atmete tief, und Martin Fox erhob sich sofort.

»Ich muß gehen, Phillip. Das Boot wird beladen sein, ich kann die armen Verwundeten nicht warten lassen. Aber es tat gut, mit dir zu sprechen.«

»Augenblick mal, Martin.« Steif erhob sich Phillip. Er fühlte sich krank, sein Kopf schmerzte, daß er es kaum aushielt, und seine Kehle war trocken. Doch es gab keinen anderen Weg. »Würde es euch helfen, wenn ich wieder auf die *Trojan* zurückkehren würde? Ich könnte darum nachsuchen. Ich kann vielleicht an Bord nichts erreichen, aber ich könnte es wenigstens versuchen.«

»Um Gottes willen, Phillip!« Fox drehte sich um, alle Farbe war aus seinem Gesicht gewichen. »Du bist verrückt, wenn du das tust. Die *Agamemnon* verlassen und auf die *Trojan* zurückgehen, nachdem du entkommen konntest! Sei kein Idiot!«

»Vergiß mal meine geistige Gesundheit, Martin, würde es helfen?«

»Aber das kannst du doch nicht glauben?«

»Ich meine es ganz ehrlich, keine Frage!«

»Dann komm zurück«, antwortete Fox mit belegter Stimme. Er ergriff mit beiden Händen Phillips Hand, und seine Augen glänzten verdächtig. »Ich danke dir aus tiefstem Herzen, wenn du das tust, Phillip!«

Sie sahen sich einen Augenblick still an und gingen dann schweigend nebeneinander her zu den wartenden Booten.

Tom Johnsons Boot kehrte zum Strand zurück, als Martin Fox ihn gerade verlassen hatte. Er berichtete, als Phillip zu ihm kam.

»Dein Gefangener ist sicher in den Händen des Chirurgen gelandet, Phillip. Vielleicht hat er seinen Arm mittlerweile verloren. Ich habe ihn übrigens nach seinem Namen gefragt. Er ist wirklich eine wertvolle Prise. Er ist Oberst Prinz Andrei Narishkin, Adjutant von Prinz Menschikoff, und natürlich ist der Admiral sehr an ihm interessiert. Wir haben auch einen General an Bord, General Karganoff, der ebenfalls schwer verwundet ist. Ich habe gehört, daß beide heute abend oder morgen zusammen mit fünfhundert weiteren Russen auf ein Transportschiff verlegt werden, das die *Fury* nach Odessa führen wird.«

Überrascht wollte Phillip wissen: »Sie werden also repatriiert?«

»Auf Befehl des Admirals«, versicherte ihm Tom Johnson. »Und als Zeichen der Anerkennung dafür, wie der Gouverneur die Gefangenen der *Tiger* – dich eingeschlossen – behandelt hat.« Er lächelte. »Gefällt dir das? Ich könnte es mir vorstellen.«

»Natürlich gefällt es mir.« Phillip suchte in der Brusttasche seines Jacketts nach dem Smaragdring, den Mademoiselle Sophie ihm gegeben hatte. Er sah auf das schöne Schmuckstück, das in dem offenen Kästchen lag, und sein Lächeln wurde heiter. »Könntest du mir einen kleinen Gefallen tun, Tom?«

»Selbstverständlich. Worum geht es?«

Phillip gab ihm den Ring. »Gib diesen Ring Oberst Prinz Andrei Narishkin, ehe er das Schiff verläßt, und sag ihm, sag ihm, daß er seiner Frau gehört und ich gerne möchte, daß sie ihn zurückbekommt.«

»Seiner Frau? Aber du meinst doch sicher ...«

»Keine Fragen, Tom. Gib ihm nur den Ring, sonst gar nichts. Wirst du's machen?«

»Natürlich, wenn du darauf bestehst! Aber ich spüre ein Geheimnis. Warum gibst du ihm den Ring eigentlich nicht selbst? Du kommst doch wieder zurück an Bord mit uns!«

Phillip nickte. »Aber nur lange genug, um meine Sachen zu packen und den Admiral zu sprechen. Ich werde ihn bitten, mich wieder auf die *Trojan* zu kommandieren, und ich glaube nicht, daß er es ablehnen wird.«

Tom Johnson blieb der Mund offen stehen. »Bist du verrückt, Phillip?« fragte er dann ungläubig.

»Ja, vielleicht«, gab Phillip bedrückt zu.

Er sah noch einmal auf den Ring und erinnerte sich an Mademoiselle Sophies kleines, süßes Gesicht. Als Tom Johnson das Kästchen zuklappte und es in seine Tasche steckte, war die Vision verschwunden. Das war also das Ende eines Traums, das einzig mögliche, das dieser Traum haben konnte. Sophie würde den Ring unter diesen Umständen gern haben wollen. Er war glücklich, daß ihm ein verrücktes Schicksal erlaubte, ihr ihren Mann zurückzuschicken – zusammen mit dem Ring. Wenn dasselbe Schicksal sie einst wieder zusammenführen sollte, wäre sein Gewissen rein. Ihn würde dann nur bedrücken, daß sie sich – jedenfalls für ganz kurze Zeit – geliebt hatten.

Admiral Lyons akzeptierte seinen Wunsch, ohne nach dem Grund zu fragen. Und innerhalb einer Stunde brachte ein Boot der *Agamemnon* Phillip auf die *Trojan* zurück.

9

Am 23. September gruppierten sich die alliierten Armeen um und marschierten von den Höhen am Alma weiter in Richtung Sewastopol. Die Flotten nahmen an diesem Abend an der Mündung des Katcha mit ihnen Kontakt auf, um Vorräte auszuschiffen und um Kranke zum Transport zum Bosporus aufzunehmen.

Für Phillip waren die Tage, die der Rückkehr auf die *Trojan* folgten, die schlimmsten, die er je erlebt hatte. Kapitän North begrüßte seine Rückkehr ganz und gar nicht und unternahm keinen Versuch, die Tatsache zu verbergen, daß die Atmosphäre gespannt und unglücklich war. Die Männer murrten, die Offiziere waren lustlos und verzweifelt. Wie immer ließ North seine Offiziere im Ungewissen. Seine Befehle kamen ohne jegliche Erklärung und mit nur wenigen Einzelheiten. Dabei war er selbst auf dem Flaggschiff in der Besprechung der Kapitäne über alles detailliert informiert worden, was geplant war. Phillip war nun gewöhnt, ganz in der Nähe des Admirals zu sein, wenn Pläne entwickelt und diskutiert wurden. Er kannte alle Befehle an die Flotte, denn viele hatte er selber ausgeschrieben. Es ärgerte ihn zunehmend mehr, daß ihm North jede Information verweigerte. Wie allen anderen Offizieren wurde auch ihm jeder Landurlaub verboten, und er hatte wenig Gelegenheit, Besucher von anderen Schiffen des Geschwaders zu begrüßen. Er hatte also kaum Kontakt mit denen, die ihr Wissen mit ihm geteilt hätten.

Nur Tom Johnson gelang es, spät am Abend des 24. September, eines Sonntags, mit Befehlen von Admiral Lyons offiziell an Bord zu kommen. Zu dieser Zeit biwakierten die Armeen bereits weniger als vier Meilen von ihrem Ziel entfernt am Balbec. Von ihm erfuhr Phillip, daß Kapitän Jones von HMS *Sampson*, die Sewastopol zu beobachten hatte, einige Änderungen in der Position der Linienschiffe im Hafen von Sewastopol gemeldet hatte. Die Bedeutung dieser Änderungen wurde ihm klar, als Admiral Dundas mit seinem Kampfgeschwader vor dem Hafen aufzog. Unter dem Schutz der Kanonen der *Britannia* wurde die *Retribution* zur Erkundung dicht unter die Küste geschickt.

»Gestern wurde im Artillery Creek ein Zweidecker beobachtet, der im Besan eine Admiralsflagge führte. Es sah aus, als wollte er auslaufen«, erläuterte Johnson. »Aber wie Kapitän Drummond heute morgen beobachtete, haben die Russen bei einem Großteil ihrer Flotte einfach die Seeventile geöffnet und die Schiffe auf Grund gesetzt.« Er klang verächtlich. »Und nur um die Hafeneinfahrt für uns zu sperren.«

»Um die Hafeneinfahrt zu sperren?« wiederholte Phillip ungläubig.

»Kapitän Drummond berichtete dem Admiral, daß sieben Linienschiffe, die meisten Zweidecker, zwischen dem Fort Konstantin und der 50-Kanonen-Batterie im Norden der Quarantänebucht versenkt worden sind«, fuhr Tom Johnson immer noch verächtlich fort. »Ihre Masten sind eben noch über Wasser. Acht weitere, darunter ein Dreidecker, ankern von Ost nach West innerhalb der Sperren. Drei von diesen Schiffen liegen schräg, damit ihre Kanonen einen steileren Schußwinkel haben und über das Land im Norden hinwegfeuern können. Der Rest liegt vorn im Hafen. Ihre Kanonen sind auf die Einfahrt gerichtet. Die Russen haben ihre Landbefestigungen im Norden verstärkt. Ein großes, achteckiges Fort, das auf unseren Karten Star Fort heißt und mindestens mit 50 Kanonen bestückt ist, deckt den Balbec. Die Franzosen sollten dort übersetzen, aber jetzt gibt es einen ganz neuen Plan.«

»Was hat sich denn geändert?« wollte Phillip wissen.

»Die Richtung.« Johnson hob die Schultern. »Wie du weißt, wollte Admiral Lyons mit den vereinten Flotten in den Hafen segeln und die ankernde russische Flotte angreifen. Die Armeen sollten gleichzeitig von Norden her über Land angreifen. Aber jetzt, da die Hafeneinfahrt gesperrt ist, geht das nicht mehr.« Er seufzte. »Es gab den ganzen Tag über Besprechungen. Alle Generäle und Admirale waren dabei. Ich bin nicht ganz sicher, Phillip, aber man redet davon, daß Marschall St. Arnaud so krank ist, daß er sein Kommando General Canrobert übergeben wird. Das wird aber keinen Einfluß auf die französische Strategie haben, weil beide offensichtlich der Meinung sind, daß Sewastopol von Norden her nicht zu nehmen ist. Sie glauben, daß ohne die Unterstützung der Flotte ein Angriff aus der jetzigen Position nördlich vom Balbec mit Sicherheit schiefgehen wird. Also hat man sich für einen Flankenangriff entschieden. Die Armeen werden um Sewastopol herumgeführt und ihren Angriff im Süden starten.«

»Aber das dauert Tage, Tom!« warf Phillip ein. »Und wenn sie die Küste verlassen, sind sie von uns gänzlich abgeschnitten.«

»Es ist dennoch beschlossen worden«, bestätigte Tom Johnson. »Admiral Lyons hat nur zögernd eingewilligt, wie du dir vorstellen kannst. Aber da die Hafeneinfahrt blockiert ist – was kann er tun außer zuzustimmen? Die Befehle, die ich deinem Kommandanten gerade überbracht habe, lauten, daß das Dampfergeschwader nach Balaclava laufen wird, die Transportschiffe mit dem Belagerungsmaterial begleiten und dort den Hafen besetzen und die Armeen am Ende ihres Marsches erwarten wird.«

Phillip spitzte die Lippen wie zu einem stummen Pfiff: »Hast du eine Ahnung, wann wir segeln werden?«

»Nein.« Tom Johnson schüttelte den Kopf. »Wahrscheinlich morgen. Frederick Maxse soll Lord Raglan begleiten und Befehle von ihm überbringen. *Highflyer* oder *Retribution* werden wohl Balaclava erkunden und auch Kamiesch und Kazatch. Vielleicht übernimmt das auch Admiral Lyons, das steht alles noch nicht fest. Aber Maxse sagte, daß der Admiral und Lord Raglan Balaclava als Basis für unseren Angriff auf Sewastopol vorziehen. Balaclava hat einen guten Hafen und wird praktisch oder tatsächlich nicht verteidigt. So, nun muß ich gehen.« Er streckte seine Hand aus. »Viel Glück, Phillip. Ich seh' dich sicher in ein paar Tagen in Balaclava.«

Tom Johnson behielt recht mit seinen Annahmen und auch in bezug auf den Gesundheitszustand von Marschall St. Arnaud, der sich ständig verschlechterte. Am nächsten Tag übernahm General Canrobert den Oberbefehl über die französischen Land- und Seestreitkräfte. Der Marschall – der wohl mit dem Tode kämpfte – setzte auf das französische Schlachtschiff *Berthelot* über, für seine letzte Reise, wie man vermutete. Er starb vier Tage später.

In der Zwischenzeit marschierten die alliierten Armeen nach dem Kompaß ins Landesinnere, um Sewastopol herum. Es war ein schwieriger Marsch über wegloses, dicht bewaldetes Land, doch er wurde schnell und erfolgreich beendet. Bis auf ein Scharmützel mit der Nachhut einer russischen Division, die Sewastopol in Richtung Simpheropol verließ, stießen sie kaum auf Widerstand. Die vierte Division von Sir George Cathcart, die den Balbec verteidigen sollte, blieb unbehelligt. Die Flotten standen vor der Mündung des Katcha, um weitere Befehle von Lord Raglan abzuwarten. Nur ein paar Dampffregatten waren mit Aufklärungsaufgaben befaßt oder begleiteten Transportschiffe mit Kranken und Verwundeten zum Bosporus.

Die Befehle kamen am Morgen des 26. September. Frederick Maxse überbrachte sie nach einem halsbrecherischen nächtlichen Ritt quer durch fünfzehn Meilen feindliches Territorium. Sir Edmund Lyons sollte mit dem Geschwader und der Belagerungsausrüstung sofort nach Balaclava vorstoßen, um mit dem Heer zusammenzuarbeiten. Wieder einmal war Phillip Tom Johnson dankbar für diese Information und den Bericht über Leutnant Maxses gefährlichen Ritt. North befahl ihm nur, Dampf zu halten und das Schiff klarzumachen, um auf Befehl von der *Agamemnon* mithilfe der Maschine auszulaufen.

Um die Mittagszeit war das Dampfergeschwader in Begleitung der Versorgungsschiffe mit Vorräten und Material für die Armee und mit den schweren Kanonen für die Belagerung, vor Balaclava. Die *Agamemnon* brachte den angedeuteten Widerstand eines alten genuesischen Forts auf den Klippen mit einer einzigen Breitseite zum Schweigen, und die *Niger* lief ein, um die Tiefen zu messen. Am nächsten Tag, als die britischen Truppen von den Hügeln über Kadikoi in die kleine Stadt einmarschierten, setzte Admiral Lyons seine Flagge auf der *Caradoc*, um an Land überzusetzen und Lord Raglan zu begrüßen. Kapitan Mends brachte mit gekonnter Seemannschaft ein paar Stunden später die *Agamemnon* in den kleinen, vom Land eingeschlossenen Hafen und setzte eine Vorhut von Seesoldaten an Land, die die Verteidigung der Briten verstärken sollte.

Auf den ersten Blick scheint Balaclava eine gute Entscheidung als britische Basis, dachte Phillip. Die Messungen der *Niger* hatten überall genügend tiefes Wasser gezeigt, so daß auch große Schiffe einlaufen konnten, um am Kai zu löschen. Die *Agamemnon* hatte das unter dem Jubel der Truppen an Land vollbracht. Der Hafen, eine halbe Meile lang und einige dreihundert Meter breit, war ein Fjord mit schmaler Öffnung und hohen Klippen links und rechts. Der Ankergrund war sicher und geschützt und die natürlichen Verteidigungsanlagen beachtlich. Die Stadt, ein Haufen kleiner hölzerner Häuser, lag sieben Meilen von Sewastopol entfernt, und die Einwohner, von Griechen abstammend, schienen die russischen

Herren keineswegs zu lieben. Sie begrüßten die Invasoren sehr herzlich.

General Canrobert inspizierte den Hafen und entschied, er sei zu klein, um auch seinen Truppen als Basis zu dienen. Er beriet sich mit Lord Raglan und beharrte nicht nach der Tradition der Franzosen auf einer Stellung rechts. Er entschied sich für die Bucht von Kamiesch und von Kazatsch als französische Basis. Diese beiden großen geschützten Biegungen lagen nahe am Kap Kheron – näher an Balaclava als an Sewastopol. Auf einer bequemen Straße konnte man das Plateau darüber erreichen. Die beiden Armeen machten also eine Flankenbewegung und ließen sich auf dem Plateau nieder, dem Hochland von Kheron. Die Franzosen hatten ihre linke Flanke an der Bucht von Kamiesch im Westen, und die Briten lagerten am Tchernaya, einem Fluß, acht Meilen im Osten entfernt. Fünfhundert Fuß weiter lag Sewastopol, ihnen scheinbar schon ausgeliefert. Ein paar Forts und Wallanlagen schützten es. Truppen fehlten. Die Vorbereitungen zur Eroberung begannen sofort.

Admiral Lyons kleines Geschwader war bald vollauf damit beschäftigt, Vorräte an Land zu schaffen und Transportschiffe zu entladen. Die Schiffe ankerten mit dem Bug im Fluß und dem Heck an Land. Der kleine Hafen war bald randvoll, als mehr und mehr Transporter von den kleinen Dampfern hereingeschleppt wurden. Die *Sanspareil* und die *Diamond* liefen ein, um Verstärkung für die Seesoldaten an Land zu setzen, die die Höhen über dem Hafen zu verteidigen hätten. Der Rest der Brigade Schwerer Kavallerie kam aus Warna an und wurde ausgeschifft. Es erging Befehl, das Belagerungsgerät an Land zu bringen, und die Blaujacken arbeiteten so eifrig, daß schon am 2. Oktober bis auf zwei alle schweren Belagerungskanonen sicher an Land waren, samt Pulver und Munition.

Auf Lord Raglans Wunsch wurde dann entschieden, mehr als fünfzig Schiffskanonen an Land zu schaffen, die von Seeleuten bedient werden sollten. Admiral Dundas schickte Einheiten seines Kampfgeschwaders nach Balaclava. Dort formierten sie sich als Marinebrigade. Die *Trojan* und die *Firebrand* brachten sie in den Hafen, das Geschwader ankerte weiter vor dem Katcha. Das Kommando übernahm Kapitän Lushington von der *Albion*. Sein Stellvertreter war Kapitän Peel von der *Diamond*. Die Brigade hatte achtunddreißig Offiziere und tausend Mann. Von den Seesoldaten waren schon insgesamt zwölfhundert Mann an Land.

Die meisten Kanonen – 40-Pfünder, die ungefähr je 40 Zentner wogen – kamen von Bord der *Diamond*. Das Schiff blieb weiter im Hafen und diente als Auffangstelle für kranke und verwundete Seeleute. Die anderen Kanonen kamen von anderen Schiffen, einschließlich vier 68-Pfünder von der *Terrible*, die je 95 Zentner wogen. Die beiden Langrohrkanonen, die von der *Beagle* stammten, konnten auf große Entfernung 90-Pfund-Kugeln verschießen. Einhundertfünfzig Kugeln und dreißig Granaten mit entsprechend viel Pulver wurden als erstes für jede Kanone an Land geschafft und siebzig Schuß für jedes Feldstück.

Es war eine herkulische Aufgabe, Kanonen aus dem Hafen auf das Plateau zu den Batterien zu schaffen, die dort ausgebaut wurden. Alle Arten von Wagen, Maulesel und sogar Kamele wurden requiriert, um die Munition zu bewegen. Doch die meisten Kanonen waren für die Tiere zu schwer. Also schleppten die Seeleute das Gerät schließlich selber sieben Meilen bergan auf steilen, zerfurchten Wegen. Die Königliche Artillerie stellte Transportgerät für die 68-Pfünder zur Verfügung, aber es gab nicht genug für die 32-Pfünder. So mußten also alle auf den hölzernen Lafetten nach oben bugsiert werden, auf denen sie auch an Bord bewegt wurden. Jeweils fünfzig Blaujacken warfen sich an jeder Kanone ins Zaumzeug, und ermuntert durch lustige Weisen von Fiedlern oder Pfeifern, schufteten die Männer von halb fünf Uhr morgens bis halb acht abends – mit kurzen Essenspausen.

Phillip befehligte zehn Tage lang ein Kommando von einhundertzwanzig Mann von der *Trojan*, das Kanonen und Munition vom Hafen auf die Anhöhe brachte, von der man die Ebene von Balaclava überblicken konnte. Dort übernahm sie ein anderes Kommando, das zur Marinebrigade gehörte, und schaffte sie ins Lager der Leichten Division, nahe der Straße nach Woronzoff, wo die Marinebatterien lagen. Die Männer der *Trojan* arbeiteten genauso zäh und verbissen wie die Männer der anderen Schiffe, und als sie von Bord und außer Sicht ihres Kommandanten waren, sogar mit Freude. Als er sah, wie sie an den Zugseilen zogen und schwitzten, konnte er nicht glauben, daß dies dieselben lustlosen Männer waren, die er an Land gebracht hatte. Sie lachten und rissen ihre Witze, erleichterten sich die Arbeit damit, und wenn sie mal Pause machten, sangen sie sogar zu den Melodien, die der Fiedler ihnen vorspielte.

Sie schliefen an Land unter jedem Schutz, den sie finden konnten. Über die Unbequemlichkeiten, die sie erduldeten, rissen sie Witze, anstatt sich zu beschweren. Einige von ihnen schleppten sogar nach offiziellem Ende ihrer Arbeit Pulver und Kugeln zu den Batterien, nur um zu sehen, wo die Kanonen der Marinebrigade standen.

Als die letzten Kanonen auf dem Oberland waren, kamen Befehle, daß die Mannschaften an Bord zurückkehren sollten. Da rebellierten die Matrosen der *Trojan*. Ein riesengroßer irischer Vollmatrose namens O'Leary führte sie an, aber die ganze Gruppe sammelte sich vor Phillip mit der Bitte, daß man ihnen erlaube, sich freiwillig zur Marinebrigade zu melden.

Es war nutzlos, ihnen zu erklären, daß an Land nicht mehr Männer gebraucht wurden oder daß die hundertvierzig Mann aus den Schlachtschiffen rekrutiert worden waren, die jeweils etwa tausend Mann Besatzung hatten. Ein Schlachtschiff konnte also immer noch ohne die Männer an Land funktionieren. Phillip erklärte ihnen das alles haargenau, doch er wußte, daß er diese Männer mit Worten nicht mehr überzeugen konnte. O'Leary hörte aufmerksam zu, aber er blickte stur wie ein Maulesel. Und auch in den Gesichtern der anderen Männer bewegte sich nichts.

»Ersatz für die Männer, die krank werden oder verwundet, sucht die Flotte natürlich, O'Leary«, bot er als Trost an. »Sie könnten sich freiwillig melden, wenn Sie unbedingt an Land dienen wollen.«

»Dann ist es viel zu spät, Sir!« entgegnete O'Leary hölzern.

»Zu spät, zu spät wofür? Reden Sie, Mann! Glauben Sie etwa, daß Sewastopol in ein paar Tagen erobert sein wird?«

»Nein, Sir, das habe ich nicht gemeint, Sir.«

»Was dann, Mann? Werden Sie deutlicher!«

Der große Ire wurde rot und schwieg. Seine Augen baten stumm um Verständnis. Fähnrich O'Hara, der als Stellvertreter die Gruppe führte, zu der O'Leary gehörte, kam seinem Landsmann zu Hilfe und bat Phillip um Erlaubnis, ihn allein sprechen zu dürfen.

Sie gingen außer Hörweite der Männer, und dann sagte Phillip ernst: »Also, Mr. O'Hara?«

»Sir«, seine Stimme klang so bittend, wie die Augen des Iren geblickt hatten, »Sie wissen doch, was O'Leary meint, Sir? Sie wissen, warum keiner der Männer auf das Schiff zurück will?«

Phillip holte Luft. Aus Gründen der Disziplin, das war klar, hatte er Nichtwissen vorzuschützen. Aber er konnte sich dazu nicht durchringen.

»Selbst wenn es so wäre, Mr. O'Hara, änderte das nichts an der Sache, fürchte ich. Es überschreitet meine Macht zu erfüllen, was O'Leary will.«

»Wirklich, Sir? Überschreitet es wirklich Ihre Macht? Sie waren doch im Stab von Admiral Lyons. Der Admiral wird Ihnen zuhören, wenn Sie zu ihm gehen, Sir.«

»Wir sind im Krieg, Mr. O'Hara«, mußte Phillip ihn erinnern. »Ich kann die Befehle des Admirals nicht in Frage stellen oder ihn gar bitten, sie zu ändern. Die *Trojan* ist eine Fregatte mit besonderen Aufgaben und einer Besatzung von dreihundert Mann. Jeder einzelne wird gebraucht, damit sie auf See funktioniert. Wenn diese Männer sich freiwillig zur Marinebrigade an Land meldeten, würde die *Trojan* kein funktionierendes Schiff der Flotte mehr sein. Die Männer müßten entweder ersetzt werden, oder das Schiff müßte, wie die *Diamond*, im Hafen liegenbleiben. Aber so viele Dampfschiffe haben wir nicht. Wir können nicht auf die *Trojan* verzichten, Mr. O'Hara. Wir können auf kein einziges Schiff des Dampfergeschwaders verzichten, das müssen Sie begreifen.«

»Ja, Sir, das begreife ich auch«, gab O'Hara zu. »Dennoch ...« Seine junge Stimme klang viel zu enttäuscht. »Lieber würde ich die *Trojan* ohne Kanonen und ohne Mannschaft sehen wie die *Diamond*, als bloßen Rumpf zur Aufnahme von Kranken und Verwundeten bestimmt, als daß ich diese Männer gegen ihren Willen wieder an Bord schickte.«

»Ohne Zweifel würden Sie das tun«, entgegnete Phillip. »Aber diese Entscheidung, Mr. O'Hara, können weder Sie noch ich fällen.«

»Nein, Sir. Aber die Männer haben über sich ergehen lassen, was ein Mann nur aushalten kann, verstehen Sie, Sir. Und ich fürchte, wenn sie an Bord zurückkehren, wird es Probleme geben, Sir. Ich habe sie reden hören, Sir. Der Kapitän ...«

»Vergessen Sie das sofort, Mr. O'Hara«, forderte Phillip ihn ernst auf. »Und lassen Sie Ihren Arbeitstrupp sofort antreten, wenn ich bitten darf. Wir haben den Befehl, an Bord zurückzukehren.«

»Aye, aye, Sir«, gab der große Fähnrich knapp als Antwort.

Auf seinen lauten Befehl traten die Männer an und ließen sich von ihm, so niedergeschlagen wie am Anfang der Woche, zum Hafen führen und zu den wartenden Booten, die sie zur *Trojan* zurückbringen sollten. Sie sangen nicht, marschierten in wütender Stille, der Fiedler hatte sein Instrument unter den Arm geklemmt. Phillip konnte ein tiefes Mitgefühl nicht unterdrücken und versuchte, ihnen Trost zu spenden, indem er versprach, daß er dem Kapitän einen lobenden Bericht über ihren Einsatz geben würde.

O'Leary sah ihn abschätzend an und spuckte sich dann mit Nachdruck vor die Füße. »Sparen Sie sich das, Sir«, riet er. »Das ist alles ganz umsonst. Kapitän North will von keinem etwas Gutes hören, egal wer es ihm meldet. Und das wissen Sie doch längst.«

Phillip tat, als habe er das nicht verstanden, und wies den Mann nicht zurecht.

Zurück auf der *Trojan*, schien sich wenig geändert zu haben, die Atmosphäre war fühlbar schlecht. Wenige Minuten nach Phillips Ankunft schien sich Drohendes um ihn zu sammeln. Anthony Cochrane, der immer noch Wache um Wache gehen mußte, schritt wie ein Geist mit grauem, müdem Gesicht auf dem Achterdeck auf und ab. Den Toppgasten des Fockmastes, so erfuhr Phillip, war der Grog gestrichen worden, wegen mangelnder Pflichterfüllung. Zwei Mann der Backbordwache standen unter Arrest und warteten auf das Urteil des Kapitäns, weil sie sich geweigert hatten, einem Befehl zu folgen. Martin Fox hatte drei Mann mit Cholera krankgemeldet. Einer von ihnen war der persönliche Steward des Kapitäns. Der hatte den Zorn seines Kommandanten so sehr gefürchtet, daß er bis zum Zusammenbruch arbeitete.

»Der Arzt meint, der arme Mann wird sterben«, sagte Fox. »Jede medizinische Hilfe kam für ihn zu spät, als sie ihn nach unten brachten.« Und dann fügte er achselzuckend hinzu: »Ich muß dir nicht sagen, Phillip, daß ich keinen freiwilligen Ersatzmann für ihn finde.«

»Und ich«, berichtete ihm Phillip bedrückt, »mußte den Wunsch meines gesamten Kommandos ablehnen. Sie wollten sich lieber freiwillig zur Marinebrigade melden, statt an Bord zurückzukehren.«

Sie tauschten traurige Blicke.

»Warum sagst du das dem Kapitän nicht, wenn du dich zurückmeldest?« meinte Fox zynisch.

»Wie soll ich das? Nein, ich beschränke mich darauf, sie zu loben, wie gut sie an Land gearbeitet haben. Wirklich großartig, Martin. Jeder hat bis zum Umfallen geschuftet und kein einziges Mal gemeckert, egal was man von ihnen verlangte. Das ist die Wahrheit, und die werde ich dem Kapitän sagen. Wo ist er, weißt du das?«

»Er speist unten. Aber ich weiß nicht, ob er eine Störung mag. Wie auch immer ...« Martin Fox hob die Schultern. »Ich möchte privat mit dir reden, wenn du mal eine halbe Stunde Zeit hast, Phillip. Und Mr. Burnaby will das auch. Vielleicht redest du zuerst mit ihm.«

»Burnaby?« Phillip zog die Brauen hoch. »Was will er?«

»Ich hätte lieber, er sagte es dir selbst. Aber ich will dich nicht vom Kapitän fernhalten, Phillip. Du wirst natürlich vergeblich mit ihm reden, wenn du ihn davon abbringen willst, unsere Männer wie den Abschaum der Menschheit zu behandeln.« Fox klang zynischer als sonst. »Seit einiger Zeit hat er sich angewöhnt, von ihnen als meuternden Schurken zu reden. Damit ist er der Wahrheit näher, als er denkt.«

Phillip preßte die Lippen zusammen, doch er antwortete nicht. Schon O'Leary hatte ihm gesagt, daß alles Reden vergeblich sei. Bedrückt machte er sich dennoch auf den Weg. Vielleicht hatten sie recht. Doch er mußte es versuchen, selbst wenn der Kapitän sich weigern würde, ihm zuzuhören.

North beendete gerade sein Essen. Er empfing ihn, ohne vorzugeben, daß er sich freue. Skeptisch verzog er sein rotes, eckiges Gesicht, während er Phillips lobenden Bericht über die Arbeitsgruppe hörte.

»Unglücklicherweise habe ich beobachtet, wie Ihre Männer zurückkehrten, Mister Hazard«, sagte er und schnitt damit Phillip das Wort ab. »Das Aussehen der Männer ist eine Schande für das Schiff. Sorgen Sie dafür, daß sich alle rasieren und die Hemden wechseln, ehe sie wieder ihren Dienst antreten.« Dann nahm er einen Zahnstocher mit silbernem Griff und begann, sich unbekümmert in den Zähnen zu pokken und dabei seinen Ersten Offizier kühl zu mustern. »Nun? Noch was? Fahren Sie fort!«

»Aber Sir, Kapitän North, ich ...«

»Verstehen Sie kein Englisch, Mr. Hazard?«

»Natürlich, Sir. Aber ich ...«

»Kann ich bitte mein Essen in Frieden beenden, zum Teufel noch mal!« North unterbrach ihn jetzt wütend. »Vielleicht haben Sie sich auf der *Agamemnon* angewöhnt, vor dem Admiral zu scharwenzeln, und vielleicht hat ihm Ihre Liebdienerei ja auch gefallen. Aber mir gefällt solches Treiben nicht. Ich bin lieber allein, haben Sie das verstanden?«

»Aye, aye, Sir.« Nur mit Mühe konnte Phillip sich zusammenreißen und wollte schon gehen.

Als er die Hand auf die Klinke legte, rief ihn der Kommandant zurück. »Ach, da ist noch eine Kleinigkeit, die mir fast entfallen wäre, Mr. Hazard. Es betrifft Ihren Bruder!«

»Meinen Bruder, Sir?« Überrascht hielt Phillip inne und sah ihn bleich und fragend an. Doch er hatte sich sofort wieder unter Kontrolle. »Falls Sie den Vollmatrosen Hazard meinen, Sir, der ist Kriegsgefangener in Odessa. Das heißt ...«

»Der Vollmatrose Hazard, wie Sie Ihren Bruder ja wohl lieber nennen, kam vor ein paar Tagen mit der *Fury* zurück«, unterbrach ihn North höhnisch. »Aus Odessa. Doch offenbar hat er dem Kommandanten der *Fury* berichtet, daß er eine Zeitlang in St. Petersburg war, wo er an der kaiserlichen Marineakademie einige Lehrgänge belegt hat. Wahrscheinlich erwies er sich als schlechter Schüler, denn man hat ihn wieder zurückgeschickt.« North machte eine Pause, um seinen Triumph zu genießen. »Sie scheinen betroffen, Mister Hazard!«

Phillip gab sich fast sichtbar Mühe, seine wahren Gefühle nicht zu zeigen. »Nein, Sir, ich bin überrascht, das ist alles!«

Der Kapitän lächelte. »Nun, es wird Sie sicher noch mehr überraschen, wenn Sie erfahren, daß der Mann bald hierher an Bord zurückkehren wird. Ich werde dann für ihn eine passende Beschäftigung finden. Ich habe dieses Zusammenhokken im Kartenhaus satt und will nicht, daß er gemeinsam mit den Unteroffizieren ißt. Er ist Vollmatrose, nicht Gehilfe des Masters.«

»Ja, Sir.« Phillips Gedanken liefen wild durcheinander.

Was der Kommandant ihm gesagt hatte, schockierte ihn zutiefst. Graham wieder in der britischen Flotte? Und wieder auf der *Trojan*? Warum? Warum hatte sein Bruder bloß St. Petersburg verlassen, und wie dumm hatte er sich angestellt, daß es North gelungen war, ihn wieder an Bord der *Trojan* zu bekommen? Er schloß die Tür zur Kajüte des Kapitäns hinter sich. Schmerzlich mußte er sich eingestehen, daß sein Bruder sich kaum anders benommen hatte als er selbst – wie ein wahrer Narr.

»Entschuldigen Sie, bitte, Mister Hazard. Ich würde gern mit Ihnen reden, Sir, wenn Sie ein paar Minuten Zeit für mich haben.«

Phillip drehte sich um und erkannte Burnaby, den betagten Master, der offensichtlich auf seine Rückkehr aus der Kapitänskajüte gewartet hatte. Er unterdrückte seine Ungeduld und nickte.

»Ja, Mr. Burnaby, was kann ich für Sie tun?«

»Was ich sagen möchte, dürfen nur Sie hören, Mister Hazard«, sagte der Master.

»Dann folgen Sie mir in meine Kajüte.«

Phillip ging voran, und der alte Mann folgte ihm schweigend. In der Abgeschlossenheit seiner kleinen Schlafkabine bat Phillip den Besucher auf den einzigen Stuhl und bot ihm aus einer Flasche, die er dort aufbewahrte, einen Schluck

Whisky an. Burnaby sah ihn mit dem Glas in der Hand fest an. Was er zu sagen hatte, kam mit direkter Ehrlichkeit und ohne jeden Versuch, irgend etwas nur anzudeuten. Es war die Warnung vor drohenden Problemen.

»Ich kann Ihnen nicht sagen, was passieren wird, Mister Hazard«, sagte er entschuldigend. »Aber es wird etwas passieren. Ich spür's, und ich bin zu lange auf See, als daß ich mich irren würde. Man entwickelt mit der Zeit ein Gefühl dafür, kriegt einen Riecher, wenn Sie so wollen. Ihr Wohl, Sir!« Er leerte das Glas in einem Schluck und setzte es mit einer endgültigen Geste ab. »Das ist alles, was ich zu sagen habe, Mister Hazard. Aber ich mußte es Ihnen sagen, denn wenn nicht schnell was geschieht, ist es zu spät, fürchte ich. Sie sind der Erste Offizier, Sir. Sie müssen jetzt handeln.«

»Was genau, Mr. Burnaby, sollte ich Ihrer Meinung nach tun?« fragte Phillip.

»Das müssen Sie entscheiden, Mister Hazard. Ich kann Ihnen keinen Rat geben, das ist nicht meine Aufgabe.« Burnaby sprach leise und mit Würde und blickte dabei auf den schäbigen Teppich zu seinen Füßen.

Phillip studiert das lederne, faltenreiche Gesicht des alten Mannes. Es verriet nichts von den Gefühlen des Masters. Er fragte sich, ob er wohl mit Burnabys Unterstützung rechnen könnte bei seinen Maßnahmen, auch wenn sie erzwungenermaßen drastisch sein würden? War's das, was der alte Mann ihm sagen wollte? Verbarg sich hinter seiner Warnung das Versprechen, ihn zu unterstützen? Oder suchte er mit dieser Warnung für sich nur ein sicheres Eckchen, für den Fall, daß es schiefging und außer Kontrolle lief? Burnaby war durch die Ankerklüse geklettert, war aus dem Mannschaftsstand aufgestiegen; er stand den einfachen Männern sehr viel näher als die Offiziere und wußte sicher auch mehr als diese.

Phillip seufzte. »Sie können sich auf mein Schweigen verlassen, Mr. Burnaby«, sagte er schließlich. »Und ich denke, ich kann mich auch auf Sie verlassen.«

»Natürlich, Sir. Sonst wäre ich doch nicht hier.«

»Sehr gut. Dann lassen Sie uns ganz offen miteinander reden.« Phillip zwang sich zu einem bestätigenden Lächeln. »Sie sprachen von möglichen Unruhen, Mr. Burnaby. Wovor haben Sie Angst? Daß die Mannschaft meutert?«

Burnaby sah ihn verständnisvoll an, war sichtbar betroffen. »Meuterei ist ein häßliches Wort, Mister Hazard!«

»Nennen Sie es, wie Sie wollen. Die Situation ist häßlich.«

»Ja, Sir«, gab der Master unglücklich zu. »Und es ist wahr, daß verzweifelte Männer sich in Gewalttaten flüchten, die zur Meuterei führen, wenn sie gegen ihr Leiden keine andere Medizin finden. Diese Männer leiden in der Tat, aber ...«, er unterbrach sich, um Phillip genau zu mustern. Immer noch schien er nicht sicher, ob er seine Ansichten frank und frei äußern durfte.

»Ich habe Sie gebeten, sich ganz offen zu äußern, Mr. Burnaby«, erinnerte Phillip ihn. »Wir kommen sonst nicht weiter.«

Der Master neigte seinen grauen Kopf. »Nun, Sir, es ist so, wie ich Ihnen schon im Plymouth Sund beim Auslaufen sagte. Die Mannschaft ist völlig in Ordnung. Es sind gute Männer, jedenfalls die meisten, aber«, er klang sehr betroffen, vergaß seine frühere Vorsicht offenbar, »aber man hat sie zu hart rangenommen, Mister Hazard, und viel zu lange. Es gibt eine Grenze. Und ich fürchte, daß die besseren Leute diese Grenze jetzt erreicht haben. Sie haben Tyrannei und Ungerechtigkeit lange genug ausgehalten und werden nicht mehr mitmachen. Sie wollen Schluß damit machen, Krieg hin, Krieg her ... Und sie blicken auf Sie, damit Sie ihnen helfen. Wenn Sie es nicht können, nehmen sie ihr Schicksal in die eigenen Hände, egal was es dann kostet.«

»Alles, was ich tun kann, muß über offizielle Kanäle geschehen«, erklärte Phillip. »Das dauert, und es gibt immer ein Risiko, ein großes Risiko, daß es auch schiefgehen könnte.«

Burnaby gab nicht vor, ihn falsch zu verstehen. »Die Männer würden warten, wenn sie wüßten, daß etwas geschieht, Mister Hazard!«

»Würden sie mir trauen? Würden sie mir zutrauen, daß ich das Beste für sie wollte? Was meinen Sie?«

Mit großem Ernst antwortete Burnaby: »Sie trauen Ihnen und respektieren Sie. Und noch mehr, weil Sie zurückgekommen sind. Alle wußten, daß Admiral Lyons Sie aufs Flaggschiff abkommandiert hat und daß man Sie sicher bald befördert hätte, wenn Sie geblieben wären. Und dennoch sind Sie zurückgekehrt auf dieses Schiff. Darum erwarten sie Hilfe von Ihnen, Mister Hazard. Sie werden alle hinter Ihnen stehen, mein Wort darauf, genau wie alle Offiziere. Wenn Sie jetzt handeln. So, das ist's, Sir!« Seine Augen glänzten, als er hoffnungsvoll zu Phillip aufblickte. Er hielt Phillips Blick aus und wählte seine Worte sehr sorgfältig. »Ich bin kein Seeanwalt, Mister Hazard, aber ich weiß, daß es legale Hilfen für Situationen wie diese gibt. Ich weiß auch, daß man dazu einen tapferen Mann braucht, der von sich überzeugt ist und von seinen Ansichten. Tyrannei und Unterdrückung kann man schwer beweisen, jedenfalls vor einem Kriegsgericht. Aber Sie können besser als ich die Chancen beurteilen, die man hat, wenn etwas schiefgeht. Sie sagen, die Chancen sind ziemlich groß. Wenn Sie die Angriffe vorbringen, Sir, würden Sie auch die Risiken eingehen.«

Phillip war klar, auf was er sich einlassen würde. Es bedrückte ihn. »Ja, die Folgen eines Mißerfolgs sind mir bekannt, Mr. Burnaby«, gab er gepreßt zu. »Ich kannte sie immer.«

»Aber Sie sind an Bord zurückgekommen.«

»Ja, ich bin zurückgekommen«, nickte Phillip. Aber er war ein Narr gewesen, mußte er sich jetzt eingestehen, ein riesengroßer Narr, der seine Chancen auf Beförderung und seine ganze Karriere aufs Spiel gesetzt hatte, selbst wenn es ihm gelingen sollte, North seines Kommandos zu entheben. Er wäre für den Rest seines Seemannslebens ein gezeichneter Mann. Ja, selbst dieses Gespräch mit Burnaby könnte man ihm vorwerfen, wenn es je herauskäme. Als Verschwörung zur Untergrabung der Disziplin in der Marine. Dennoch. Er richtete sich auf. Die Alternative zum Riskieren des eigenen Halses hieß, daß die Mannschaft ihre Hälse riskierte, wenn sie das Gesetz in die eigenen Hände nahm. Nur wenige würde man dann nicht hängen. Und da gab es ja noch Anthony Cochrane. Phillip hatte Cochrane einen Augenblick lang vergessen, dessen Verhandlung vor einem Kriegsgericht noch ausstand. Wenn diese bald stattfände und seine eigene Petition an den Befehlshaber folgte und auf dem beruhte, was in der Verhandlung zur Sprache kommen würde, dann ...

»Was halten Sie von der Kriegsgerichtsverhandlung von Leutnant Cochrane?« fragte er. Er klammerte sich an diesen Strohhalm mit einer Hoffnung, für die er sich fast schämte. »Wann wird sie stattfinden, Mr. Burnaby?«

»Kapitän North hat sich entschlossen, die Vorwürfe zurückzunehmen, Sir«, antwortete Burnaby ohne sichtliche Bewegung. »Er hat sich entschieden, die Sache mit Mr. Cochrane selbst in die Hand zu nehmen.«

Also hatte North einen Verdacht. Eigentlich durfte man sich nicht wundern, darüber war sich Phillip im klaren. Etwas von dem, was Cochrane zu seiner Verteidigung anführen würde, mußte bis zu North gedrungen sein. Und als diesem klar wurde, daß die Offiziersbrüder Cochrane verteidigen würden, hatte North sich entschlossen, die Sache ganz zu umgehen. Er hatte die Gefahr erkannt und ... Phillip strich sich über die Stirn. Damit schwand seine Hoffnung davonzukommen. Denn jetzt müßte er, nicht Anthony Cochrane, den Gegenangriff führen und Beweise erbringen. Eine Bitte an den Befehlshaber, North wegen medizinischer Gründe wie Geisteskrankheit aus dem Dienst zu entheben, hatte kaum Aussicht. Phillip müßte eine Kriegsgerichtsverhandlung fordern, in der er selbst als Kläger auftrat. Er müßte Anklagen gegen seinen Kommandanten vorbringen, die – wie sehr auch immer wieder belegt – nur äußerst schwer zu beweisen waren. Das waren solche Anklagen immer, denn die gesamte Disziplin der Marine ruhte auf der Macht des Kommandanten eines Kriegsschiffes. Es war die Macht über Leben und Tod, eine absolute Macht, die alle unter ihm nur auf eigene Lebensgefahr hin in Frage stellen durften. Die Trennungslinie zwischen einem Mann der Disziplin und einem Tyrannen war äußerst dünn. Und jeder Marinegerichtshof entschied im Zweifel für den Ranghöheren, denn Autorität mußte unter allen Umständen aufrechterhalten werden.

Phillip zitterte, als fühle er über sich eine Falle zuschnappen.

»Also dann, Sir!« Burnaby stand auf. »Ich überlasse Ihnen die Sache.« Er klang jetzt sehr erleichtert. »Müssen wir noch mehr besprechen?«

Er hatte offensichtlich alles gesagt, was er sich vorgenommen hatte. Phillip ahnte, daß es mehr war, als andere an seiner Stelle geäußert hätten. Doch schließlich war der alte Burnaby ein guter Mann.

Phillip nickte, und dann gaben sie sich die Hand wie Männer, die einen Pakt schließen. Wenige Minuten nach Burnabys Weggang standen Martin Fox und Duncan Laidlaw an der Kabinentür. Beide sahen mitgenommen und besorgt aus. Phillip bat sie eilig herein, weil er ahnte, weshalb sie gekommen waren.

»Nun, meine Herren ...« Er blieb stehen. »Was liegt an?«

»Sie haben eben mit Mr. Burnaby gesprochen, nicht wahr?« fragte Fox leise.

»Ja, ich habe mit ihm gesprochen.«

»Und Sie haben dem zugestimmt, was er will?«

Phillip sah im spärlichen Licht der Laterne, die vom Balken herabhing, in ihre ernsten Gesichter. Die Laterne war die einzige Beleuchtung in der Kabine.

»Sind Sie alle zu dem Schluß gekommen, daß ich etwas unternehmen muß?« wollte er leise wissen.

Ohne zu zögern bestätigten es beide, und Martin Fox setzte noch hinzu: »Wir können es so nicht weitergehen lassen, Sir. Als verantwortliche Offiziere, denen das Wohl der Mannschaft am Herzen liegt, müssen wir eingreifen, und Sie als Erster Offizier sind der richtige Mann, die nächsten Schritte zu unternehmen.«

»Ich werde tun, was ich kann«, versprach Phillip. Er wies auf seine Seekiste und den einzigen Stuhl und bat sie, Platz zu nehmen. Die Spannung nahm ab. »Einen Drink?« fragte er. »Ich habe eine Flasche Whisky, und Sie sehen so aus, als könnten Sie einen Schluck vertragen, Martin.«

Fox nahm dankend an, aber Laidlaw schüttelte den Kopf. »Lieber nicht, Sir, wenn Sie mich entschuldigen. Ich werde Mr. Cochrane in fünfzehn Minuten ablösen. Ich kam nur mit, weil ... also weil ...«

Er blickte zu Martin Fox hinüber, der ihm schnell zu Hilfe eilte.

»Wir haben Papiere mitgebracht, die Sie genehmigen müssen, Sir«, sagte er ganz dienstlich. Er zog einen großen, unversiegelten Manila-Umschlag hervor. »Vielleicht sind Sie so gut und lesen das durch, denn einiges könnten Ihnen vielleicht nützen.«

»Um was geht es?« wollte Phillip wissen.

»Es sind die Aussagen, die wir zur Verteidigung von Anthony Cochrane vorbereitet hatten«, erklärte Fox. »Da die Anklage gegen ihn fallengelassen wurde, kann man sie zu dem Zweck nicht mehr gebrauchen, für den wir sie vorgesehen hatten. Aber vielleicht könnten sie Ihnen als Grundlage dienen für Ihre eigenen Schritte und als Garantie unserer uneingeschränkten Unterstützung – was immer Sie vorhaben. Vielleicht wollen Sie eine Petition an den Befehlshaber richten oder einen Antrag stellen, ein Kriegsgericht gegen den Kommandanten einzuberufen. Hier finden Sie alles und vollständig.«

Phillip las die Papiere schnell. Die Aussagen kamen von allen Offizieren, soviel war ihm sofort klar. Jeder hatte mit eigener Hand einen Bericht über Kapitän Norths Befehlsverhalten, seit er das Kommando über die *Trojan* übernommen hatte, geschrieben und unterzeichnet. Die Maate und die älteren Fähnriche hatten eine gemeinsame Aussage verfaßt und unterschrieben. Sie war nur kurz und bestätigte, daß sie alle aus vollem Herzen und mit ganzer Kraft bestätigten, was ihre Vorgesetzten niedergeschrieben hatten.

»Und dann gibt's noch dies hier«, bot Fox an. Er legte Phillip ein weiteres Dokument zum Lesen vor. »Es ist ein Brief an Sie, den wir alle, wie Sie sehen, unterzeichnet haben. Wir bitten Sie darin, unseretwegen etwas zu unternehmen. Wir glauben, das schützt Sie, falls man Ihre Motive anzweifelt und …«

»Ich brauche keine Sicherheit und bestimmt keine schriftliche«, warf Phillip ein. Voller Entsetzen schaute er von seiner Lektüre zu seinen Besuchern empor. »Dies sind die gefährlichsten und belastendsten Dokumente, die ich in meinem ganzen Leben je gelesen habe. Um Himmels willen, Mr. Fox, haben Sie den Verstand verloren? Wer hat zugelassen, daß so etwas je zu Papier gebracht wurde?«

»Es tut mir leid, es war meine Idee«, gab Martin Fox geknickt zu. »Ich hielt es für unfair und ungerecht, wenn Sie alle Risiken übernehmen sollen und wir keine tragen! Und außerdem …«

»Ich danke Ihnen für Ihre Rücksichtnahme, lieber Freund«, sagte Phillip, der sich jetzt ein bißchen entspannte. »Aber wenn diese Papiere in die falschen Hände kommen, sind sie ein Beweis für eine Verschwörung, ein handfester Beweis. Lesen Sie mal Artikel neunzehn der Kriegsartikel nach, der über die Strafen für verschwörerische Zusammenkünfte handelt. Dieses verdammte Papier kann uns alle an den Galgen bringen.« Er atmete tief aus und sah sich auch die letzten Unterschriften an. Das war alles gut gemeint, aber … »Sie haben das in der Messe geschrieben und unterzeichnet? Wann? Heute?«

Fox und Laidlaw sahen sich unglücklich an.

»Ja, Sir«, gab Laidlaw zu. »Heute abend, während Sie mit Mr. Burnaby sprachen. Aber was soll daran gefährlich sein? Wir sind alle einer Meinung! Wir stehen alle hinter Ihnen! Der Brief soll nichts weiter als das ausdrücken, und niemand verweigerte seine Unterschrift.«

»Keiner?«

»Nein, Sir, keiner. Wie auch immer, der Kommandant ist nicht an Bord. Er ließ seine Gig bereitmachen, nachdem er gegessen hatte, und ließ sich zum Kommandanten der *Fury* hinüberrudern, hörte ich.«

Um die Übernahme des Vollmatrosen Hazard zu beschleunigen, machte Phillip sich klar. Er fragte sich, welches neue sadistische Motiv North dazu gebracht hatte.

»Nichtsdestotrotz, Mr. Laidlaw, muß dieser Brief vernichtet werden«, sagte er. »Am besten verbrenne ich ihn.« Er griff zur Laterne und zögerte dann doch mit dem Brief in der Hand. »Sie versicherten mir, daß niemand sich weigerte, zu unterschreiben. Aber ein Name fehlt. Der vom Hauptmann der Marinesoldaten! Das ist sehr bedeutungsvoll!«

»Alex Murray ist an Land in irgendeiner Angelegenheit der Hafenverteidigung«, antwortete Fox prompt. »Aber wäre er an Bord gewesen, hätte er mit unterzeichnet, Phillip. Er fühlt wie wir. Und er hat seine Berichte genauso verfaßt wie wir auch.«

»Wer befiehlt im Augenblick unsere Seesoldaten?« wollte Phillip wissen. »Die sind doch nicht alle an Land?«

Beide Offiziere schüttelten den Kopf. »Wir haben einen zeitweisen Ersatz für Hauptmann Murray«, sagte Fox, »Leutnant Smithson. Ich glaube, Sie kennen ihn noch nicht. Er kam vor etwa einer Woche von der *Britannia*. Da er nicht regulär zur Besatzung gehört, dachte ich, muß er auch den Brief nicht unterzeichnen. Aber ...«

»Aber er weiß von dem Brief, nicht wahr?« Ein Verdacht stieg in Phillip auf. Er versuchte zwar, ihn zu unterdrücken, doch es gelang ihm nicht. »Er weiß wahrscheinlich auch von den Papieren, die Sie zur Verteidigung von Cochrane entworfen haben?«

Martin Fox wurde sichtbar rot. »Ich bin mir nicht sicher. Ich glaube, er weiß davon, weil wir in seiner Gegenwart davon geredet haben. Ich glaube, er war heute abend auch dabei. Stimmt das, Duncan, erinnerst du dich? Er ist noch jung, redet nicht viel, fällt kaum auf, ein Mann, von dem man nie weiß, ob er da ist oder fehlt!«

»Er war dabei«, versicherte Laidlaw. »Ich erinnere mich, weil ich die Gelegenheit nutzte, mit ihm zu reden. Ich hatte mit ihm die Ablösung der Wache am Magazin achtern zu besprechen. Aber spielt es eine Rolle, ob er Bescheid weiß, Mister Hazard? Wie Mr. Fox eben sagte, ist er ja fast noch ein Junge!«

»Es kann sehr wichtig sein, fürchte ich.«

Phillip versuchte, seine Stimme zu beherrschen. Seine Gedanken überschlugen sich, als er die möglichen Folgen der Indiskretion seiner Offiziersbrüder abzuschätzen suchte. Wenn der junge Leutnant Smithson in der Tradition seines Corps aufgewachsen war, dann sah er es als seine Pflicht an, alles, was er an diesem Abend in der Messe gesehen und gehört hatte, seinem Kommandanten zu melden. Also durfte man keine Zeit verlieren. Der Brief war die größte Gefahr. Er mußte vernichtet werden. Er nahm die Laterne vom Haken und versuchte, sie zu öffnen, zu schnell und mit ungeschickten Fingern.

»Warum hat der Kapitän seine Anklage gegen Cochrane zurückgezogen, Mr. Fox?« wollte er wissen. »Haben Sie eine Ahnung?«

Martin Fox zuckte mit den Schultern. »Er hat keinen Grund angegeben, aber ich nehme an, er hat Wind von der Tatsache bekommen, daß diese Aussagen vor Gericht verlesen werden sollten. Wenn das geschähe, müßte die Anklage gegen Cochrane ganz und gar fallen.«

»Wie hat er denn davon Wind bekommen und von Ihrer Absicht, sie zu verwenden? Wer könnte ihm davon berichten, wer hat ihm davon berichtet? Doch wohl Smithson.«

»Du lieber Himmel!« stöhnte Fox laut. »Ich bin ein Vollidiot gewesen, Phillip. Keiner von uns hätte auch nur ein Sterbenswörtchen verlauten lassen, gar keine Frage. Aber Smithson? Ja, ich glaube, Smithson könnte ihn unterrichtet haben. Er ist jung, unerfahren, kennt uns nur kurz. Wenn er glaubt, eine Verschwörung aus Unzufriedenheit und Intrige aufzudecken, würde er natürlich zum Kapitän gehen. Wahrscheinlich hielt er es sogar für seine Pflicht.«

»Genau das denke ich«, sagte Phillip kurz. »Und wenn er es tat?«

Sie sahen sich still und beunruhigt an. Oben an Deck war das Schrillen der Pfeifen der Bootsmannsmaaten zu hören und der Befehl einer überlauten Stimme. Das Begrüßungskommando wurde zum Antreten befohlen.

Laidlaw wurde bleich und sagte: »Der Kapitän. Er kommt zurück und ...«

»Verbrennen Sie dies, Mr. Fox«, befahl Phillip, drückte Martin Fox den Brief in die Hand und deutete auf die Laterne. »Mr. Laidlaw, sofort an Deck. Übernehmen Sie die Wache von Mr. Cochrane und schinden Sie so viel Zeit wie möglich, damit wir diese Statements loswerden.«

»Aye, aye, Sir!« Sofort öffnete Laidlaw die Tür und sprang zurück mit dem Schrei: »An der Achterluke stehen Posten, Mister Hazard. Vier Mann.« Er schluckte. »Smithson ist dabei!«

»Machen Sie ruhig weiter, Mr. Laidlaw«, bat Phillip ihn. Er war jetzt ganz ruhig, weil der gefürchtete Augenblick da war. »Lösen Sie an Deck die Wache ab, die Seesoldaten werden Sie nicht aufhalten. Sie suchen mich. Und Mr. Fox, um Himmels willen, verbrennen Sie endlich den Brief.«

Martin Fox hob die verkohlten Überreste des Briefs hoch und lächelte unsicher. »Der ist zu Asche verbrannt. Aber die Aussagen schaffen wir nicht mehr.«

»Geben Sie sie mir und verschwinden Sie, bitte!«

»Nein.« Der jüngere Mann gab nicht nach. »Den Fehler habe ich gemacht, weil ich zu dumm bin. Ich werde Sie jetzt nicht im Stich lassen. Begreifen Sie nicht ...«

Ihn unterbrach ein Klopfen an der Tür.

Ein bleicher junger Mann in der Uniform der Seesoldaten stand in der Tür. Er grüßte und fragte nervös: »Leutnant Hazard?«

»Ich bin Leutnant Hazard«, bestätigte Phillip.

Er bemerkte, daß Laidlaw achtern nicht von den Seesoldaten aufgehalten worden war, und wünschte sich, daß er ihm die Aussagen mitgegeben hätte. Aber es war zu riskant gewesen. Er richtete sich auf und sah den jungen Offizier entschlossen an.

»Was wollen Sie?«

»Ich habe Befehl, Sie sofort zur Kajüte des Kommandanten zu eskortieren, Sir«, erklärte ihm der junge Mann.

»Mich zu eskortieren? Heißt das, Sie haben Befehl, mich unter Arrest zu stellen?« fuhr Phillip ihn an. »Haben Sie deswegen eine Wache mitgebracht?«

Leutnant Smithson errötete vor Verlegenheit. »Nein, Sir, ich soll Sie nur unter Arrest stellen, wenn Sie sich weigern, dem Befehl des Kommandanten Folge zu leisten, zu ihm zu kommen und ...«

Phillip schnitt ihm das Wort ab. »Ich habe in der Vergangenheit noch nie einen Befehl des Kapitäns verweigert, Mr. Smithson. Warum glauben Sie, daß ich das jetzt vorhabe? Ich möchte Ihnen deutlich machen, daß ich der Erste Offizier dieses Schiffes bin. Wenn der Kapitän mich sprechen möchte, muß er keinen Trupp Seesoldaten schicken, die dafür sorgen, daß seine Wünsche erfüllt werden.«

Smithson wurde noch röter. Nervös ließ er seine Zunge

über die Unterlippe gleiten und antwortete, wobei er Phillips Blicken auswich: »Es tut mir leid, Sir, aber so lautete der Befehl des Kommandanten. Ich wiederhole ihn nur. Ich habe noch weitere Instruktionen, Sir!«

»Und die lauten?«

»Auch Mr. Fox soll sich beim Kommandanten melden«, entgegnete der junge Offizier der Seesoldaten. »Ich soll ein paar Aussagen in meinen Besitz bringen, die Mr. Fox Ihnen übergab. Und einen Brief, Sir. Ich wäre Ihnen dankbar, wenn Sie sie mir gäben, damit ich sie dem Kapitän aushändigen kann.«

Oben auf dem Deck war Laufen zu hören. Dann bellte wieder der Bootsmann laut und rief die Wache nach oben. Laidlaw hatte also seine Wache angetreten. Das Schrillen der Pfeifen bedeutete, daß die Gig des Kommandanten längsseits gekommen war. Er preßte die Lippen aufeinander. Kapitän North mußte Smithson seine Befehle erteilt haben, ehe er das Schiff verließ, dachte er. Jetzt, da der Kapitän zurückkehrte, wurden sie ausgeführt. Die Wache der Seesoldaten war aufgezogen, als Martin Fox und Duncan Laidlaw seine Kabine betreten hatten, um sicherzustellen, daß die Aussagen und der unglückliche Brief nicht verschwänden. Phillip entschied, daß es daher keinerlei Sinn machen würde, die Existenz der Aussagen zu leugnen. Doch ohne den Brief waren sie kein Beweis für eine Verschwörung gegen die Offiziere der *Trojan*. Im Gegenteil. Sie waren ein so schwerwiegender Beleg gegen Norths Machtmißbrauch, daß er es nie wagen würde, sie zu veröffentlichen. Und wenn er sie zerstörte, würde er damit nicht die Männer zerstören, die sie geschrieben hatten, konnte aus ihrem Gedächtnis nicht die bitteren Erinnerungen streichen, die sie bewegt hatten, ihre Verurteilung seiner Person zu Papier zu bringen.

Phillip blickte auf den kleinen Haufen Asche zu Füßen von Martin Fox. Dann schaute er ihn an. Fox lächelte bestätigend und drehte sich dem jungen Offizier zu.

»Angenommen, ich würde mich weigern, Ihnen die Papiere zu geben, die Sie verlangen, Mr. Smithson. Was machen Sie dann?«

»Mein Befehl lautet, Ihre Kabine zu durchsuchen, Sir. Aber ...« Mit flinkem Blick entdeckte er die herumliegenden Papiere und deutete triumphierend darauf, »diese Papiere muß ich Kapitän North bringen. Bitte, übergeben Sie sie mir, Mister Hazard!«

»Gerne. Da liegt auch irgendwo ein Umschlag, denke ich. Vielen Dank, ja, danke, Mr. Fox.«

Mit ernstem Blick schob Martin Fox die Papiere in den Umschlag und gab ihn Smithson, der ihn sich zackig unter den Arm klemmte. »Und jetzt endlich den Brief, wenn ich bitten darf!«

»Brief? Ich weiß nicht, was Sie meinen, ich kenne keinen Brief, Mr. Smithson.«

»Aber es gibt einen Brief«, begann Smithson. »Ich hab's doch selber dem Kapitän gemeldet.«

Er konnte die eigenen Worte nicht mehr verschlucken und wurde wieder rot. Dann sah er die Asche auf dem Boden. Fox zerrieb sie mit der Spitze seines Schuhs.

»Möchten Sie Ihre Männer rufen, damit sie danach suchen?« lud Phillip ihn trocken ein.

Smithson erkannte seine Niederlage und schüttelte den Kopf.

»Nein, Sir, vielen Dank. Darf ich Sie jetzt zur Kajüte des Kommandanten eskortieren? Bitte, meine Herren.«

Phillip ging voran. Als er die Kabine verließ, nahmen die Seesoldaten Haltung an. Er hörte, wie Laidlaw an Deck einen Befehl rief, und als er den Niedergang hinaufstieg, der aufs Achterdeck führte, erkannte er oben Anthony Cochrane, der offensichtlich auf ihn wartete.

Als sie nebeneinander standen, sagte Cochrane leise, aber mit der alten, gewohnten Kühnheit: »Der Kommandant ist wieder an Bord, Sir. Aber er ist krank. Wir mußten wieder einen Bootsmannsstuhl riggen, um ihn zur Relingspforte hochzuhieven. Das haben wir ja schon mal gemacht, wie Sie sich gewiß erinnern, Sir!«

»O ja, ich erinnere mich sehr genau«, bestätigte ihm Phillip. »Wo ist der Kapitän jetzt?«

»In seiner Kajüte, Sir. Ich habe den Arzt informiert. Ich muß Ihnen nicht sagen, Sir, wie sehr ich mir wünsche, daß sich die Geschichte wiederholt.« Dann entdeckte er die Eskorte, und sein Lächeln verlosch. »Sind Sie etwa unter Arrest, Mister Hazard? Laidlaw sagte ...«

»Nein.« Phillip schüttelte den Kopf. »Der Kommandant wünscht, daß ich mich bei ihm melde. Aber Sie müssen sich keine Sorgen machen, Mr. Cochrane. Mit den vorhandenen Beweisen haben wir nichts zu befürchten.«

»Sind Sie ganz sicher, Sir?« wollte Cochrane besorgt wissen. »Ihr Bruder ist in seiner Begleitung und ...« Er sprach nicht weiter, als Leutnant Smithson im Niedergang erschien und Martin Fox hinter ihm. »Seien Sie um Gottes willen vorsichtig, Sir«, sagte er leise. Dann trat er auf einen Wink von Phillip zur Seite, um die Gruppe passieren zu lassen.

Vor der Tür der Kajüte des Kommandanten sagte Smithson mit ungewohnter Autorität: »Erlauben Sie mir, mit dem Kapitän zu sprechen, ehe er Sie empfängt, Mister Hazard.«

Ohne Phillips Antwort abzuwarten, schob er sich an ihm vorbei, klopfte an die Tür, trat ein und schloß sie hinter sich.

Martin Fox fluchte vor sich hin. »Nicht auszuhalten, dieses Bürschlein. Aber er ist nur ein Befehlsempfänger!«

Phillip schwieg und dachte nach. Cochrane hatte gesagt, daß Graham beim Kapitän sei. Das überraschte ihn nicht, doch er fragte sich, was das bedeuten könnte. Vielleicht wollte North moralischen Druck ausüben. Der war sich nicht zu schade dafür. Graham wäre der Sündenbock und ... Plötzlich schlug die Tür auf. Bleich und ängstlich schaute Smithson in den Gang.

»Würden Sie bitte eintreten, Mister Hazard?« bat er. Statt

Autorität klang nackte Angst aus seinen Worten. »Der Kapitän ist sehr krank, Sir, er kann nicht sprechen. Ich weiß nicht, was ich tun soll. Sein Steward ist bei ihm. Und der meint, es könnte die Cholera sein.« Er hüstelte. Seine Unterlippe zitterte, und er sagte mit einem Kiekser in der Stimme: »Man muß eigentlich den Arzt holen, Sir!«

»Der ist längst gerufen«, antwortete Phillip kurz angebunden. »Reißen Sie sich zusammen, Mr. Smithson. Lassen Sie Ihre Männer wegtreten. Wir brauchen sie nicht mehr. Sie warten besser hier.«

Er ging durch die Tageskabine in die Schlafkajüte dahinter, und Fox folgte ihm auf dem Fuße.

Kapitän North lag auf seiner Koje. Und sein sonst blühendes Gesicht war grauweiß. Er lag in der sattsam bekannten Pose eines Cholerakranken. Phillip hatte in letzter Zeit genügend Fälle der Krankheit gesehen und erkannte die Zusammenhänge sofort. Graham beugte sich über den Kommandanten in seiner hängenden Koje und versuchte, ihm Brandy mit einem Löffel einzuflößen. Doch der hielt seine Zähne fest zusammengepreßt. Graham sah hoch und erwiderte Phillips Blick mit einer Grimasse.

»Das ist ein akuter Anfall, Phillip. Er macht es nicht mehr lange.«

Der Steward, der kürzlich gestorben war, hatte auch einen derartigen Anfall gehabt. Er hatte dem Kommandanten das Essen serviert, den Wein eingeschenkt, den Mann versorgt. Es war also ziemlich klar, woher North die Krankheit hatte.

»Ich hole Doktor Fraser«, bot Martin Fox an. »Es sieht nicht sehr gut aus, oder?« Er schüttelte sich beim Weggehen. »Dennoch, lieber Gott, das ist ein schlimmes Sterben.«

Phillip schwieg. Von oben blickte er auf den bewußtlosen Mann, dessen Gesicht sich verzerrte. So lange hatte er über ihrer aller Leben und Tod bestimmt. Jetzt, da sein Peiniger ohne jeden Zweifel im Sterben lag, spürte Phillip weder Triumph noch Erleichterung, sondern – zu seiner Verblüffung – nur

Mitleid. Der Tyrann, der seine Kraft verloren hatte, flößte keine Furcht mehr ein. Und der Sadist war ohne Stärke und Autorität ein ganz gewöhnlicher Mann. Wie Fox eben gesagt hatte, war dies für jeden Menschen eine schlimme Todesart. Tausende waren schon so gestorben, an Land, auf See, auf den Linienschiffen, den Fregatten, den überfüllten Transportern und Lazarettschiffen. Sie waren auf dem Schlachtfeld am Alma gestorben, auf dem Marsch, neben den Biwakfeuern und im fernen Warna – noch ehe der Krieg richtig für sie begonnen hatte, noch ehe sie einen einzigen Schuß hatten abfeuern können. Sie waren gestorben wie North jetzt, junge und alte Männer, Feiglinge und Helden, Männer, die von militärischen Ehren geträumt hatten, Jungen, die nur leben wollten. Und dennoch ... Phillip seufzte. Er winkte Graham zur Seite und nahm ihm die Brandyflasche ab.

»Gib her. Das ist alles, was ich noch für ihn tun kann.«

Graham sah ihn an. »Spar dir dein Mitleid, Phillip«, gab er zu bedenken. »Er hatte vor, uns beide zu ruinieren. Und wieviel Mitleid hat er uns entgegengebracht? Dich wollte er anklagen, die Besatzung zur Meuterei angestiftet zu haben, und mich, weil ich verräterische Beziehungen zum Feind aufgenommen hätte. Bis zum Beginn der Verhandlung hätte ich als sein persönlicher Steward bei ihm dienen müssen. Er hatte mich schon spüren lassen, was das bedeuten würde. Und glaub mir, es gefiel mir ganz und gar nicht.«

Phillip stützte den Kapitän mit dem Arm um die Schultern und schob ihn ein bißchen höher. Dann gelang es, ihm ein paar Tropfen Brandy einzuflößen.

»Warum bist du zurückgekommen?« fragte er Graham dann ganz direkt.

Ebenso direkt antwortete Graham: »Der Gegner wollte mich zum Verrat bewegen. Glaub es oder nicht, man hat mir das Kommando über eine Fregatte in der Ostsee angeboten.«

»Ich dachte immer, das hast du dir gewünscht?« sagte Phillip verbittert. Doch er bereute seine Gefühle sofort, als er in das Gesicht seines Bruder sah. »Es tut mir leid, Graham. Das war nicht richtig!«

»Nein«, erwiderte Graham. »Ich gebe zu, ich war in Versuchung, ernsthaft in Versuchung. Aber dann schrieb mir Vater. Nach all den Jahren. Phillip, unser Vater hat mir wirklich geschrieben! Er schrieb nach Odessa, und wie durch ein Wunder erreichte mich der Brief in St. Petersburg. Er sagte, er sei mit uns zufrieden. Er war wirklich zufrieden mit mir, weil ich mich entschlossen hatte, als Vollmatrose in der Royal Navy zu dienen. Er sagte, ihm gefiele meine patriotische Entscheidung und diese Hingabe. Und mit solchen väterlichen Worten im Ohr konnte ich ja wohl kaum etwas anderes tun, oder?« Er lächelte ohne Spaß und fing Phillips Blick ein. »Also habe ich das Angebot abgelehnt, eine Fregatte zu führen, und sie schickten mich wieder nach Odessa zurück. Über Land ist das eine endlose, erschöpfende Reise. Da sollte ich auf Repatriierung warten. Ich hatte Glück, weil ich gerade da war, als die *Fury* einlief und eine Ladung Russen ablieferte, die am Alma verwundet worden waren. Arme Kerle. Kaum die Hälfte überlebte. Ihr Zustand war erbärmlich, Phillip. Falls ihre Wunden überhaupt verbunden wurden, dann mit Heu oder Stroh. Der Gouverneur war entsetzt. Er sprach von britischen Barbaren, und ich gebe zu, daß er recht hat.«

»Unseren eigenen Leuten ging es auf den Lazarettschiffen auf dem Weg zum Bosporus kaum besser«, stimmte Phillip ihm zu.

»Wir hatten kaum Verbandsmaterial, kaum Medikamente, viel zu wenig Ärzte und kaum Krankenwagen. Aber ...«, Graham hielt inne, um sich nach Prinz Narishkin zu erkundigen.

»Es gab an Bord des Transportschiffes einen russischen Offizier, den ich ...«

Den Kommandanten durchliefen wieder heftige Zuckungen. Phillip unterbrach sich, setzte die Brandyflasche ab und ließ den Mann in eine halb lehnende Position gleiten. »Hilf mir mal eben, Graham, bitte. Ich fürchte, er stürzt aus dem Bett, wenn er weiter so zuckt.«

»Da ist der Arzt«, sagte Graham erleichtert.

Und auch Phillip war froh, daß er seinen Platz dem Neuankömmling übergeben konnte.

Frasers Untersuchung war nur kurz. Er gab dem Mann eine Lösung aus einer Flasche, die er mitgebracht hatte. Dann überließ er ihn seinem Assistenten, der heiße Tücher auf Brust und Bauch des Kranken legte. Danach nahm Fraser Phillip zur Seite.

»Ich kann nicht viel für ihn tun, Mister Hazard«, sagte er mit gänzlich unbewegter Stimme. »Ich kann nur noch so weit wie möglich seine Schmerzen stillen. Er ist schon viel zu sehr infiziert, als daß es noch Hoffnung schenken würde. Ich gebe ihm allenfalls noch zwei Stunden.«

»Nur zwei Stunden?« fragte Phillip dumpf zurück

Wieder nickte der Arzt. »Sie können nichts mehr für ihn tun, wenn Sie hier bleiben. Überlassen Sie ihn uns.«

»Wenn Sie das wollen. Aber ...«

Frazer legte ihm seine plumpe Hand auf den Arm. »Wir werden alles tun, was wir können. Er wird weniger leiden als einige der armen Kerle, die er in der Karona-Bucht zu einem Übungsalarm aufscheuchte, als das Schiff dort ankerte. Und auch weniger als Ihr Bruder aushalten mußte, den er auspeitschen ließ, Mister Hazard! Ich schlage vor, Sie vergessen das Vergangene. In weniger als zwei Stunden werden Sie das Kommando über dieses Schiff haben.«

»Nur vorübergehend, Doktor«, korrigierte Phillip.

»Lange genug, hoffen wir mal, damit Sie das Schlimme, das Ihr Vorgänger austeilen ließ, vergessen lassen können«, sagte der Arzt. »Meine Aussage war auch unter denen, die dieser junge und übereifrige Leutnant der Seesoldaten in der Hand hielt, um sie dem Kapitän zu übergeben. Ich kam gerade vorbei. Ich habe ihm geraten, die Papiere zu lesen. Ich habe die Hoffnung, daß er dann besser begreift, was unbescholtene und verläßliche Offiziere dazu bewegt, gegen ihren Kommandanten zu rebellieren, sogar in der Royal Navy. Ich denke, er muß diese Lektion lernen.«

Wahrscheinlich hatte er recht. Phillip verabschiedete sich vom Arzt. Der wandte sich seinem Patienten zu.

Phillip fragte Graham: »Kommst du? Es gibt genug für uns beide zu tun!«

Zu seiner Überraschung schüttelte sein Bruder den Kopf. »Ich bin der Steward des Kapitäns, Phillip. Das ist wahrscheinlich nicht die ehrenvollste Aufgabe, aber sie geht bis zu seinem Ende, wenn's dir nichts ausmacht. Der neue Kommandant der *Trojan* hat vielleicht andere Vorstellungen von mir.« Diesmal lächelte er warm und ohne Zynismus. »Ich hoffe sehr, daß er die hat. Viel Glück, Phillip, was immer die Zukunft bringen mag.«

»Glück kann ich gebrauchen«, erwiderte Phillip sachlich. »Lieber Gott, wirklich, Graham!«

Grahams Lächeln wurde noch breiter. »Du wolltest mir, glaube ich, eine Frage stellen über einen Offizier an Bord des Transporters, der die *Fury* nach Odessa begleitete. Vielleicht beantwortet dieser Brief deine Frage besser, als ich es kann.« Er zog einen Briefumschlag aus der Tasche und legte ihn Phillip in die ausgestreckte Hand. »Ich wurde beauftragt, ihn dir zu geben. Ich nehme an, du weißt, von wem er ist?«

»Ja, ich weiß!«

»Prinz Narishkin hat überlebt«, sagte Graham. »Er hatte nicht zu klagen über die Behandlung durch die britischen Barbaren. Der Brief wird dir mehr sagen.«

Phillip las den Brief erst, als er allein in seiner Kabine war. Er war sehr kurz.

»Ich danke Ihnen«, schrieb Mademoiselle Sophie, »daß Sie mir meinen Mann zurückgegeben haben. Ich stehe tief in Ihrer Schuld und werde sie nie begleichen können. Aber ich werde nie vergessen, was ich Ihnen schulde. Und wenn dieser schreckliche Krieg eines Tages vorbei sein wird, kann ich Ihnen vielleicht von dem Glück und von der Freude berichten, die Ihr gütiges Handeln bei mir auslöste ...«

Er las den Brief gerade zum drittenmal, als Doktor Fraser vorbeikam und den Tod des Kapitäns meldete.

10

Am Tage nach Kapitän Norths Tod wurde Phillip auf die *Agamemnon* befohlen. Hier gab er auf Einladung von Admiral Lyons einen Bericht über die Ereignisse unmittelbar vor dem Tod des Kommandanten. Er hielt nichts zurück, und am Ende sagte der Admiral angewidert: »Dies ist eine unschöne Geschichte, Phillip, und eine, die am besten alle vergessen, die daran beteiligt waren. Das gilt auch für mich. Die Aussagen, die Sie mir gezeigt haben, sollten am besten verbrannt werden.«

»Ja, Sir. Ich werde das mit Vergnügen erledigen.«

»Das nehme ich an, obwohl Sie aus dieser unglücklichen Geschichte sehr vorteilhaft hervorgehen. Aus diesem Grunde gebe ich Ihnen das vorläufige Kommando über die *Trojan*. Es ist außerdem kein Offizier mit vollem Kapitänsrang hier, der Sie ablösen könnte. Sie müssen aber wissen, daß der Befehlshaber sich anders entscheiden kann, wenn wir von Balaclava aus zur Flotte stoßen.«

»Ja, Sir«, bestätigte Phillip dankbar, »ich verstehe.«

»Gut.« Admiral Lyons lächelte ihm freundlich zu. »Dann gehen Sie zurück an Bord und tun, was Sie können, um die Moral von Offizieren und Mannschaften wieder aufzubauen. In ein oder zwei Tagen schicke ich Kapitän Mends, der Ihr Schiff inspizieren wird. Und wenn sein Bericht günstig ausfällt, werde ich Admiral Dundas empfehlen, daß Sie Ihr vorläufiges Kommando behalten. Sollten Sie jedoch abgelöst werden, würde ich mich freuen, Sie wieder auf dieses Schiff zu holen.«

»Vielen Dank, Sir.« Im Augenblick fehlten Phillip die Worte. »Ich stehe sehr in Ihrer Schuld, Sir, für all die Güte, die Sie mir erwiesen haben.«

Sir Edmund wischte seinen Dank zur Seite. »Unter uns, Phillip«, fuhr er fort, und seine grauen Augen blitzten aufgeregt, »ich erwarte Befehle, in drei oder vier Tagen wieder zum Kampfgeschwader vor Katcha zu stoßen. Ich habe gestern mit Lord Raglan gesprochen. Er sagte mir, er werde an Admiral Dundas schreiben und um die Kooperation der Flotte bitten. General Canrobert würde Admiral Hamelin um dasselbe bitten. Seine Lordschaft ist der gleichen Ansicht wie ich. Ein Angriff von See her auf Sewastopol wird seinen Angriff und den der französischen Armee von Land her sehr verstärken. Die Batterien an Land sollen um den 16. oder 17. feuerbereit sein. Wenn sie die Forts zum Schweigen bringen, die den Weg der Truppen in die Stadt versperren, und wenn wir gleichzeitig die Verteidigungsanlagen des Hafens ausschalten … Sewastopol sollte uns dann eigentlich zufallen, und zwar ohne große Verluste.«

»Das wäre großartig, Sir«, stimmte Phillip atemlos zu, »falls es klappt.«

»Ich sehe keinen Grund, warum es nicht klappen sollte«, sagte der Admiral. »Wir stellen unsererseits natürlich hölzerne Schiffe gegen steinerne Befestigungen, das ist wahr. Und unsere Reserven an Munition sind gering, weil wir die Artillerie an Land unterstützen. Aber wir haben schon mal bewiesen, und zwar in Algier und Acres, was man mit konzentriertem Feuer aus Schiffskanonen an Land anrichten kann. Sehr viel! Und jetzt wird unser Dampf-Geschwader sich beweisen, Phillip. Ich hoffe, Admiral Dundas zu überzeugen, daß er seine Linienschiffe an unsere Dampfer lascht. Die sollen sie in eine Position ziehen, von der aus sie am wirkungsvollsten die Forts beschießen können. Die Dampfschiffe bleiben in der Nähe, um sie ohne Verzögerung wieder wegzuschleppen, wenn die Aktion vorbei ist. Sehen Sie ...«

Er erläuterte taktische Einzelheiten seiner Operation und beschrieb präzise die Position jedes Schiffes. Als Phillip auf die *Trojan* zurückkehrte, war er so hoffnungsvoll und optimistisch wie der Admiral selber.

Drei Tage später inspizierte Kapitän Mends Schiff und Besatzung und war zufrieden. Am 15. Oktober erhielt Admiral Lyons den lang erwarteten Befehl, wieder zur britischen Flotte zu stoßen. Majestätisch dampfte die *Agamemnon* unter dem Jubel der Marineartilleristen auf den Höhen aus dem Hafen von Balaclava. Das restliche Dampfergeschwader, das noch im Hafen lag – darunter die *Trojan* –, erhielt Befehl, ihr so schnell wic möglich zu folgen. Am Morgen des 16. ankerten alle vor der Mündung des Katcha.

Es herrschte einige Aufregung, und die Gerüchte blühten, als die britischen und französischen Generäle auf der *Mogador* konferierten. Es hieß, der französische Befehlshaber sei gegen Admiral Lyons Angriffsplan und habe angeblich eine Alternative entwickelt. Der würden jedoch weder sein Stellvertreter Bruat noch Lyons zustimmen. Phillip wartete mit aller Geduld, die er aufbringen konnte. Am Nachmittag kam Tom Johnson auf eine Stippvisite und berichtete, daß Admiral Dundas schließlich doch, wenn auch sehr zögernd, auf die französischen Forderungen eingegangen sei.

»Sir Edmund machte uns klar, daß der Admiral kaum eine andere Wahl hatte. Die Franzosen hätten den Angriff verweigert, wenn er auf ihre Forderungen nicht eingegangen wäre«, erklärte Johnson. »Also werden wir morgen mittag auslaufen statt um halb sieben, wenn die Landartillerie das Bombardement beginnt. Damit die Franzosen ihre Armee verstärken können, werden sie südlich des Hafens eine Linie bilden von der Streletska Bucht bis zur Einfahrt, wo die Russen ihre Linienschiffe versenkt haben. Unsere eigene Flotte läuft weiter nach Süden und wird den Anschluß halten, so daß sie die französische Linie nach Norden verlängert – so weit wie möglich. Doch die Entfernung zwischen unseren Schiffen und den Forts soll nirgendwo weiter als achtzehnhundert Meter betragen.« Er zuckte vor Abscheu mit den Schultern. »Die *Britannia* wird eine Position beziehen, wo sie von mehreren Batterien unter Feuer genommen werden kann. Nur ihre Kanonen unter Deck können noch wirkungsvoll eingesetzt werden. Das Hauptziel der *Agamemnon*, Fort Constantine, wird durch eine ausgedehnte Untiefe geschützt. Wenn wir also in Schußweite kommen wollen, was der Admiral wünscht, müssen wir einen kleinen Dampfer vor uns her schicken, der die Tiefen lotet und uns hereinlotst. Diese undankbare Aufgabe fällt der *Circassia* zu. Nun ja, du wirst bald an der Besprechung der Kapitäne teilnehmen und dabei sicher alles aus erster Hand erfahren. Aber ich kann dir schon jetzt sagen, Phillip, unser Admiral ist darüber schier verzweifelt, wie die Sache sich jetzt entwickelt hat.«

Phillip fand das nicht übertrieben, als er zusammen mit den anderen britischen Marinekommandanten an der Besprechung an Bord der *Britannia* teilnahm und seine Befehle erhielt. Ihn grüßten lange Gesichter. Die Atmosphäre war bedrückt und düster, als die Männer ein Memorandum lasen, das Admiral Dundas zu ihrer Information verfaßt hatte. Als die dienstältesten Kapitäne aufgefordert wurden, ihre Ansichten zu äußern, verurteilten alle ohne Ausnahme den französischen Angriffsplan. Die Konferenz entwickelte sich zu einer heißen Debatte. Die Männer wurden dann durch die Ankunft von Admiral Dundas unterbrochen. Ihn begleiteten Admiral Lyons und der Flottenkapitän, Konteradmiral Montagu Stopford.

Der Befehlshaber schaute sich um und bat dann um Ruhe. »Meine Herren, ich liebe diese Operation genausowenig wie Sie«, gab er zu. »Ja, ich muß zugeben, daß ich die größten Zweifel an ihrem Erfolg habe. Wir sind dennoch verpflichtet, unser Bestes zu leisten, damit wir den Angriff unterstützen, den unsere Truppen an Land vorantragen werden – wenn alles gutgeht.«

Er sprach leise, doch sehr betont, als er Einzelheiten über die Position aller Schiffe bekanntgab. Es herrschte respektvolle und vollständige Stille. Die Linienschiffe unter Segeln sollten, wie Admiral Lyons es ursprünglich vorgeschlagen hatte, von Dampfern auf ihre Position geschleppt werden. Er legte eine Pause ein, in der sein Flaggkapitän die Reihenfolge bekanntgab. Die *Trojan* wurde nicht erwähnt, und Phillip lehnte sich erwartungsvoll vor.

Dann fuhr der Admiral mit derselben ruhigen Stimme ohne Hast fort. »Ich bin gehalten, mit der französischen Flotte zusammenzuarbeiten, meine Herren, so wie das vereinbart wurde. Doch ich habe einige Schiffe abkommandiert, die ein Küstengeschwader bilden werden nach dem Angriffsplan, den Admiral Lyons ursprünglich entwickelt hat. Admiral Lyons' Geschwader besteht aus folgenden Schiffen: Die *Agamemnon* ist sein Flaggschiff. Die *Sanspareil* und die *London* werden von der *Niger* geschleppt, die *Albion* von der *Firebrand*, die *Arethusa* von der *Triton*. Die *Circassia* wird als Lotse eingesetzt, die *Trojan* bleibt in Reserve. Dieser Teil der Flotte wird sich vor allem um Fort Constantine kümmern mit seinen neunzig Kanonen. Fünfzig beherrschen den Eingang hier«, er zeigte auf eine Karte an der Wand hinter sich, »und um das Fort Wasp hier auf den Klippen mit seinen zwölf Kanonen, die en barbette aufgestellt sind. Admiral Lyons wird so nahe heranlaufen, wie er es für richtig hält, um die Forts wirkungsvoll mit Steuerbordbreitseiten seiner Schiffe unter Feuer nehmen zu können.«

Die Kommandeure der Schiffe, die er gerade aufgezählt hatte, murmelten zustimmend, und der Admiral erlaubte sich ein flüchtiges Lächeln. »Alle anderen Instruktionen finden Sie in meinem Memorandum. Aber wir sollten uns klar sein, meine Herren, daß in einer Operation dieser Art Schiffe vielleicht ihre exakte Position nicht halten können. Darum«, er sah die Männer ernst an, »macht keiner einen Fehler, wenn er den Gegner mit gut gezieltem Feuer belegt, ist das klar?«

Wieder murmelten die Kommandanten zustimmend. Sie sahen plötzlich zuversichtlicher aus, weil ihnen klar wurde, was Admiral Dundas gemeint hatte.

Der Admiral fuhr fort: »Sie werden verstehen, daß ich im Rauch nicht alle Schiffe sehen kann. Jeder Kommandant ist also für seine eigene Position verantwortlich, nachdem er den Kampf aufgenommen hat. Wenn Sie in Gefahr sind, entmastet zu werden oder auf Grund zu laufen, ist die Entscheidung, ob Sie ablaufen oder nicht, Ihre eigene. Handeln Sie, ohne auf einen Befehl von mir zu warten. Wenn Sie ablaufen, halten Sie sich gut südwestlich, damit die nördlichen Batterien Sie nicht mehr belegen können. Und zum Schluß noch etwas, meine Herren. Ich wünsche nicht mehr als fünfzig Schuß pro Kanone. Wir erwarten die *Spitfire* aus Konstantinopel mit Nachschub und Munition. Dann wird man alle Kranken und Ersatzrahen und Ersatzmasten auf die *Vulcan* bringen, die hier vor Anker liegenbleibt. Seien Sie klar zum Gefecht mit Beginn der Dämmerung morgen früh. Ich rechne damit, daß wir unseren Angriff mittags starten. Das ist alles. Haben Sie noch Fragen, ehe Sie auf Ihre Schiffe zurückkehren?«

Es gab ein paar Fragen, die der Admiral beantwortete oder an Admiral Lyons oder den Flottenkapitän weitergab. Damit endete die Besprechung. Man brach auf. Höflich verabschiedete Admiral Dundas sich von seinen Kapitänen.

Der Morgen des 17. war ruhig und bedeckt. Im Laufe des Tages wurde es drückend heiß. Kurz nach der Dämmerung eröffneten die Batterien an Land das Feuer. Der Gegner antwortete eifrig. Die Schiffe der Flotte hatten mit den Vorbereitungen für das kommende Bombardement zu tun. Kugeln und Pulver mußten nach oben gebracht werden, Luken wurden abgeschlagen, Hängematten gestaut, die Decks gesandet, Kanonen ausgefahren. Gegen Mittag war alles klar zum Gefecht, die Dampfer lagen längsseits bei den Segelschiffen, die Männer aßen ihr Mittagsbrot. Eine halbe Stunde später kam das Signal, ankerauf zu gehen.

Admiral Dundas hielt sein Versprechen ein, das er den Franzosen gegeben hatte. In einer weit ausholenden südlichen Bewegung führte er auf der *Britannia* das Gros seiner Flotte. Es dauerte erwartungsgemäß, bis man die vereinbarte Position erreicht hatte. Um ein Uhr sah man, wie die französische und die türkische Flotte das Feuer auf die Forts südlich der Hafeneinfahrt eröffneten. Da bekam Admiral Lyons den Befehl, im Norden anzugreifen. Das Ruder der *Agamemnon* wurde auf Steuerbord gelegt, und sie dampfte kühn auf ihr Ziel zu. Das restliche Küstengeschwader folgte ihr.

Phillip fühlte auf dem Achterdeck der *Trojan*, wie sein Herz schneller schlug. Zum erstenmal führte er ein Schiff in den Kampf. Die Minuten schlichen. Und zum erstenmal spürte er etwas von der Anspannung und der Isolation des Kommandanten.

Als Reserve hatte *Trojan* die Aufgabe, schnell den Platz eines Schiffs im Geschwader einzunehmen, das gezwungen werden könnte, sich zurückzuziehen. Sollte jemand um Hilfe bitten, müßte die *Trojan* sie bringen.

Von den Finknetzen an Luv beobachtete Phillip die kleine *Circassia*, die vor dem Flaggschiff her lief. Sie lotete Tiefen, und die Kanonen des Forts Wasp nahmen sie unter Feuer. Sie behielt ihren Kurs bei. Hinter ihr kam die *Agamemnon* in den Bereich der Kanonen von Fort Constantine und der von Fort Wasp. Sie wurde mehrmals getroffen und hatte Schäden im Rigg. Aber auch sie blieb auf Kurs. Später hörte Phillip, daß sie mit ganzen zwei Fuß Wasser unter dem Kiel ankerte, am Heck zuerst, dann am Bug. Mit ihrer Steuerbordbatterie konnte sie ihr Ziel bestreichen, das jetzt weniger als achthundert Meter entfernt lag.

Bewundernd stellte Phillip fest, daß ihr genau das zum Vorteil gereichte, was der Admiral geplant hatte. Die Nähe zum Fort war ein großer Vorteil. Die Kanonen auf den Klippen konnten nicht so tief zielen. Als sie hingegen die erste donnernde Salve auf die massiven Wälle des Forts abfeuerte, hätte Phillip fast gejubelt. *Sanspareil* wurde ähnlich kühn geführt. Sie folgte den Bewegungen des Flaggschiffs, ankerte achteraus und vereinigte ihre große Feuerkraft mit der *Agamemnon*. Hinter den beiden führenden Schiffen wurden die *London*, die *Albion* und die *Arethusa* zur Verstärkung herangeschleppt. Sie drehten, um die kleinen Dampffregatten, an die sie gelascht waren, mit ihren großen Rümpfen zu schützen.

Die Operation war perfekt. Von zwei bis halb drei feuerte das Küstengeschwader auf Fort Constantine. Der Rest der britischen Flotte lief immer noch auf Position als Verlängerung der Linie der Franzosen und Türken.

Um zwei Uhr dreißig eröffnete die *Britannia* mit ihren Unterdeckskanonen aus dem steilsten Winkel das Feuer, und damit begann der allgemeine Kampf. Kurz darauf beobachtete Phillip eine Explosion in Fort Constantine, die das Feuer des Gegners zeitweise unterbrach. Doch es wurde schnell wieder fortgesetzt. Auf Rümpfe, Masten und Rahen der Angreifer schlugen Geschosse. Manchmal war der Rauch der Schlacht so dick, daß er alles verbarg.

Die *Albion* belegte die Batterien auf den Klippen von Fort Wasp. Um drei Uhr dreißig traf sie eine Granate. Sie brannte lichterloh und wurde aus der Kampfzone geschleppt. Ihre Mannschaft flüchtete auf die *Firebrand*, die sie schleppte. Phillip wollte gerade die *Trojan* auf ihren Platz manövrieren, als er entsetzt bemerkte, daß erst die *London* und dann die *Arethusa* sich zurückzogen. Beide lagen unter schwerem und gezieltem Feuer der Batterien von Wasp und der Telegrafenstation. Die *Sanspareil* war gezwungen worden, die Position zu ändern, weil ihre Kanonen die *Agamemnon* bestreichen könnten. Als sie versuchte, ihre Breitseite wieder ungehindert zum Einsatz zu bringen, blieb das Flaggschiff allein und ohne Unterstützung. Alle Kanonen im Fort Constantine feuerten auf die *Agamemnon*. Phillip sah selbst durch den dicken Rauch, wie Feuerzungen über ihr Oberdeck sprangen. Einen Augenblick später wurde eines ihrer Boote zu Wasser gelassen. Im Heck saß ein Offizier. Das Boot wurde wie wild in Richtung *Sanspareil* gerudert. Ohne Zweifel ging es darum, daß sie wieder an das Flaggschiff Anschluß finden sollte. Phillip wurde klar, daß das einige Zeit dauern konnte. Also befahl er dem Rudergänger eine Kursänderung. Er wollte versuchen, etwas von dem feindlichen Feuer auf sich zu lenken.

Mit dieser Absicht hatte er mehr als Erfolg. Befehlsgemäß hatte er weit entfernt gelegen und darum wenig unter dem Feuer der Kanonen gelitten. Aber nun schien es plötzlich, als sei die *Trojan* das Ziel jeder einzelnen Kanone. Kettenkugeln jagten durch ihr Rigg, und ein Dutzend Kugeln trafen den Rumpf. Dann erst konnte Phillip seine eigenen Kanonen zum Tragen bringen und das Feuer des Gegners mit schnellen Breitseiten erwidern. Er war stolz auf seine Kanoniere und auf seine Toppgasten, die auf seinen Befehl hin schnell und mutig die Trümmer von Rigg und Rahen aufklarten, die die russischen Kettenkugeln auf Deck hatte stürzen lassen. Im Bug sprang nach einigen Treffern glühender Kugeln ein Feuer auf, das blitzschnell gelöscht wurde. Als der Rauch sich einen Moment hob, erkannte er, daß auch die *Agamemnon* in der kurzen Pause, die seine Ankunft ihr gewährte, ihre Flammen unter Kontrolle bekommen hatte.

Dicht hinter ihm rief ihm Martin Fox zu, daß die *Rodney* und die *Queen* anliefen, um das Flaggschiff zu unterstützen. Die *Sanspareil* lief mit demselben Ziel an. Er hatte die Nachricht kaum gehört, da sah er mit Entsetzen, daß die *Queen* vom Heck bis zum Bug in Flammen stand. Kurz darauf signalisierte sie, daß sie sich aus dem Kampf zurückzog. Die *Rodney*, geschleppt von der *Spiteful*, hielt heldenhaft aus. Ihr Kommandant war so eifrig bemüht, dem Flaggschiff zu helfen, daß er zwischen ihr und der *Sanspareil* hindurch lief und schließlich gezwungen wurde, gefährlich nahe dem Bug der *Agamemnon* zu ankern. Ihr Heck schwang herum, und sie lief auf Grund und saß fest. In der fallenden Dunkelheit erkannte die *Agamemnon* das Schicksal ihrer Retterin nicht. Sie fand die *Rodney* zu nahe an ihrem Ankertau. Ihre Bugsprits berührten sich fast. Die *Agamemnon* slippte ihren Buganker und dampfte nach achtern, um von ihr und der sich nähernden *Sanspareil* freizukommen. Sie drehte dann in der Absicht, die Kanonen vom Unterdeck wieder zum Tragen zu bringen gegen zwei russische Batterien, die sie auf ihrer früheren Position ununterbrochen unter Feuer genommen hatten. Wieder verbarg Rauch sie kurz vor Phillips Blikken. Die *Bellorophon* und die *London* liefen an, und auf Befehl der *London* nahm Phillip den Platz ein, den die *Arethusa* innegehabt hatte.

Es war jetzt fast fünf Uhr, und soweit er es ausmachen konnte, gab es kein Anzeichen für einen Angriff von Land aus auf die Stadt Sewastopol. Besorgt fragte sich Phillip, ob er trotz ihres Einsatzes hier abgeschlagen worden war. Die Wälle von Fort Constantine waren von unzähligen Kugeln getroffen und gezeichnet, aber das Feuer seiner mächtigen Kanonen spuckte ungebrochen weiter.

Oben auf den Klippen war es ähnlich. Fort Wasp, die Telegrafen-Batterie und die Kanonen hinter einem erst kürzlich aufgeworfenen Schanzwerk waren zwar in Qualm gehüllt, aber es hagelte weiterhin Kugeln auf die britischen Schiffe. Auf der Südseite des Hafens schien es den französischen und türkischen Flotten nicht besser zu ergehen. Und jetzt bemerkte Phillip, daß sie sich sogar zurückzogen. Im Nordosten erkannte er die *Terrible*, die ein Rückrufsignal gesetzt hatte. Offensichtlich gab sie damit das Signal des Befehlshabers weiter. Phillip wollte es gerade befolgen, als Martin Fox seinen Arm packte.

»*Rodney* hat Probleme, Sir. Sie bittet um Hilfe eines Dampfers. Sie ist, ich glaube, sie ist auf Grund gelaufen, Sir!«

Phillip stieg auf die Reling über den Finknetzen an Steuerbord und suchte mit dem Glas den unglücklichen Zweidecker. Er sah, daß die *Spiteful* immer noch an ihre Backbordseite gelascht war. Der kleine Dampfer mit seinen sechs Kanonen versuchte tapfer, sie aus ihrer gefährlichen Lage zu befreien. *Rodney* lag mit dem Heck in Richtung Fort Constantine. Sie feuerte, so gut sie noch konnte. Aber die russischen Kanoniere hatten sich auf sie eingeschossen und bedeckten sie mit erbarmungslosem Feuer. Im Bug versuchte eine Gruppe Männer, das Schiff mit Hilfe des Buganker freizuwarpen, aber nichts bewegte sich. Das Heck hielt die *Rodney* auf der Untiefe fest, auf die sie gerannt war.

Wie die unglückliche *Tiger*, dachte Phillip, der sich mit allen Einzelheiten an die schreckliche Szene erinnerte. Andere Schiffe bestätigten jetzt das Rückrufsignal, und er sah, wie die *London* ablief. Sie brannte an Deck, und die Mannschaften pumpten, während die *Niger* sie schleppte. Das Notsignal der *Rodney* sahen sie nicht, weil es offenbar für sie verdeckt war. Er wußte, daß ihr jetzt nur noch die *Trojan* helfen konnte.

»Mr. Fox, wir müssen eine Schleppleine zu ihr bringen.«

»Aye, aye, Sir!«

Fox stand sofort neben ihm, fragte nicht und handelte schnell. Phillip gab alle Befehle mit einer Ruhe, die seine Sorge um Sicherheit von Schiff und Mannschaft verbarg. Wieder lief die *Trojan* auf die Kanonen von Fort Constantine zu, wieder heulten Kettenkugeln durch ihr Rigg, aber jetzt, da die *Rodney* in Sicht kam, teilte sich das Feuer. Die russischen Kanoniere gestatteten der Fregatte, ihr Ziel relativ unbehelligt zu erreichen.

»Die *Lynx* macht mit, Sir«, meldete Fox. Er deutete nach Steuerbord. »Da. Und sie zieht Feuer auf sich. Glauben Sie, daß sie auch ein Tau ausbringen will?«

Phillip beobachtete den kleinen Begleiter der *Spiteful* mit dem Glas. Er sah, wie sie ein Signal setzte, entzifferte es und nickte. »Ja«, bestätigte er, »das hat sie vor. Sie hat bessere Chancen als wir, weil sie weniger Tiefgang hat. Also tauschen wir unsere Rollen. Wir werden versuchen, das feindliche Feuer abzulenken, während sie die Trosse zur *Rodney* rüberbringt. Signal an die *Lynx*, bitte, daß wir ihr beistehen werden.«

»Aye, aye, Sir!« bestätigte Fox.

»Und lassen Sie einen Mann loten, einen verläßlichen. Ich laufe so nahe an die Untiefe, wie ich kann. Rudergänger ...«

»Sir?«

Wieder gab Phillip seine Befehle in einer Ruhe, die er eigentlich gar nicht fühlte. Während er die *Trojan* auf ihren neuen Kurs brachte, beobachtete er die *Lynx*. Sie schien doppelt soviel Zeit für die Operation zu brauchen wie sonst. Er sah, wie sie sich an den Bug der *Rodney* heranarbeitete. Doch nichts verriet Phillips Ungeduld oder die Furcht, die er für sein eigenes Schiff spürte. Äußerlich gesehen blieb er unbewegt, und die Männer auf dem Achterdeck der *Trojan* schöpften Kraft und Vertrauen, als sie ihn so ruhig sahen. Ihre Hauptgeschütze donnerten verwegen, als sie näher unter das Ufer kam und ankerte, um die Rettungsaktion zu dekken. Erst als die *Rodney* wieder aufschwamm, hielten die schwer geplagten Männer an den Kanonen inne, um zu jubeln. Die gefährlichste Situation des ganzen Treffens war für die *Trojan* der Verlust ihres Fockmastes. Er kam in einem Durcheinander von Rigg und Rahen in dem Augenblick nach unten, als sie im Kielwasser der *Rodney* und ihrer beiden Begleitdampfer außer Reichweite der Kanonen lief. Phillip war erstaunt und dankbar, daß er nur einen Toten und dreizehn Verletzte zu beklagen hatte.

Als die *Trojan* wieder zum Küstengeschwader stieß, war die Unordnung durch den verlorenen Mast bereits beseitigt. In der Abenddämmerung vereinigte sich das Geschwader mit der britischen Flotte. Man lief zum Ankern vor die Katcha-Mündung. Doch es war noch nicht zu dunkel, um ein Flaggensignal zu erkennen, das die *Agamemnon* setzte, als sie vorbeidampfte.

»Signal vom Flaggschiff: Sehr gut, *Trojan*. Glückwunsch dem Commander«, las Fox stolz. Und fügte lächelnd hinzu: »Das heißt doch, daß Sie befördert worden sind, Sir! Sie werden jetzt ständiger Kommandant der *Trojan* bleiben.«

»Nein, das ist immer noch nur vorläufig«, erinnerte Phillip ihn. »Ich werde nicht zu vollem Rang befördert, Martin, also müssen sie die *Trojan* jemand anderem geben.«

»Nach dem Erfolg des heutigen Tages?« Sein Stellvertreter widersprach: »Ich erlaube mir, das zu bezweifeln, Sir!«

Phillip holte tief Luft. Er fühlte sich plötzlich müde. Was auch immer passieren würde, er hatte dieses Schiff und seine Mannschaft im Kampf geführt. Seine Männer hatten seine höchsten Erwartungen erfüllt. Er dachte an Mademoiselle Sophies Abschiedsworte und fragte sich, ob sie über die Entfernung, die sie trennte, in ihrem Herzen wohl diesen Augenblick mit ihm teilte. Vielleicht, denn das Herz, hatte sie gesagt, vergißt nicht, und Phillips Herz hatte nichts vergessen. Er wandte sich Martin Fox zu.

»Mr. Fox, lassen Sie ›Besanschot an‹ pfeifen, sobald wir ankern. Und lassen Sie die Grogration für alle verdoppeln. Wenn es jemand verdient hat, dann diese Männer.«

»Aye, aye, Commander Hazard«, bestätigte Fox und grinste breit.

Und dann sammelten sich zu Phillips Überraschung die Offiziere um ihn – Cochrane, Laidlaw und Sutherland, Burnaby, die Fähnriche und Maaten, selbst der junge Smithson von den Seesoldaten. Sie schüttelten seine Hand und gratulierten ihm.

Als letzter erschien sein Bruder Graham. Noch immer hielt er das Lot, mit dem er sie über die Untiefe hinweggelotst hatte. Die Brüder lächelten sich zu. Phillip fühlte einen Kloß in der Kehle, als er von unter Deck das Jubeln der Männer hörte.

Zwischen Politik und List

Ausgehend von dem Konflikt zwischen Margarete von Dänemark und dem mecklenburgischen Herrscherhaus um die Macht in Schweden, waren die Seeräuber zunächst Helfer im politischen Tagesgeschäft auf seiten der Mecklenburger. Als die Politik sie nicht mehr benötigte, hatten sie Gefallen an der Kaperfahrt gefunden und waren nicht mehr bereit, wieder einzuhalten. Gewaltvoll demonstrierten sie ihre Macht auf Nord- und Ostsee.

Dieter Zimmerling
Störtebeker & Co.
Die Blütezeit der Seeräuber
in Nord- und Ostsee
356 Seiten
Ullstein TB 23539

Ullstein Taschenbuch